하느님 새로 보기

하느님 새로 보기

— 종교 간 대화를 위한 구약성서 다시 읽기

2009년 3월 25일 초판 1쇄 발행
2021년 8월 30일 초판 3쇄 발행

지은이 | 김은규
펴낸이 | 김영호
펴낸곳 | 도서출판 동연
등록 | 제1-1383호(1992. 6. 12)
주소 | 서울시 마포구 망원동 472-11
전화 | 02-335-2630 전송 | 02-335-2640
이메일 | yh4321@gmail.com, h-4321@daum.net

ISBN 978-89-85467-79-7 03200

하느님 새로 보기

종교 간 대화를 위한 구약성서 다시 읽기

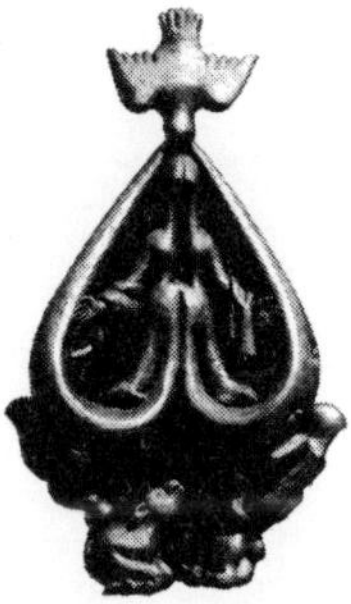

동연

책을 내며

필자가 '종교 간 대화'에 처음 접한 것은 2002년에 영국 버밍햄 대학교에서 연구년을 보낼 때다. 신학과 교수인 수기르따라야R. S. Sugirtharajah 스리랑카 학자의 성서해석 강의를 들으면서 호기심을 갖게 되었고, 당시 이분으로부터 박사논문을 쓰고 있던 윤정현 성공회 신부와 종교 간 대화를 나누면서 친숙해지기 시작했다. 거슬러 올라가면, 필자는 한국에서 신학교육을 받았지만 학부는 물론 대학원에서도 이웃 종교에 대해서 배운 적이 없었다. 하기야 1980, 90년대 당시에는 변선환 교수(감리교신학대학)가 종교 간 대화를 했다는 이유로 교단의 압력으로 학교에서 쫓겨나는 분위기였으며, 마르크스의 『자본론』과 유사한 책들만 보아도 구속되는 사회적 상황과 대비되듯 이웃 종교 서적들 역시 교회와 신학계에서는 똑같이 불온문서로 취급하는 분위기가 팽배했다. 이런 풍토 속에서 버밍햄 대학교 연구년 경험은 필자가 연구하던 구약의 학문적 경향을 어쩌면 근본적으로 뒤바꾸는 계기가 되었던 것 같다.

이전에는 서양의 구약학자들 이름만 들어도, 그분들의 책만 보아도 감격했다. 물론 학문적 깊이와 업적은 대단하며 엄청난 것이 사실이지만. 학생들에게 가르칠 때에도 이런 대학자들을 설명함으로써 속마음으로는 나의 학문적 우월성을 과시하려고 했다. 글 쓰는 것도 서양 구약학자들의 학문적 동향에 민감해지려 노력하였고, 상당 부분 나의 고민과는 무관하게, 그들의 경향 속에 아무런 고민 없이 기능적으로 던져놓음으로써, 나도 무엇인가 그들과 같은 반열에 있을 것이라는 허영심(?)에 차 있었다.

그러나 우리의 사상에 관심을 가진 뒤부터 장일순 선생-이현주 목사의 『도덕경』 대화로부터 깊은 희열을 맛보게 되었고, 일천한 수준이지만 고대 중국사상, 불교사상, 한국철학사, 다석 유영모 등을 보면서 동북아시아 개념으로 성서를 해석할 수 없을까, 하는 문제의식을 갖기 시작했다. 그리스도교가 서쪽으로 흘러가서 서양체계에 붙잡힌 것이지, 만약 동북아시아로 와서 2천 년 동안 면면히 흘러왔다면, 당연히 한자문화권의 도교와 불교의 언어체계와 사상체계와 만날 수밖에 없었을 것이다. 어쩌면 창조론, 신론, 인간론, 구원론 등도 이들 사상의 체계와 유사한 용어들을 사용하면서 사상적인 발전을 해왔을 것이라는 추측을 한다. 만약 그렇게 되었더라면, 지배하고 우월한 위치에서 유리한 대립적 이원론 사고에 충실한 서구신학 형태가 아니라, 원융圓融[1])적인 신학으로 발전했을 가능성이 컸을 것이다. 비록 동북아시아의 그리스도교 역사나 신학적 성찰의

---

1) 원융무애(圓融無碍)는 모든 존재의 근원적인 모습은 걸리고 편벽됨이 없이 가득하고 만족하여 완전히 일체가 되어 서로 융화하며 장애가 되지 않는다는 불교 사상이다.

기간이 짧았지만, 지금부터라도 이 같은 노력이 시작되면 사상과 시야를 보다 폭넓게 해줄 것임을 확신한다.

필자는 불교사찰을 방문하며 주지스님들과도 차를 마시며 대화를 나누기도 하고, 필자가 속한 학교에서 동료 교수들과 함께 스님들과 매주 축구를 하기도 한다. 굿판이 벌어진 곳에 가서 몇 시간 동안 쭈그리고 앉아, 무녀가 몸과 마음을 극진히 다하며 춤을 추며 한 영혼의 한을 풀어주는 주술을 보면서, 교회에서 설교하는 것과 비교됨을 느꼈다. 그리고 종교학회, 종교교육학회, 종교 간 대화 모임들, 기독자교수협의회와 불자교수연합회의 그리스도교-불교 공동학술모임에 참여하면서, 여러 종교들로부터 가르침과 깨달음을 배우며 그리스도교의 좌표와 위치를 가늠할 수 있었다. 필자는 이런 모임에 참여할 때면 항상 생각했다. 성서학자들이나 신학자들, 목회자와 신학생들이 종교학회와 종교 간 대화 모임에 참석해서 현재 다른 종교의 종교인들이 무슨 고민들을 하고 있으며, 기독교에 무엇을 요청하고 기대하는지를 진지하게 경청하고 서로 대안을 마련하는 자리들이 있었으면 좋겠다는 것을.

물론 처음에는 여기저기 쫓아다니며 속으로 많은 걱정을 했다. '이러다가 나도 학교 강단에서 쫓겨나는 것이 아닌가' 하는 우려도 들었다. 하지만 마음속에서 끓어오르는 열정을 주체할 수가 없었고, 쫓겨나면 택시 운전이라도 해야겠다는 결심으로 예까지 오게 되었다. 다행히 성공회대학교와 교단이 이런 부분에 상당히 개방적이어서 자유로움을 한껏 느낄 수 있었다. 신학과 교수님들 역시 개방적이어서 채플에서 한 학기에 한

번씩 이웃 종교인들을 초청하여 종교의 깨달음에 대하여 강연과 질의응답을 나누고 있다.

종교학의 창시자인 막스 뮐러가 했던 "하나의 종교만 아는 사람은 아무 종교도 모른다"는 말을 되새긴다. 사실 오늘 한국의 기독교와 기독교 대학들은 자기 교리만을 고집하는 신학교육과 교회가 되어, 기독교를 더 왜곡되게 그리고 억지로 끌고 가는 모습으로 변질되어 버렸다. 특히 성서 문자에 갇혀, 도식적인 성서연구를 하면서 기계적인 대답을 넣는 식의 교육을 긍지(?)로 삼는 많은 교회들이 하느님과 예수님과 성령을 꽁꽁 가두고, 자기가 주인공이 되는 경향을 보인다.

몇 해 전에 종교학자이신 길희성 박사가 성공회대학교에서 강연을 하시면서 하버드 대학교의 교수에게 들은 이야기를 전했는데, "그리스도교가 역사적으로 두 번의 변화를 겪으며 크게 발전했다. 첫 번째가 그리스 문화와 예술, 건축과 만나면서였고, 두 번째는 18세기 인문학, 사회과학, 자연과학 등과 만나면서였다. 현재 동력이 떨어져 서양 그리스도교는 쇠퇴하고 교회는 비어 가고 있다. 세 번째 동력이 무엇일까? 바로 동양사상, 동양 종교와 만나는 것"이라고 말한 것으로 기억한다. 현재 서양 그리스도교는 불교, 이슬람, 힌두교, 유대교 등과 학문적·신앙적으로 활발하게 교류를 하고, 사회 문제 등을 함께 풀어내면서 공동협력을 하는 것이 일반적인 추세이며, 유럽과 미국 대학들의 〈신학과〉도 많은 경우 〈신학과와 종교학과〉(Theology and Religious Studies)로 그 명칭을 바꾸어 나가고 있다. 물론 신학과에 이슬람, 불교, 유대교 교수들이 함께하고 있다.

한국의 그리스도교는 이웃 종교들에 대해서 배타적이고, 우월적이고 공격적인 태도를 버려야 할 것이며, 더 이상 즉각적이고 어리석은 문답으로 가장 신앙적인 것인 양 착각하는 데서 벗어나야 할 것이다. "믿습니까? 할렐루야!" "아~멘." 목회자와 신자 간에 이렇듯 아무런 생각 없이 자동 응답기처럼 묻고 대답하는 우스꽝스런 메아리가 울리고 있다. 한국의 기독교는 현대사에서 일제강점기, 한국전쟁과 경제개발이라는 숨 가쁜 흐름 속에서 차분하게 민주주의와 합리적인 사고를 성숙시킬 시간을 갖지 못한 채, 맹목적이고 물질축복의 신앙에 의존하여 부흥하고 성장해 온 것을 자랑스러워하고 있으니 참으로 "나 무식하오~"라고 생각하고 있는 듯하다. 유럽의 신학자들도 한국 교회가 대형화되고 많이 모이는 것은 인정하지만, 한국의 보수적인 신학의 경향에 대해서는 별 관심을 보이지 않는다.

우리에게 필요한 것은 들뜨게 해서 박수치고 코미디 쇼 보듯이 신앙을 체험하게 하는 것이 아니라, 보다 깊이 가라앉아 사색과 명상을 통해서, 자기를 들여다보는 내면의 훈련과 이 사회와 역사와 세계를 변화시키는 통찰과 참여가 필요하다고 생각한다. 이러한 과정 없이 예수만 믿으면 자본주의 사회에서 무엇이든지 다 해결이 될 것인 양 목회자들은 착한 신자들을 착각하게 하고 어지럽게 만들고 집단 최면을 걸고 있다. 인간 이성理性의 감각을 올바르고 폭넓게 키워야 한다. 이성의 영역이 반드시 인간적이고 제한적이기 때문에 신의 영역이 아니라고 구분하는 것은 이분법적인 사고가 아닐 수 없다. 유대교가 이천여 년 동안 무수한 박해를 받으면서도 생존할 수 있었던 것이 바로 지성의 전통intellectual tradition에 기초하여 이성과 합리주의를 우선으로 삼았기 때문이라는 역사적 사실을 본다.

종교를 초월하여 많은 선각자들의 지혜와 사상을 접하면서, 이들의 자기 훈련과 깨달음이 이성을 통해서 감각되고, 자기를 성숙하게 하고, 이웃과 사회를 보다 건강하게 이끌어가는 내면적인 영성의 힘이 됨을 알게 되었다. 한국 기독교도 이런 종교 본연의 모습을 되찾기 위해서 인문학, 과학, 의학, 이웃 종교, 예술 등과 만나야 할 것이다.

사실 이 책 『하느님 새로 보기』는 하느님을 보다 넓은 시야로, 교리에 갇히지 않은 시야로 보자는 것이며, '구약은 곧 배타적'이라는 등식을 어떻게 극복할 것이냐에 대한 고민의 산물이다. 곧 하느님과 다른 종교들의 관계는 창과 방패의 관계이며, 물과 기름의 관계이다. 결코 함께할 수 없는 관계로, 지난 2천 년 넘게 그렇게 상극相剋으로, 작게는 물고 물리는, 크게는 죽이고 죽는 관계로 지내왔다. 구약의 단 두 명제가 서로 섞이거나 대등하게 바라보고 만나지 못하게 했던 것이다. 기독교는 십계명의 제1계명인 "나 이외에 다른 신을 섬기지 말라"는 말과 "우상숭배 금지 내지는 철폐" 이 두 말에다가 "예수 구원"을 교묘히 이용하여 지배권력의 위치에서 2천 년 동안 군림해 왔다. 세계 다른 무수한 나라들의 종교와 사상과 문화에 얼마나 많은 상처를 주고 사라지게 하고 황폐화시키고 지배를 했던가? 그리스도교가 지나갔던 곳은 단순한 선교 차원이었다기보다는 유럽 그리스도교의 강대국가들이 약소국가를 군사적 힘의 논리로 지배하기 위해서 들어갔기에, 전쟁들을 동반했고, 침략과 약탈하는 과정에서 토착 종교들과 문화들을 꺾고 사라지게 하고, 역사에서 지워 버리는 역할을 하였다. 한국 교회는 이러한 유럽 교회들의 과거에 대한 역사적 반성도 성찰하지 않고, 쪼그만 땅덩어리의 한국이 미국과 유럽 국가들이 선교사들을 보내는 숫자보다 훨씬 많은 숫자를 아시아, 아프리카, 동유럽 등에 내보내는 것에 자족해 하고 있다. 물론 많은 선교사들이 현지에서 교회, 학교, 사회복지 시설 등을 세우며 건설적인 일들을 해내고 있다. 하지만 대개 보수 근본주의 신앙을 갖고 들어가 유럽 그리스도교가 식민지 시절에 행했던 전철을 되밟고 있는 것에 매우 걱정하지 않을 수 없다. 이제는 현지 주민들이 한국 선교사들을 배척하는 분위기로 바뀐다는 보고들도 심심치 않게 들려온다.

필자가 구약을 공부하는 입장에서 종교 간 대화로 나가려고 할 때, 위의 두 가지 명제를 극복하지 않으면, 한 발자국도 나가기가 어려운 실정이었다. 한국에서 종교 간 대화를 위해서 이웃 종교들의 경전들과 동양사상 책들을 언급하면, 보수적인 교회와 신자들은 마치 공산주의의 금서목록을 대하듯이, 이단을 대하듯이, 중세 시대에 종교재판을 하듯이, 하느님의 절대명령을 깨는 것으로 알고 알레르기 반응을 보인다. 사실 마르크시즘 책들은 1970, 80년대에는 갖고 있기만 해도 징역을 1년 넘게 살고 온갖 고초를 다 겪어야 하는 불온문서였으나, 요즘은 서점에 합법적으로 나와 있어도 관심조차 갖지 않을 정도이다. 이렇게 한국 교회가 이웃 종교들의 경전에 접근조차 못하게 하는 요인은 오랫동안 경직된 신앙으로 각인된 '우상숭배 금지'라는 트라우마(정신적 상처)가 자리 잡고 있어서일까? 아니면 열었을 때, 교단의 압력, 구원과 같은 교리적인 명분, 교회 선교의 목표가 사라지는 것, 따라서 교인 숫자가 줄어들지 않을까 하는 우려들이 복합적으로 작용하여 무조건 거부부터 하는 것은 아닐까?

학문적으로 조직신학이나 문화신학 영역에서는 '신' 개념이 '궁극적 관심', '근원자', '존재 자체', '절대자' 등의 철학적 용어들로 넓어지기 때문에 가능하지만, 성서학 특히 구약학에서는 역사 비평 방법론과 본문에 갇혀 있기 때문에 넘어서기가 불가능하다. 성서 경전을 둘러 싼 두껍고 두꺼운 벽을 어떻게 넘을 것인가? 필자의 이런 고민들을 이 책에 담아 보았다. 이 고민들은 아직은 문제 제기 수준에 불과하며, 학문적으로 선배되시는 신학자들과 목회자들, 그리고 독자들의 건설적인 비판의 소리가 나와서, 앞으로 신학이 종교들과 만날 때 더 자연스러워지고, 더 넓어지는 계기가 되길 기대한다.

3년 전(2006년) 대학원 수업에서 학생들과 이런 고민들을 나누던 중, 당시 학생이었던 김원석 씨가 "야웨 하느님이 한 분이지만, 사실 당시 고대의 다신多神들이 갖고 있었던 역할과 기능들을 다 가져왔다"는 말을 하여, 나의 우둔한 머리를 흔들어 주었다. 어찌 보면 '한 분'(One)과 '여러 분'(Many) 사이에 어떤 차이가 있을까? One 안에 Many가 들어가 있고, Many가 One으로 대표할 수 있고, One과 Many가 기능적으로 동일하지 않을까? 하는 생각을 해본다. 김경재 교수의 유일신에 관한 기독교의 오

해에 대해서도 많은 도움을 받았다.[2)]

최근 필자는 타리크 알리Tariq Ali의 『술탄 살라딘』(The Book of Saladin) 소설을 감동 깊게 읽었다. 1차 십자군 전쟁 때 그리스도교 전사들이 예루살렘을 함락하면서, 그 안에 살고 있던 무슬림과 유대인을 한 사람도 남기지 않고 무참히 살육했다. 그 후 수십 년이 지나 이슬람의 새로운 지도자 술탄(왕) 살라딘이 등장하였고, 그가 예루살렘을 탈환하였을 때, 부하들이 강력하게 응징하라는 주장을 일축하고, 그 성안에 살고 있던 그리스도교인들을 한 사람도 죽이지 않고 그대로 살게 하거나, 가족들이 짐들을 갖고 안전하게 나가도록 하고, 교회들도 부수지 않았던 이슬람의 영웅을 소설로 한 것이다. 술탄 살라딘은 인간적이었으며 시와 예술을 사랑했고, 종교에 대한 이해의 폭도 넓었으며, 왕 가신들의 70%를 유대인으로 등용하였다는 기록을 볼 수 있다. 여기에 한 대목을 소개한다.

> "종교 없는 세상이 가능합니까? 고대인은 많은 신을 섬겼습니다. 그들은 한 신을 섬기면서 그 신앙을 이용해, 다른 신을 섬기는 사람들과 싸웠지요. 하지만 이제는 신이 하나밖에 없습니다. 따라서 필연적으로 이 신을 놓고 싸울 수밖에 없지요. 그래서 모든 것이 해석을 둘러싼 전쟁이 되어 버렸습니다"(정영목 역, 『술탄 살라딘』, 2005년, 23쪽).

---

2) 김경재, 『이름없는 하느님』(서울: 삼인, 2002). 이 책에서 저자는 유일신에 관한 고대 이스라엘, 헬라철학과 동북아의 신관들을 비교하며 잘 설명하고 있다.

지금 한국의 신학은 서구 유럽(영국, 독일, 프랑스)과 북미(미국과 캐나다) 중심의 신학으로 쏠려 있다고 해도 과언이 아니다. 물론 한국에서 공부를 했어도 그 영향을 벗어나기란 쉽지 않다. 하지만 역사를 보면, 신학은 동로마제국이 서로마제국보다 1천 년 이상 지속되었으며, 따라서 동방교회의 신학사상도 우리에겐 가톨릭에서 연구하는 것 말고는 전무한 실정이다. 또한 유대교인 역시 2천 년 전 신약의 복음서에서 각인된 율법적이고 형식적인 '바리사이주의자' 정도로, 예수를 십자가에 못 박는 데 동조한 백성들로밖에 인식하고 있지 못하다. 유대교인들이 그리스도교로부터 얼마나 많은 박해를 받으며 민초로 생존해 왔는지는 알지도 못하거니와 알려고도 하지 않는 풍토이다. 더 나아가 이슬람 역시 신학이 높은 수준에 있다. 지배적 위치에 있었던 서구 유럽의 일방적인 시각에서 벗어나, 그 피해와 박해와 죽임을 엄청나게 보았던 유대교와 이슬람의 입장에서 신학을 고민하여야 할 것이다. 중세와 근세 시대에 그리스도교 신학의 한 개념, 한 개념들이 단지 관념적인 논쟁인지, 아니면 십자군 전쟁과 식민지 확장에 내보내기 위한 전쟁 이데올로기로 만들어진 교회권력의 논리인지, 이를 정당화하는 논리인지를 검증하지 않고는, 신학을 유럽에 편향되게 볼 수 있다.

가까운 주위에 마음깊이 존경하는 선배, 동료, 친구, 후배 교수님들과 목사님, 성공회 성직자 그리고 불교학자와 종교학자들에게 민중신학, 종교 간 대화, 인간 본연의 자유로운 사고의 유연함을 귀하게 배웠다. 모두 소개해 드리지 못함을 송구스럽게 생각한다. 필자가 구약을 하게 된 것은 부친인 김찬국 교수께서 구약을 전공하신 영향을 많이 받았다. 이제 부친은 연로하고 수년째 치매로 계시다. 다행히 성윤순 모친께서 뜨거운 애정으로 너무나 잘 돌봐드리니, 참으로 복도 많으시다. 비록 알아보지 못하고 말씀도 하실 수 없으나, 영적인 마음으로 의사소통을 하고 계시다는 생각이드니, 가족들 마음이 든든할 뿐이다. 필자가 구약을 더 많이 연구하여 책을 내야 하나, 부친에게 고故 자가 붙기 전에 내는 것도 작은 도리라 생각되어 그동안 발표했던 논문들을 모아 보았다. 1부 종교 간 해석 방법론은 이 논문들에서 부분 발췌하고 새로 보충했다. 책의 일관성은 떨어지지만, 문제를 제기하는 수준으로 이해해 준다면 마음의 부담을 덜 수 있겠다. 여러 비판의 소리도 듣고 싶다. 차후에 보다 체계적인 책을 낼 것을 기대해 보며, 특별히 아내 조미진과 아들 김인찬에게 고마움을 전한다. 이 책을 내기까지 김영호 사장(도서출판 동연)에게 깊은 감사를 드리며, 책이 나오도록 애써 주신 조영균 편집장을 비롯한 동연의 직원들에게도 고마움을 전한다.

성공회대학교 축구장에서

김 은 규 씀

차례

III부 구약성서와 종교 간 대화

글을 시작하며

인간에게 종교는 무엇일까? 왜 종교를 가지려 할까? 종교를 가지면 평화를 얻을까? 종교를 가진 사람이나, 종교를 부정하는 사람이나, 종교를 비판하는 사람이나 누구나 한번쯤 종교에 대해서 이렇게 저렇게 고민을 할 것이다. 우리는 마음의 위안을 얻기 위해서 교회, 사찰, 회당, 사원, 그 외에 많은 종교 장소를 찾는다. 이렇게 종교를 찾고, 종교의 경전을 읽는 이유 중에 중요한 것 한 가지는 '진리'를 알고 그것을 내면화하려는 갈망이다. 경전을 통해 자신의 문제를 들여다보고, 인생의 의미를 깨닫고, 나와 관련된 가족과 친구들과의 관계를 보며, 나아가 사회의 여러 가지 불의한 모습들을 보며, 궁극적으로 자연의 질서와 우주라는 끝없는 세계, 죽음 이후의 세계를 향하는 마음도 가져본다. 또한 인간이면 누구나 겪는 고통의 문제가 즐거움과 행복의 순간보다 더 많고 깊으며, 본능적인 욕구들 역시 어떻게 줄일 것이냐가 인생의 숙제가 아닐 수 없다. 거짓, 성욕, 위선, 질투, 이기심, 권력욕, 살인 등에 이르기까지 모든 문제가 나오고 있다. 이 마음들은 지금부터 4, 5천 년 전 시대나 21세기를 살아가는 현대 문명 시대의 사람들에게 똑같이 나타나는 것을 보면, 아무리 문명이 발달해도, 인간의 본성에는 변함이 없는 듯하다. 그래서 고대의 종교들이 왜 오늘에도 유효한지를 생각하게 한다.

그리스도교를 보면, 성서가 쓰일 당시 팔레스타인 지역의 저자들이나 편집자들이 삶과 역사에 대한 고민을 다룬 결과물이 성경 본문의 형태로 남아 있다. 하지만 이러한 고민들과 내용들은 고대 팔레스타인 지역의 인물들만이 한 것이 아니라, 우리나라를 비롯하여 고대 중국, 고대 인도, 아프리카의 평원, 남미의 원시림에서도 인간이면 누구나 느끼고 해결하려 했던 공통적인 내용들이다. 시대가 다르고 지리적으로 연결되지 못해 교류가 없었다고 하더라도, 각각 다른 지리적·문화적·정치경제적 환경에서 태어나고 살고 있지만, 인간이면 모두가 인간·사회·역사·자연·우주의 본질에 대해 각기 다른 그들의 언어와 개념, 문자와 이야기로 표현해 왔다.

그런데 종교가 한 개개인에게는 위로와 평안을 가져다주지만, 종교가 집단이 되고 거대해지면 예나 지금이나 복잡한 갈등을 보인다. 우리는 이 사례를 소위 고등 종교라고 자부하는 사막종교들(유대교, 그리스도교, 이슬람교)이 똑같은 히브리 성서의 '한 분 하느님'에서 나왔지만, 서로 다르다며 지난 1천오백 년 혹은 이천여 년을 평화롭지 못하고 박해와 폭력과 전쟁을 계속하며 지내 온 역사를 본다. 각자 자기들이 고백하는 신들, 그리고 배타적인 진리로 전 세계를 통일시키고 지배하려고 하는 데서 기인한 것으로, 종교를 통해 평화를 찾으려는 사람들에게는 씁쓸함을 가져다준다.

구약성서에 "나 이외에 다른 신을 섬기지 말라"는 십계명의 제1계명과, "우상숭배를 하지 말라"는 계명, 그리고 신약성서에서 예수가 '하느님의 나라Kingdom of God'를 선포하고, 사도 바울이 "땅 끝까지 복음을 전하라"는 개념들은 그 본래적인 '의미'와 실제 역사 속에서는 어떻게 '이용'되어 왔는가? 여기서 의미와 이용은 서로 일치할까 혹은 서로 다를까? 그러면 성서 저자들과 서기관, 제사장들은 성서 본문을 어떻게 사용했을까? 더욱이 그들이 지배질서에서 높은 위치에 있었다면, 그 사용은 '지배이념the ruling ideology'이라고 해야 더 적절한 개념이 되지 않을까?

성서는 기본적으로 하느님이 주신 계시의 말씀으로 보지만, 그 가운데 일부는 인간의 의도성이 있다고 해야 할 것이다. 그 의도성이란 구약성서를 만들고 보존하고 계승시키는 데 역할을 감당한 성서 저자와 서기관과 제사장과 이들을 둘러싼 종교 권력, 그리고 세속권력을 가진 왕과 지배계층이 의도하는 지배이념이 같을 수도 있고, 예언자들처럼 현 질서의 부패와 불의한 일들에 대해 저항하는 내용으로 서로 극명하게 다른 두 모습도 있다. 메소포타미아와 이집트 제국들의 제정일치 사회에서 종교권력이 이미 존재했으며, 이스라엘의 다윗-솔로몬 시대에도 이미 종교권력이 형성되어 있음을 볼 수 있다. 그래서 세속권력과 종교권력이 국가와 사회의 질서를 유지하기 위해서, 또 통치 지배를 위해 '하느님의 말씀'으로 충분히 끌어들일 수 있다. 더욱이 구약성서가 지파 시대와 왕정 기간까지 육백여 년 세월에 형성되었기에 이 같은 여지는 더욱 많다. 그래서 구약성서는 동전의 양면을 갖고 있다. 신학이 하느님의 절대성을 강조하면 할수록, 지배이념으로서 이것만큼 백성들을 다스리기 쉬운 경전은 없었을 것이다. 왜냐하면 역사적으로 유럽 신학과 교회권력, 세속권력은 유착관계를 맺으면서 흘러왔고, 교회의 정통성이라는 명목으로 그 질서에서 벗어나는 것을 종교재판으로 살벌하게 가지 치면서 내려왔기 때문이다. 바로 그 한복판에 성서의 절대성이 자리 잡고 있으며, 이를 강조하는 것이 통치를 위한 지배이념을 확고히 하는 데 유리했기 때문은 아니었을까?

신학의 근간을 이루는 성서해석은 매우 중요하다. 지금까지 성서해석의 목적은 본문의 본래 의미를 찾고자 고대 이스라엘에서 일어난 역사적 상황들과 본문에 관심을 가졌다. 그 결과 구약의 역사, 정치, 종교, 사상, 법, 의식, 신화, 이야기, 지혜와 시 등에 대한 상황과 본문의 의미를 밝혀냈다. 하지만 초기 그리스도교 시대에 교회와 신학은 성서를 '정경canon'이라는 권위 속에 가두고 절대화해서 성서의 내용들을 과거로만 제한했기에, 그 이후 시대의 변화에 조응하지 못했다. 그럼으로써 절대성만을 주장하다 보니까, 중세·근세·현대에 이르는 사회적·정치적·문화적 가치관의 변화들에 계속해서 맞지 않아 왔다고 본다. 마치 현대인이 고대 유럽의 게르만의 옷을 입고 다니거나, 중세 시대의 철갑옷을 입거나, 근세 시대의 옷들을 입고 일상생활을 하는 것과 같다고나 할까? 오늘 고조선 시대의 옷과 머리 모양을 하고 그 시대의 가치로 살아간다면, 모두가 갸우뚱하지 않을까? 물론 패션으로 입는 것은 예뻐 보이지만…. 그 시대 종교의 사고와 가치관을 절대화시켜, 삼국시대, 고려시대, 조선시대, 현대에 이르기까지 거기에 끼워 맞추어 살아야 함을 강조하는 것과 같은 것이다. 물론 시대가 아무리 바뀌어도 변하지 않는 불변의 진리들이 있으며, 인간 본성 역시 고대 시대나 현재나 변하지 않는 것은 맞다. 하지만 변화하는 시기에 맞는 이념과 가치관, 문화적·종교적 수준들은 시대 시대마다 다르게 요구되는데, 절대로 고칠 수 없다는 정경 선언으로 성서와 교회의 권위를 세워 왔던 것이다.

성서는 문자로만 제한받는 단순한 책이 아니다. 성서가 교회권력과 세속권력이 함께 작용했을 때, "하느님의 이름으로~" 죄인으로 몰아 옭

아매고, 위협과 강요와 폭력과 교수형과 전쟁으로까지 확대하는 모습들을 역사 속에서 수없이 보아왔다. 유럽에서 종교재판은 기원후 13세기 로마 가톨릭 교황이 시작하여 19세기 초까지 지속되면서 수십 만 명을 희생시켰다. 성서는 이미 세계종교의 경전이 되어 과거로부터 현대까지 흘러왔기 때문에, 고대 이스라엘이라는 제한된 역사를 떠났다. 따라서 성서 본문도 고대 이스라엘이라는 제한된 시간과 공간을 넘어선 것이다. 성서학자가 로마제국~중세 시대~근세~현대에 이르는 세계사의 흐름을 비판적인 시각으로 보지 않는다면, 고대 이스라엘 시대의 문자와 언어와 사상과 신앙에 갇혀 버리는 것이다. 성서를 가두어 놓는 것이 유리했던 교회권력과 교리체계는 세속권력의 힘에 협력하면서 끊임없이 지배 논리로 펼쳐갈 것이며, 성서학자도 의식적으로든 무의식적으로든 여기에 일조하는 것으로 본다.

구약시대의 고대 이스라엘은 제국에 둘러싸인 약소국가의 피해자로서 방어적인 의미의 방패와 같은 존재로 1천여 년 넘게 생존했다. 하지만 기원후 4세기 로마제국이 그리스도교를 공인한 이후 오늘까지 그리스도교는 중동 지역·아시아·아프리카·남미 등 전 세계를 공격적으로 지배하는 창의 역할을 해왔고, 지배이념으로서 항상 권력의 편에 서 있었다. 그래서 이스라엘 민족을 방어하고 지켜야 했던 방패 시절에 만들어졌던 본문이, 상대를 창으로 지배하고 점령하는 점령군이 되었을 때, 과거 방패 시절의 개념과 의미들이 180도 다르게 사용된 것이다. 따라서 유럽이 그리스도교 국가로서 군사적 힘의 우위에 있고, 식민지와 제국주의 시대를 이끌면서 신학도 유럽 배경의 종교적·문화적 우월주의를 보여 왔다. 아시아·아프리카·남미 신학자들은 이를 경계하거나 비판적으로 바라볼 의지를 가져야 하는 것이다. 그렇지 않으면 여전히 유럽과 북미 중심의 우월한 그리스도교 이념을 전 세계에 확장시켜 나갈 것이고, 여기에 단지 종교만이 아니라, 문화적 · 정치적 예속까지 받게 될 것이기 때문이다.

그래서 성서해석은 성서 시대를 다루지만, 그보다도 성서의 정경 이후 시대에 어떻게 이용돼 왔고, 어떻게 지배세력의 이익에 맞게 사용되었는지에 더 관심을 가져야 한다. 로마제국 시대, 중세 시대, 식민지 팽창 시대, 그리고 오늘까지 교회권력은 성서 본문을 지배에 유리하게 해석하도록 했으며, 또 다른 장치로 교리로 통제하였기 때문이다. 그 결과 그리스도교는 인간과 사회와 역사에 해방이 아닌 굴레를 주고, 근본주의에 빠뜨리게 하고, 다른 종교, 다른 문화에 대해서 배타적이고 공격적인 태도를 갖게 하는데 일조를 했고 앞으로도 그러할 것이다. 오늘 지구 곳곳에서 일어나는 종교 간 갈등과 폭력에 대해서 성서해석이 성서 본문에만 갇혀 있고 절대성만 주장하고 문학적 사고에 머물러 비정치적인 해석만을 한다면, 여전히 이웃 종교들에 대해서 배타적이고 공격적으로 갈 수밖에 없다.

성서는 무엇인가? 다시 근본적인 질문을 던지게 된다. 성서는 제국들의 군사적 · 정치적 · 종교적 공격에 방어하기에 급급했던 방패의 시대에 만들어진, 힘없는 이스라엘 민족 · 민중들에게 신앙적 구심점을 주는 역할을 하였으나, 창의 시대로 바뀐 이후부터는 토착 종교, 유대교를 비롯한 이슬람 종교를 공격하고 탄압하는 종교가 되었고, 주변 국가들뿐만 아니라 지구 남쪽 세 대륙들을 정복하고 약탈하면서 그들의 전통 토착 문화를 경멸하고 없애는 상징이 되었다. "예수의 이름으로!" "진리의 이름으로!" 그래서 예수는 그리스도인에게 영원한 구원자이지만, 이슬람과 유대교 그 외 토착 종교들에게는 생명을 위협하는 존재로밖에 비춰지지 않는 것이다.

성서 신학자가 오늘의 지구촌 상황을 무시하고, 성서의 절대성에 따라 과거의 원문 재구성에만 초점을 모으고, 그래서 과거의 사고체계를 아무런 비판 없이 절대시하는 것을 강요한다면 그것은 성서해석이 갖는 또 다른 교회권력과 지배 이데올로기가 되고 말며, 조금 심하게 가면, 교회권력의 충실한 하수인의 역할을 할 수 있다고 본다. 성서는 과거로부터 해석할 것이 아니라, 본문들의 의미가 역사적으로 어떻게 흘러왔는지를 보면서, 오늘의 상황에서 과거의 본문을 새롭게 조명할 수 있어야 한다. 곧 해석자의 시각이 과거 본문 중심에만 머물지 말고 중세와 근·현대로 오는 연속적 상황을 볼 수 있어야 하는 것이다.

성서 안에 녹녹히 녹아들어 있는 고대 페르시아 시대의 이분법적 사고(빛과 어둠, 선과 악, 천사와 원수, 마귀 등)도 극복하지 않으면, 현재와 미래에 여전히 갈등을 조장하고, 배타시하고 적대시하는 가치관으로 남겨질 것이다. 어쩌면 중세나 근세 그리고 현대에도 페르시아 시대의 이원론적 사고가 교회나 신학 그리고 찬송가[1]에서 가장 유용하게 사용해 온 지배이념이 아닌가? 힘이 있는 자가 이원론을 이용할 때는 항상 〔백인=아군=그리스도교인〕 대 〔유색인=적군=다른 종교인〕으로 구분하기가 쉽고, 적대개념을 부각시키기 좋기 때문이다. 특히 대부분의 할리우드 영화들, 심지어 어린이 게임에서도 이 같은 이분법적 사고로 미국의 우월함을 내세우고, 여타의 국가와 문화들에 대해 경멸하는 태도를 보이고, 적으로

---

1) 조인형, "찬송가 속에 담긴 제국주의 사상", 『제국의 신』(서울: 동연출판사, 2008), 109-122. 저자는 18~19세기에 영국과 미국의 복음주의 기독교회는 회중의 노래(찬송가)가 위대한 힘을 발휘하는 것을 이용하여, 제국주의의 당위성을 홍보하며 정당화시켰고, 식민지 국가 교인들에게는 무의식중에 이를 받아들이도록 했다고 주장한다(112~113쪽). 그리고 구체적인 찬송가의 가사들(주의 군사, 능력의 갑옷, 방패, 싸우러 나가자, 십자가 군병, 행군 나팔 소리, 진리의 검, 원수 정복, 큰 싸움의 용사, 전쟁도 겁 없고, 저 악한 원수들…)을 제시한다.

보는 내용들(특히 이슬람을 향하여)을 의도적으로 제작해 내고 있다는 것은 이미 문화계에서는 다 알려진 사실이다.

이 같은 전통을 갖고 있는 유럽과 미국의 보수적인 기독교가 한국을 비롯한 아시아 국가들에 선교사들을 통해 들어왔으며, 신학 및 교회의 전반에 걸쳐 영향을 주고 있다. 이것은 다시 역으로 한국의 보수적인 교회와 선교사들이 아시아·아프리카 등의 해외선교를 나가서 동일한 방식으로 지대한 영향을 주고 있다. 한국의 보수적인 기독교가 미국의 보수 기독교를 숭배하고, 철저한 반공의식으로 강한 배타성을 띠면서, 동시에 교회 권력을 극대화하는 것은 아이러니할 수밖에 없다.

이 상황에서 아시아 기독교인으로서 갖는 정체성을 정치·경제·사회·문화·종교 등에서 새롭게 찾지 않으면 안 된다. 아시아인이 수천 년 동안 가져온 다양한 역사·전통·종교·문화에 대해서 존중하는 마음을 스스로 가질 때, 새로운 대안적 기독교의 모델을 만들어 낼 수 있을 것이다. 동시에 기독교는 지배이념으로서가 아니라, 아시아의 상황을 이해하고 아시아의 시각으로 재해석하고 새로운 모델을 만들지 않으면, 유럽 교회와 신학이 과거에 경험했던 전철을 똑같이 되풀이 할 것이다. 한마디로 요약하면 한국을 비롯한 아시아 신학자들, 성서신학자, 교회사학자, 조직신학자, 기독교 윤리학자, 심지어 찬송가를 작사 작곡하는 음악인도 서구 기독교를 맹목적으로 쫓아가는 식민지 의식과 잔영을 거두어 내는 일이 가장 시급한 과제로 남아 있다.

그래서 한국의 신학자들은 더 이상 구약의 신명기적 사고(유일신 신관, 우상숭배 금지, 권선징악)에 갇힌 낡고 폐쇄적이고 배타적인 태도를 버리고, 동양사상, 동양의 종교들과 마음껏 교류하고 사상적인 공감대를 이루면서 상생의 태도를 갖고 21세기 새천년에 부응하는 새로운 책임과 도전을 감당해야 할 것이다. 문명사의 전환점에 있는 시기에, 특별히 종교 간 갈등과 충돌이 심해 가는 시기에, 성서학자들과 신학자들은 그리스도교가 어떤 위상과 방향을 가지고 나가야 할 것인가에 더더욱 고민하지 않으면 안 된다. 성서 시대의 과거지사를 이 잡듯이 밝혀내는 것도 중요하지만, 과거의 본문이 현재의 발목을 잡아서는 안 되며, 그 족쇄를 풀어줄 새로운 해석과 방법론과 지혜가 더욱 필요한 때이다.

이 시대에 많은 사상과 종교들이 존재하고 있다. 또한 우리의 삶을 규정하는 지구화 과정과 미국이라는 한 초국가가 세계를 지배하는 제국의 현실에서, 그리스도교, 불교 그리고 이웃 종교들이 인류에 대해 보여주고 제시해야 할 시대적 과제들이 산적해 있다. 그리스도교가 이들에게 보여주는 배타주의, 배척과 공격적이고 심지어 폭력적인 태도는 마땅히 근절되어야 할 것이다. 기독교가 이웃 종교들과의 공존을 통해서 생명과 평화를 이루어 내는 성숙한 종교문화를 만들어 가야 한다. 또한 성서신학 역시 서구 신학의 해석 방법론과 교리적 해석, 교단주의적 관심에만 머물지 말고, 다른 종교의 경전들에 대한 연구를 통해서 인간·사회·역사·자연과 우주 등에 대한 관심의 폭을 넓혀 나가야 할 것이다.

1부

구약성서와 종교 간 해석 방법론

구약성서의 본문text들은 이스라엘의 역사적 정황을 담고 있기 때문에 단어나 구절, 문단, 이야기들에도 그 배경들을 함께 이해하지 않으면, 성서를 문자적으로 보게 되어, 절대화시키기 쉽다.

필자가 『하느님 새로 보기』라는 제목으로 책을 내기까지는 많은 고민을 했고, 용기도 필요했다. 한국 기독교의 풍토에서 '종교 간 대화'라는 것이 그리스도교 교리를 파괴하는 이단 정도로 취급받기 때문에, 반발과 역풍을 각오를 한다. 그럼에도 기독교가 새롭게 성숙하고 발전하려면, 종교 간 대화는 절대적인 명제이기 때문에 본서를 내게 되었다. 이 책에서는 필자의 구약해석에 대한 준거틀framework이랄까? 나름대로 해석 방법론을 다음 몇 가지로 세워보았다.

1장

그리스도교 역사의 인식과 관점: 방패에서 창의 종교로

성서 해석의 연구 방법은 무엇인가? 필자는 두 가지 연구 방법이 있다고 본다. 첫째는 성서에 대한 **객관화 작업**이다. 역사 비평 방법을 통해서 성서 시대의 각종 문헌들을 비교·분석하고, 객관화함으로써 성서 본문의 사실성을 밝히는 작업이다. 이 작업은 기독교가 유럽을 중심으로 성장해 온 역사적 배경으로 18세기 중엽 이후 서구 신학자들의 주도로 이루어져 왔다. 서구 성서학자들의 노력으로 서구의 역사학, 사회학, 고고학, 인문학, 자연과학 등의 다양한 영역의 발전과 궤를 같이하면서 성서를 객관화하고, 고증하는 데 체계를 세운 것이다. 그렇기에 이 연구 방법은 성서가 형성된 역사적 조건을 넘어설 수 없는 것이다.

둘째는 성서에 대한 **해석 작업**이다. 이것은 의미를 밝히는 것이다. 성서 본문의 의미를 임의로 해석해서는 안 되지만, 시대에 맞는 새로운 해석이 필요한 것이다. 성서 본문 시대의 가치관을 오늘날 그대로 옮겨놓을 수는 없다. 기독교가 다른 문화와 종교들의 세계관과 우주관, 인간관과 역사관 등과 만나면서 적극적인 의미의 해석을 보여줄 때, 기독교는 사상(Christian thought)으로서 자리매김을 할 수 있을 것이다. 그렇지 않고 여전히 성서 본문 시대의 사고체계에 갇혀 있거나, 교단의 교회권력과 교리 중심적 사고에 매여 있고, 지배질서를 강화하는 방향에 있게 되면, 그것은 배타적인 기독교주의Christianism로 되고, 교조화되고, 화석화하는 지배이념으로 자리를 잡을 수밖에 없게 된다.

따라서 위의 두 가지 성서 연구 방법의 시도는 반드시 함께 시도되어야 한다. 전자는 지난 1백여 년이 넘게 많은 고증을 해왔지만, 후자는 성서 자체의 사고 틀과 교권에 갇혀 다양한 전개에 걸림돌이 되고 있어 매우 부진한 형편이다. 후자에 대한 활발한 논의를 위해서 과거 제국주의를 펼쳤던 유럽 중심의 신학에 대한 비판적 성찰이 필요하며, 피식민지 지배를 경험한 아시아·아프리카·남미의 눈으로 보는 새로운 시각과 해석이 필요한 것이다. 그래서 지금까지 그리스도교의 인식과 관점이 누구를 위한 것이었는가라는 질문을 교회 현장에서도, 성서신학에서도, 교회사에서도, 조직신학에서도, 기독교윤리학에서도 끊임없이 도전하지 않으면 안 된다고 본다. 하나의 일환으로 구약신학 역시 구약시대의 주변 역사를 바로 앎과 동시에, 중세·근세·현대사까지의 흐름을 인식할 때, 전체 속에서 부분을 해석해 낼 수 있다고 본다. 이를 간략하게 살펴보기로 하자.

역사적으로 우리가 소위 문명civilization이라고 부르는 국가들, 곧 이집트 문명, 메소포타미아 문명, 황하 문명, 인도 문명은 겉으로 보기에 찬란한 건축물과 천문학, 고대의 신기술, 철학 등을 만들어 낸 것으로 보이지만, 사실은 국가 노예제를 바탕으로 그리고 수없는 전쟁을 통한 파괴와 약탈, 정복과 지배를 바탕으로 이룬 제국들이었다.

지정학적으로 보면, 이스라엘은 동쪽으로 광대한 사막 지대가 펼쳐지고, 서쪽으로 지중해, 그리고 유라시아와 아프리카를 연결하는 다리 내지는 길목이고, 해안선을 따라 평야 지대가 무역 교통로가 되지만 동시에 전쟁 교통로로 이용되었다. 따라서 역사적으로 주변의 제국들에 둘러싸여 직접 영향을 받았고, 사면초가四面楚歌라는 지정학적 상황에서 약소국가인 이스라엘은 정치적으로 종속되었고, 조공을 바치고, 이민족의 종교와 문화 등을 수용하면서 생존했다.

이집트는 기원전 30세기에 이루어진 대국으로 피라미드가 생성된 시대인 고왕국(기원전 2650-2200년경) 시대에 국가노예제를 바탕으로 거대한 군사력을 가진 제국이다. 2000년경에 메소포타미아 왕조들의 침략으로 위협을 받기도 했다. 중왕국(기원전 1991-1786년경)이 안정된 시기를 보내지만, 북으로부터 힉소스의 민족 이동 내지는 침입을 오랫동안 받기도 하였다. 특히 구약시대와 밀접히 연결되기 시작하는 제18왕조(기원전 1580-1314년)는 신왕국의 전성기로 11세기까지 팔레스타인과 시리아로 확장해 나갔다. 람세스 II세(기원전 1290-1223년경)는 히타이트와 전투를 벌였고, 이러한 이집트 제국의 군사적 확장으로 팔레스타인 지역은 항상 메소포타미아 지역 제국들의 전쟁터가 되곤 했다.

한편 메소포타미아는 사막을 피하고, 유프라테스-티그리스 강을 따라 시리아로 내려오면서 기원전 6000년 전부터 광대한 문명을 만들었다. 강을 중심으로 홍수를 대비해 제방을 쌓고 비옥한 땅을 경작하면서 인구가 늘어나고, 수메르 문명(기원전 2850-2360년경)이 형성되고, 도시국가들이 발달하였다. 도시 생활과 농경 생활이 결합되어 경제적 안정을 이루었지만, 전쟁이 자주 일어났다. 아카드 제국(기원전 2360-2180년경)은 사르곤Sargon 왕이 본격적인 제국을 창건하고 정복사업을 시작했다. 그의 왕조는 메소포타미아 전역과 소아시아에 이르렀다. 이후 우르Ur 왕조가 지배하고, 18세기 제1바빌론 제국이 등장하고 그 세력을 정점으로 올렸다. 이 시기는 이스라엘의 족장시대와 관련된다. 13세기에 오면 히타이트 제국은 사라지고, 앗시리아 제국(기원전 1950-7세기)이 메소포타미아를 장악한다. 다윗-솔로몬 시대를 거쳐 앗시리아의 사르곤 2세(기원전 721-705)가 북이스라엘을 멸망시키고, 산헤립(기원전 704-681)이 남유대를 침공했고, 아슈르바니팔(기원전 669-627)은 이스라엘을 통과하여 이집트의 테베를 침공(기원전 663)했다. 기원전 587년 느부갓네살(기원전 605- 562)이 남유대를 멸망시켰고, 유대는 포로기 생활을 보낸다. 얼마 후 고레스 왕이 이끄는 페르시아 제국(기원전 550-331)이 들어서 바빌론을 점령하고(기원전 539), 메소포타미아와 팔레스타인 지역은 새로운 전환기를 맞게 된다.

지리적으로 이집트와 메소포타미아 제국 국가들에 둘러싸여 있는 이스라엘은 정치적으로, 경제적으로, 종교·문화적으로 종속적이고 굴욕적인 입장에 있을 수밖에 없었다. 제국들이 전쟁을 위해서 이스라엘 서쪽의 해안도로를 군사적 통로로 이용하기 때문에 언제나 양쪽으로부터 침략의 위협에 노출되어 방어적일 수밖에 없었다.

다윗 왕 때 잠시 주변 국가들을 정복하고, 통일왕국을 이루었으나, 솔로몬 사후 북이스라엘과 남유대로 분열되었고(기원전 922) 국력이 쇠퇴하였다. 북이스라엘은 계속되는 왕들의 쿠데타가 국력을 소진시켜 722년 멸망했는데, 남유대의 국가 존립은 더욱 위태로운 상황이 되었다. 남유대도 제국들에 대해서 독립적이지 못한 상황에서 어려움들을 백성들에게 전가시켰고, 지도층들의 권력은 부패했다. 경제적인 부익부 빈익빈 현상은 심화되었고, 뇌물, 종교의 타락, 사회적 약자들의 고통, 도덕적 타락이 심화되는 현실이었다.

이렇게 이스라엘은 주변 제국 국가들의 세력 다툼과 침략 그리고 종속을 요구하는 상황에 노출되어 있어, 외부 환경이 압력을 가해올 때, 그 고통은 고스란히 이스라엘 백성들의 몫이 되었다. 구약성서의 출발도 모세와 노예집단 하비루들이 이집트 제국으로부터 탈출하여 바빌론 제국의 침공으로 멸망했고, 페르시아 제국, 알렉산더 제국, 로마제국으로 이어진다. 이상의 역사까지 구약의 야웨 종교-신약의 그리스도교 그리고 유대교는 제국으로부터 항상 위협과 지배를 받았기에 방어하기기 급급한 방패의 역사였다.

로마제국이 기원후 330년 두 제국으로 분리되었고, 그리스도교가 로마제국으로부터 박해를 받다가 합법화되고 국가종교로 변모한 이후(기원후 395)부터 그리스도교는 방패에서 창의 종교로 바뀐다. 다시 말하여 로마제국의 세속권력 핵심 속에 그리스도교의 종교권력이 결합하여 이민족을 침략하고 종교들을 제압하는 역할로 바뀐 것이다. 서로마제국은 얼마 지탱하지 못하고 게르만족에 의해 476년 멸망했고, 동로마 비잔틴 제국은 1천 년을 버티었는데(330-1453), 투르크족에 이은 오스만 투르크 제국(1299)은 유럽의 도나우 강변까지 확장하고, 14세기 초 국가의 형태를 갖추면서 중엽에는 아나톨리아 반도에서 주도권을 갖기 시작했다. 1453년 메흐메드 2세는 비잔틴 제국의 수도인 콘스탄티노플을 점령하여, 마침내 1천여 년 역사의 동로마제국은 종말을 고했다. 이로써 지중해권의 이집트와 팔레스타인 지역, 흑해 지역과 동유럽은 이슬람권이 되었다. 이 시기에 유럽의 그리스도교 국가들은 11세기 말부터 13세기 말까지 8차에 걸쳐 그리스도교의 성지인 예루살렘을 탈환하는 전쟁을 일으켰다. 십자군 전쟁은 쇠퇴해 가는 비잔틴 제국의 요청과 교황의 주도로 시작되었다. 그러나 유럽의 국가들 간에 결속이나 지휘 체계가 빈약한 결과로, 중세 봉건

영주들의 개인적인 야심과 이익을 취하려는 목적이 앞섰다. 그 결과 십자군 전쟁은 파괴와 약탈과 잔혹한 학살을 자행하였다. 이때 교황 권력은 전쟁을 승리로 이끌기 위해서 십자군 군인들에게 개인의 죄를 강조하고 이방인을 죽일 때마다 죄가 없어진다는 잘못된 신앙과 신학적 논리를 강조하여 살인과 폭력을 극대화시켰다. 그리고 로마제국 문명을 계승하는 교황 권력과 비잔틴 제국은 비록 유럽의 국가들을 그리스도교화했지만, 야만인 수준으로 보았고, 유럽 국가들은 십자군 전쟁을 계기로 인정받고 싶은 상승 욕구를 가졌다. 십자군에 동원된 군인들은 농민, 수공업자 등 하층 민중들이었으며, 교황 권력과 비잔틴 제국과 유럽 각 나라들의 지배 권력들은 자기들의 이익을 관철하기 위해 예루살렘과 성지 탈환을 명분으로 내세웠다. 이슬람 입장에서 십자군 전쟁은 침략전쟁이었으며, 십자군의 학살과 약탈은 이슬람교도들에게 증오감을 불러일으켰고, 이슬람교도들은 지하드를 만들어 성전으로 대응하였다.

역시 중세 시기에 몽골 제국(13세기-14세기 중엽)은 칭기즈 칸이 등장하여 동으로 중국을, 북으로 아랄 해, 남으로 페르시아 만에 이르는 이슬람 지역을 대부분 점령하여 아시아와 중동 지역 그리고 동북부 유럽 지역의 광활한 영토를 차지하였다. 이 과정에서 기마 민족의 특성으로 전쟁을 치르고, 역시 살육과 약탈이 자행되었다. 흑해 주변의 투르크족은 몽골의 침입으로 그 세력이 약화된 반면, 수세에 몰려 있던 비잔틴 제국은 다소 회복할 기회를 맞기도 하였지만, 16세기 초 투르크족에 멸망하여 대로마제국은 역사 무대에서 사라졌다. 오스만 투르크 제국은 사백여 년 동안 아시아 흑해 연안, 유럽의 헝가리, 오스트리아 그리고 북아프리카 이집트, 알제리, 시리아에 이르는 아프리카의 3개 대륙에 걸치는 대제국을 건설하였다. 하지만 오스만 제국 역시 왕족과 귀족들의 부패와 사치, 그리고 러시아, 오스트리아와의 전쟁으로 쇠퇴를 걸었다. 제1차 세계대전으로 오스만 제국은 독일군에 협력했다가 패전하면서 오스만 제국은 종말을 고했고, 연합군에 의해 1920년 터키 공화국을 건설하였다.

한편, 서유럽 국가들은 중세 시대 이후 식민지 확장으로 그 지배 영역을 넓혀나갔다. 포르투갈은 15세기 말 인도로 진출하여 아시아의 향료 무역을 독점하였으며, 에스파냐는 남미로 진출하여 잉카 문명을 파괴하고 금·은 광산을 채굴하는 것을 시작으로, 근세에는 16~18세기 유럽의 절대왕정 국가들은 해상 무역을 서로 장악하기 위한 해상 군사력 주도권 전쟁을 벌이며 식민지 개척에 앞장서 나갔다. 에스파냐, 영국, 프랑스, 독일, 이탈리아 등이 적극 가담하여 제국주의 시대를 열었다. 이들이 3세기가 넘는 시기 동안 아시아, 아프리카, 남미에서 수탈해 간 지하자원, 노예, 귀금속, 전통 문화 유산 등은 실로 엄청난 규모였으며, 오늘날 선진국이 된 유럽의 상업과 자본주의의 모체가 식민지 착취경제에서 나온 것이다(오늘날 아프리카 국가들의 빚 채무를 유럽 국가들이 면제해 주어야 할 근거이다). 물론 이 시기에 교회와 신학이 '진리의 이름으로' 식민지 확장을 정당화하는 데 앞장섰음은 두말할 나위가 없다. 특히 유일신 사상과 우상숭배 금지, 그리고 서구 유럽을 지배하는 이원론은 식민지 국가의 토착 문화와 종교를 파괴하고 약탈하는 데 그 정당성을 주는 신념이 되었다. 이후 두 차례의 세계대전은 유럽 국가들의 주도권 전쟁이었으며, 아시아에서 일본 제국이 등장하여 한국, 중국, 필리핀 등 아시아로 그 식민지를 확장하였음은 이미 알고 있는 사실이다.

긴 역사를 짧게 보았다. 역사 속에서 제국은 그 국가만 변했을 뿐, 강대국가의 본질은 하나도 변한 것이 없다. 다시 말해서 제국을 알고 이해하는 것이 특별한 것이 아니라, 세계 역사가 보편적으로 제국의 팽창을 중심으로 흘러왔다는 시각을 기본으로 가져야 한다. 이 흐름은 거대한 제국들 사이에서 생존해야 하는 약소국가가 이리저리 휘둘리는 탓에 곤경과 고난의 역사였다는 것이다. 그렇기 때문에 우리는 성서 본문도 당시의 주변 제국은 물론, 중세사와 현대사라는 넓은macro 시각을 가지면서 보아야 하고, 성서 안의 매우 작은 단어 하나, 한 구절 한 구절 속에서 제국이라는 상황 속에 함축된 약소민족의 고난의 여정들을 헤아려 나가야 할 것이다. 로마제국에서 그리스도교가 처음에 박해를 받으며 숨어 지내던 방어적인 처지에서, 합법화 이후 공격적인 종교로 변모한 이래 지금까지 그리스도교는 항상 세계사의 정치·군사 권력의 중심에 있어 왔다. 이것은 그리스도교의 신학 역시 창의 논리로 나갔을 수도 그리고 나갈 수도 있음을 암시하는 것이다. 즉 원래의 본문이 방어적 상황이었을 때 쓰였는데, 공격적 혹은 지배적 상황으로 바뀌었을 때, 그 본문의 쓰임새가 180도 달라질 수 있다는 것이다. 구약의 신神 개념도 주변 강대국가들의 많은 신들 속에서 약소국가의 신이 살아남기 위한 몸부림에서 나온 것이었는데, 그 신의 처지가 완전히 뒤바뀌어 강대국가의 신이 되었을 때의 논리로 적용시키면 그 의미가 전혀 달라지는 것이다. 이것을 구분하지 않으면, 약소국가였을 때 신의 역할과 속성은 잊히고, 강대국가의 세계 지배 논리로 일관하게 된다.

그래서 그리스도교 신앙과 신학, 성서학은 역사의식이 전제되지 않으면 안 된다. 고대 이스라엘이 제국에 둘러싸인 환경에서 살아남을 수 있었던 것은 제국의 지배를 반대하는 예언자들의 역사의식이 있었기 때문이다. 동시에 그리스도교가 로마제국이라는 정치권력과 손을 잡은 이후의 유럽 그리스도교 신앙과 유럽 신학자들의 신학은 이를 염두에 두고 비판적인 시각을 갖고 보아야 할 것이며, 그렇지 않으면 그리스도교가 구원을 명분으로 세계를 지배해야 한다는 지배이념 논리에 빠지게 된다.

2장
현재적 상황 인식: 지구화와 제국

1. 지구화(Globalization)

종교는 인간에게 바탕을 둔 것이며, 인간은 자연, 과학의 본질과 현상에도 지대한 영향을 받지만 동시에 인간이 사는 공동체, 곧 사회 안에서 겪는 수많은 관계들에서 받는 영향 또한 간과할 수 없다. 사회와 역사, 그리고 자본주의가 진행되는 현재 시점에서 지구화가 진행되고, 역사상 유례없는 한 국가(미국)가 전 세계를 지배하고 있는 현실을 인식할 수 있어야 한다. 그 이유는 전 세계 인구가 자본주의 틀과 사고로 살 수밖에 없는 현실이 되었기 때문이다.

필자가 2004년에 필리핀을 방문했을 때, 서울의 난지도와 같은 쓰레기 매립장을 둘러보는 기회가 있었다. 매립장 주변에 수만 명의 빈민들이 오두막집에 다닥다닥 붙어살면서 몇 집 건너마다 미국 담배와 초콜릿, 껌 등을 파는 모습을 본 적이 있다. 세계 경제에 편입되어 사는 한, 자본주의의 영향을 받지 않을 수가 없으며, 자본주의의 속성은 부익부 빈익빈을 가속화시키는 것이며, 자본가가 더 많은 이익을 가져갈 수밖에 없는 현실인 것이다.[1] 이미 세계 경제가 그물구조로 정착했다는 것은 새삼 말할 필요가 없다. 하지만 2008년도 미국의 중·하 계층의 경제위기가 전 세계의 경제를 강타하며 위기로 몰아넣고 있다. 전 세계가 달러라는 단일체제로 묶여 있기 때문이다. 마치 창세기 11장의 바벨탑 사건에서 하나의 언어 때문에 인간의 욕망이 신까지 올라가듯이, 오늘의 달러가 그와 같다고 하겠다. 언어가 흩어져 서로 지배관계가 깨지듯이, 달러가 다극화되어 여러 나라의 돈들을 기축 화폐로 전환시켜야 할 것이다. 어쨌든 미국 경제 위기가 전 세계의 수많은 사람들을 실업 상태로 몰아내어, 경제적 곤란을 겪게 하고 있다.

이 같은 현상은 지구화가 유럽과 미국 국가들을 중심으로 진행될수록 아시아·아프리카·남미의 국가들과 빈부 격차가 더 벌어지며, 지구 자원의 독점과 과소비로 인한 지구 환경의 생태 문제를 일으키게 된다. 남아시아와 남미의 숲들이 벌목되어 지구의 허파로서 기능을 잃어 가고 있으며, 강, 바다, 공기 모두 공해로 인해 오염되어 죽어 가는 현실이다. 자본주의의 물질주의가 브레이크 없이 끝을 향해 달리는 것과 같다. 이를 제어해 주고, 속도의 완급을 조절해 줄 수 있는 것은 곧 인간의 이기적인 욕망을 줄이는 것이며, 그것도 한 개인 차원의 윤리를 넘어서서, 사회화되고, 국가 정책에 반영되고, 국가들 사이에 협정으로 이어져야 할 것이다.

---

1) 김용복, "종교 사회사상", 성공회대학교 신학연구소 엮음, 『대화를 넘어 서로 배움으로』 (서울: 맑은울림, 2004), 33-59. 이 글에서 지구화에 대한 자세한 분석을 하고 있다.

2. 제국(Empire)

또 다른 중요한 축은, 인류 역사상 한 국가가 세계 전체를 지배한 적은 없었다. 현대에 사회주의권의 몰락 이후, 미국의 세계 지배 전략은 더욱 가속화되고, 미국은 유엔도 무시하고, 어느 나라든지 침공할 수 있다는 것을 아프가니스탄과 이라크 전쟁을 통해 보여주었다. 또한 어느 국가들도 연합하여 이를 제어하지 못하는 현실이다. 심지어 이슬람권 국가들조차 반대의사를 표명하지 못하고 있다. 미국의 세계 지배는 자국의 경제적 이익을 가져다주고, 제3세계 국가들의 경제를 미국에 종속하는 결과를 낳고 있다. 첨단 과학, 우주 산업, 문화 산업, 그리고 '평화 질서'를 표방하며 엄청난 군사력으로 지배하고 있다. 사실 핵폭탄과 핵 제조 능력을 가장 많이 보유하고 있는 나라는 미국이지만, 미국 언론조차도 거의 언급을 하지 않는다. 인간을 죽이는 최신 살상무기는 미국에서 가장 많이 만들어진다. 그 시험 대상이 베트남전, 1차 걸프전, 최근의 아프가니스탄과 이라크전이며, 여기서 엄청난 양의 대량 학살 무기들이 사용되었다. 또한 동북아의 평화 질서도 미국이 주도권을 갖고 있음으로 인해 한반도의 평화와 통일 문제도 자주적으로 해결해 나가기가 쉽지 않다. 이렇게 볼 때, 미국이 전 세계를 지배하는 제국의 성격을 분명히 보이고 있는데, 종교들이 이에 무관심할 수 없으며, 현실 문제를 정확히 바라보고, 지구촌 사회가 평등과 평화롭게 살 수 있는 지혜와 사상들을 제시해야 할 것이다. 2008년에 세계기독교교회협의회 후원으로 5년여 작업 끝에, UN헌장을 대체할 수 있는 '평화 헌장'(A People's Charter on Peace for Life)이 한국의 강원도 화천에서 선포되어 제국의 문제를 본질적으로 다루고 그 해결책을 제시하였다.[2)]

3. 아시아, 아프리카, 남미 민중의 아픔

지구화와 제국으로 인한 피해는 결국 아시아, 아프리카, 남미 국가들의 민중들이 질 수밖에 없다. 전 세계 인구의 4분의 3을 차지할 만큼 많은 인구가 그 피해를 보고 있다. 고대 역사에서는 지엽적이고 부분적이었으나, 현대에는 전 세계적으로 파급 효과가 빠르다. 이들 대륙의 민중은 세계 자본주의 체제와 지구화, 그리고 제국주의 정책의 최대 피해자이다. AIDS 확산, 매춘, 기아, 문맹, 인종 차별 문제가 복합되어 있고 특히 여성과 어린이가 가장 피해를 본다. 지역 분쟁과 종교 간 갈등도 교리적 차이들이 아닌 이러한 맥락에서 바라보며 그 해결점을 찾아가야 할 것이다.

종교 간의 대화가 세계 현실의 가장 핵심이 되는 지구화, 제국, 민중의 고통 문제들을 기본으로 하여 중심을 잡지 않으면 안 된다. 종교 간 대화가 자칫 교리들의 차이와 공통점이라는 비교 차원에 머무르면 또 다른 현학적인 논의들에 빠질 수 있다. 오늘의 지구적 상황에 대한 인식을 공유하며, 어떻게 공동의 과제를 풀어나갈 것이냐는 고민 속에서 출발해야 할 것이다. 종교가 개인적 차원에서 시작하지만, 사회와 역사 속에서 해결해 나가야 하며, 미래에 대한 비전들을 제시할 수 있어야 할 것이다.

이상의 지구화, 제국, 지구 남쪽으로부터 보는 오늘의 시각을 가질 때, 성서해석도 큰 방향을 잡을 수가 있다. 그 이유는 성서 시대에도 로마 제국의 세계화 속에 약소국가에 대한 경제적 착취와 제국의 힘을 이용한 전쟁이 있었으며, 그리고 예언자들과 예수 자신의 삶이 가난한 자들의 위치에 서 있었음을 이미 분명하게 보여주었기 때문이다.

---

2) "A People's Charter on Peace for Life", in *Madang: International Journal of Contextual Theology in East Asia*, vol. 10, 117-150.

3장

종교 간 대화의 걸림돌: 우상숭배 금지의 극복

이제 구약성서의 본문으로 좁혀 들어가 보자. 신명기 역사서는 오경(Pentateuch, 구약성서 첫 다섯 권)에 이어지는 사사기, 사무엘상·하, 열왕기상·하를 가리킨다. 폰 라트G. von Rad는 육경(Hexateuch, 여섯 권)을 말하면서, 창세기에서 하느님이 아브라함에게 약속한 땅이 여호수아서에서 성취됨을 주장한다. 반면 노트M. Noth는 신명기 사가가 신명기 정신에 따라 신명기 역사서를 썼다는 이유로 사경(Tetrateuch, 네 권)을 주장하고, 신명기를 신명기 역사서에 연결시키고 있다. 이러한 논의로 사경, 오경, 육경이냐를 보는 시각이 다르게 나온다. 신명기의 정신에 의해 신명기 역사서가 서술되었음은 많은 학자들이 동의하는 부분이다. 신명기 역사서에 관한 학문적 논의는 대부분 편집에 집중되고 있다. 최종 편집자가 누구인가에 관심이 많은데, 요시야 왕 개혁(기원전 622) 이전에 신명기 역사가에 의한 1차 편집이, 포로기(기원전 587년-538년 사이, 대략 550년경)에 2차 편집이 있었다는 주장이 대세이다. 하지만 포로기의 제사문서(P) 기자라는 주장도 있다. 또 창세기부터 열왕기하까지 9권을 최종 편집했다는 주장도 있다.[1] 이러한 논의들이 주류를 이루면서 신명기 역사서에 대한 베일을 벗기는 데 주목하고 있다.

그러면 신명기가 말하는 정신은 무엇인가? 그리고 신명기와 신명기 역사서의 관계는 어떤 것인가?

신명기가 강조하는 바는 유일신 사상, 우상숭배 금지, 하느님께 순종하면 축복을 받지만 불순종을 하면 징벌을 받는다는 사고이다. 이 정신이 사사기에서는 "이스라엘 자손이 하느님이 보시기에 악한 일(바알 섬김)을 저질렀다. 주께서 진노하시고, ○○○(이민족)에게 넘기어 ○○년 동안 억압을 받다가, 이스라엘 백성이 주께 울부짖어, 주께서 그들을 구하시려 사사 ○○○를 일으키어 구해 주셨다"는 문학 양식으로 전개된다. 열왕기에 등장하는 다윗 왕과 요시야 왕을 제외하고 대부분의 왕들은 "주께서 보시기에 악을 행하였다"는 평가를 받는다.

요시야 왕은 "우상과 모든 혐오스러운 것들을 눈에 보이는 대로 없애고, 마음을 다 기울여 모세의 율법을 지켰으며, 주께로 돌이킨 왕은 이전에도 없었고, 그 뒤로도 다시 나타나지 않았다"(열왕기하 23:24-25)고 기록한다. 신명기 사가는 왕조실록을 참고하지만, 왕들이 우상을 섬겼느냐 안 섬겼느냐에 따라 왕들을 평가하고 있다. 신명기 역사가가 유대와 이스라엘 모든 왕의 역사를 신명기 정신에 따라 서술한 배경은 남유대가 바빌론으로부터 멸망을 당하여, 그렇게 멸망하게 된 원인을 우상을 섬겨 '하느님께 불순종한 결과'로 보았기 때문이다. 곧 바알 신, 바빌론 제국의 신들을 섬긴 것을 그 원인으로 하고 있다. 신명기적 관점으로 왕들을 평가했다는

---

1) Brian Peckham, *The Composition of The Deuternomistic History* (Atlanta: Scholars Press, 1985).

것은 그 당시에 의미가 있었고, 이것은 예언서에 영향을 주어, 구약의 많은 부분이 신명기적 사고로 뒤덮여 있다. 결국 구약성서는 유일신, 우상숭배 금지[2]라는 두 개의 축이 기조를 이루고 있다고 말할 수 있다. 다시 말해 구약에서 야웨 종교가 성장하기까지 이미 메소포타미아와 팔레스타인의 종교들을 수용하는 과정이 있었으며, 이 두 개의 기조는 신명기 문서가 발견된 요시야 왕의 종교개혁과 맞물려 있으며, 바빌론 제국으로부터 정치적인 독립의 의도가 담겨 있음을 볼 수 있다. 이것은 당시 제국의 상황에서 약소국가가 취할 수 있는 일은, 군사력 강화도 중요하지만, 정신력 곧 종교적 구심점을 이루는 것이었기 때문이다. 구약의 율법, 이야기, 역사, 예언의 내용을 신명기적 관심으로 집중시켜 방패의 구심력을 만들어 제국들의 간섭과 위협을 방어했다고 본다.

신명기적 사고의 뿌리를 갖고 있는 그리스도교가 로마제국으로부터 합법적인 승인을 받은 이후에는 이스라엘의 지역 종교가 아니라, 제국을 옹호하는 창의 종교로 역전한다. 로마제국의 확장과 근세 유럽의 식민지 확장에 이르기까지 그리스도교 역시 이 확장사업에 적극 개입하여 약 1천 오백 년 동안 위세를 떨치는 종교가 되었다.

그리스도교가 이웃 종교들에 대해 배타적인 성격을 갖게 된 주요인이 바로 신명기와 신명기 역사서의 종교관에 있다. 그리스도교가 십자군 전쟁과 유럽 제국주의 팽창을 어떻게, 얼마나 정당화시켰고 기여했는지가 역사학과 교회사에서 밝혀지고 있다. 신명기적 사고가 본래는 이스라엘 자체를 보호하는 방패 역할을 했지만, 그리스도교가 국가권력과 함께 확장된 이후 타민족, 타종교를 억압하는 지배이념으로서 역할을 하면서 평

---

2) Eun-Kyu, Kim, "The Prohibition of Idolatry and the Rejection of Empire", *Inter-religious Insight*, vol. 3, no. 3, (2005), 41-48.

화를 해치는 창의 종교가 된 것이다.

그래서 구약성서를 읽는다고 모든 인생사가 해결될 것이라는 생각과 신념은 착각이며, 단순하고 경직된 신명기적 사고와 가치관을 오늘에도 비판 없이 주장할 것이 아니라, 그 의미를 대폭 축소시키고, 다양한 종교들과 사상들과 만날 수 있도록 개방성을 갖는 새로운 해석들을 만들어야 할 것이다.

4장 역사 비평 방법을 넘어

성서 본문을 해석하는 이유는 무엇일까? 간략하게 말한다면 성서의 세계를 객관적으로 들여다봄으로써 본문의 배경을 이해하고 오늘 나의 삶을 성찰하고, 우리가 사는 사회를 재조명하는 데 있다. 지난 한 세기를 넘도록 서구 신학의 성서학계는 역사 비평historical criticism 방법이 주류를 이루면서, 성서에 대한 보다 객관적인 연구를 해왔다. 그 결과 성서 세계 안에서만 바라보던 시야에서 벗어나 성서 밖의 세계, 곧 고대 근동 세계라는 넓은 배경 속에서 이스라엘 종교의 독특성과 정체성을 찾는 노력을 해왔다. 역사 비평 방법은 주변 세계로부터 받은 영향들과 이스라엘 종교의 독특성과 정체성을 찾는 데 기여했다. 이 방법은 성서신학이 인류학, 사회과학, 고고학, 언어학, 문학, 철학 등의 제반 학문적인 방법들을 도입하여 각각의 방법론적 빛을 프리즘에 비추어 그 결과들을 객관적으로 수용하는 새로운 연구방법의 시도이다.

구약 비평 방법은 크게 두 개의 영역으로 나눈다. 첫 번째는 구약의 역사가 1천 년 이상이나 오래되었기 때문에 수직으로 내려가는 역사적(통시적, diachronic) 방법으로 고고학, 역사학 등과 함께 역사적인 순서에 따라 주변 나라들과 비교 검증한다. 두 번째는 구약 안에는 이야기, 산문, 영웅서사, 시편, 지혜서 등의 문학 장르들이 있는데, 이를 횡적(공시적, synchronic) 방법으로 비교 분석하는 문학 비평이 있다. 하지만 성서학자들은 어느 쪽의 방법을 택하든지, 성서 저자의 의도와 문체, 본문의 수정과 첨가 여부, 어원의 기원, 문학 양식, 문법, 편집과 편집 의도, 시대 배경, 세계관 등을 연구하는 데 초점을 맞추었다. 그래서 본문 비평, 양식 비평, 전승사 비평, 편집 비평, 사회학 비평 등의 영역을 만들어 성서 본문과 상황을 조명하였다. 여기에 서양 철학의 사조들을 도입하였다. 헤겔 철학, 유물론, 구조주의, 여성주의, 최근의 탈식민주의 등 철학의 흐름들에 따라 성서 안의 사상들과 그 시대의 사회적 모형들을 찾으려 시도하고 있다. 이렇게 구약해석학은 구약성서 본문을 객관화하기 위해서 성서 본문을 해체하기 위한 도구와 연장, 그리고 해석학의 틀을 개발하는 데 주력했다.

하지만 필자는 역사 비평 방법이 고대 이스라엘 시대에만 갇혀서는 안 된다고 생각한다.[1] 역사 비평을 통해서 본문을 철저히 파헤치는 작업을 하면서도, 오늘 이 시대에 구약이 어떤 의미를 줄까를 재해석해야 하는 것이다. 그것은 오늘의 요구가 과거와 공통된 견해도 있지만, 전혀 상충되는 부분들이 나오기 때문이다. 과거의 본문이 그 시대의 상황의 변화와 요청에 따라 첨가되고, 수정되고, 보완되면서 전개되었기 때문이다.[2] 오

1) Micah Eun-Kyu Kim, "A New Approach to Biblical Criticism : Spiritual Interpretation", *Asia Journal of Theology*, Vol. 19, No. 2, Oct 2005, 241-255.

2) 가령, 안락사, 낙태, 동성애, 남녀평등, 성性, 종교 간 대화 등의 상황들이 현실에서 가장 중요한 주제들이 되고 있다.

히려 정경canon 이전의 단계에서는 변화하는 흐름과 상황에 더 역동적으로 잘 적응했던 '정경화canonization 과정'이 있었음을 본다. 하지만 성서가 정경으로 선포된 이후에 글자를 바꾸지 못하는 상황에서 앞서 언급했듯이 신학은 그리스도교 사상Christian thought이 아닌 그리스도교주의Christianism로 변질되었다고 본다. 즉 자유로운 변화와 발전보다는, 각종 사상의 제약 속에서 그 해석의 폭이 매우 제한되었으며, 교회권력이 정통이라는 명분하에 이를 용인하지 않았기 때문이다. 로마제국 시절에 정경으로 고정된 성서는 교회권력, 세속권력이 신의 절대적 권위를 내세워 인간을 통제하고 지배할 수 있는 좋은 수단이 되었다고 본다.

반면에 유대교는 로마제국에 세 차례나 도전을 했으며(마카비 반란, 1차 유대 전쟁, 바르코흐바 전쟁), 그래서 정치적 박해와 그리스도교로부터 억압을 받는 상황으로 바뀌었다. 유대교도 그리스도교와 똑같이 토라와 예언서를 사용했지만, 주변의 지혜 철학과 사상들을 수용하며 해석의 자유를 갖고 인내하고 버티어 냈다.

역사 비평 해석은 고정된 문자와 고정된 역사라는 제한된 틀에 가두어 놓고, 그 범위 안에서만 해석을 하는 방법이다. 그 문서들이 그 시대에만 영향을 주고 그쳤다면 그 방법과 해석은 가능하다고 본다. 하지만 성서라는 고대의 문서가 어디 과거에만 국한되었던 문서였는가? 지난 이천여 년 동안 세계사의 한복판에서 정치와 종교권력을 만들고, 폭력과 전쟁을 일으키는 데 유용하게 남용되어 온 문서였기에, 과거의 본문이 세계사의 역사 속에서 어떻게 이용되고 남용되었는지를 밝히지 않으면, 앞으로도 성서는 세속권력과 교회권력의 권력자의 편에서 군림할 것이다. 역사 비평 해석은 반드시 거쳐야만 하는 중요한 방법론이지만, 그 시대로만 제한된 해석을 했다고 그 책임을 다했다고 보는 것은 재고되어야 한다. 성서학자들이 고대로부터 현대까지 세계사를 꿰뚫어 내야 하고, 한국의 고대 역사부터 현대까지 사상과 철학의 흐름을 파악할 수 있어야 한다. 성서학자나 신학자가 한국 교회사를 단순히 선교사 이후 시대부터 연구하는 것은 자칫 겉의 현상만 볼 수 있기 때문이다. 본문의 시대에만 갇힌다면 과거로부터 현재까지의 교회권력이 매우 유리하게 이용해 왔고, 그 이용을 보충하도록 먹잇감을 계속 대주는 역할로 전락할 가능성이 있다고 본다. 끝으로 역사 비평 방법들이 대부분 비정치적이고 비이념적인 해석이기 때문에, 현학적인 논쟁이나 가설들을 나열하는 것으로 끝나는 경우가 대부분이다. 그것은 결과적으로 교회와 신학이 사회 현실 참여에 무관심하게 하는 기능으로 작용했다고 본다.

5장 종교들 안에서 종교의 해석

구약성서의 '나 이외에 다른 신을 믿지 말라', '우상숭배 금지'라는 두 개의 율법 조항은 세계사에서 이웃 종교 간의 접근을 원천적으로 봉쇄해 왔고, 이것은 종교들 간의 평화를 깨는 데 매우 부정적 기여를 해왔음은 앞서도 언급했다. 이런 개념들이 그리스도교 신학과 역사를 지배했고, 그로 인해 종교들 간에 담을 높이 쌓고 단절하는 결과를 초래했다. 그리스도교는 종교들과 담을 쌓음으로서 배타적이 되고, 사상적·신앙적 경직성을 보였다. 그래서 종교인들 간에 '영성'을 나눌 수 있고, 종교 간의 평화를 이루며 더불어 살아가는 지혜를 배울 수 있는 많은 장점을 스스로 차단한 것이다. 그리스도교는 두 율법을 갖고 유럽의 역사는 물론, 아시아·아프리카·남미에 이르기까지 인류의 평화를 깨뜨리는 데 결정적인 역할을 했다. 하지만 그 본질은 유럽 제국들이 식민지를 확보하는 것이며, 그것을 정당화하는 논리와 하느님 나라의 확장, 땅 끝까지 복음을 전한다는 명분이 서로 맞아 떨어진 것이다.

'구약성서와 종교 간의 대화'는 역사 비평 방법의 학문적 성과를 기반으로 하지만, 그 범주에 갇히지 않고, 시간과 공간을 넘어서, 종교와 철학을 한 사람들이 고민했던 인간, 자연, 사회, 우주에 대한 이해의 폭을 넓히는 것이다. 그래서 이 대화의 시도는 구약성서가 정경으로 굳어진 고정관념을 줄이는 데 기여를 할 것으로 본다. 비록 역사적 상황이 다르고 교류가 없었다고 하더라도, 구약성서가 인간의 영성의 문제를 다루고 있고, 이웃 종교들의 경전들 역시 인간의 사상과 철학과 영성과 우주에 대한 이해를 담고 있다. 그래서 서로 간의 차이와 공통점을 발견하는 것도 성서를 바라보는 또 하나의 해석의 틀이 될 수 있을 것이라고 생각한다.

단순히 종교들 간에 객관적인 비교를 통해서 어느 한 종교, 특히 그리스도교의 우월성과 특수성을 찾아내는 것이 목적이 아니다. 종교 간의 상호 존중과 예의를 갖추며, 옛 시대에 있었던 사상이 동양에도, 한국에도 있었음을 밝히며 종교 간의 장벽을 거두고 경전들의 내용과 종교적 정서를 공유하는 것이다. 또한 성서의 내용들이 각기 다른 종교와 문화와 언어권에서는 어떻게 이해되고 있는지를 대화를 통해 아는 것이다.

가령, 구약의 어떤 내용이 노장사상, 불교, 동학 등의 사상들과 연결되는지를 경전 간 대화(inter-scriptural dialogue[1])를 통해 접근하고 상호 교류를 한다. 종교 간 해석 방법이 가능한 이유는 서양 그리스도교가 자기들의 문학과 철학적 전통들을 도입하여 성서에 적용하는 시도를 지난 1세기 넘게 했다면, 이제는 아시아에서도 아시아의 문화적 유산과 철학사상을

---

1) 홍콩 충치(崇基) 신학원 Lee Chi Chung Archie 교수는 Cross-Textual Hermeneutics, Religions in West Asian Civilization, Post-exilic Biblical Traditions, Religious and Cultural Identities 등에 관심을 보이며, 학제 간(interdisciplinary), 경전 간 해석을 하고 있고, 양권석 교수도 한국사상과 성서를 연결시키고 있다. 그의 "경전 간 해석학", 《호남신학대학교학술발표회논문》 제6집, 155-191을 참조.

토대로 얼마든지 성서를 바라볼 수 있게 되었기 때문이다. 실제로 불교국가인 미얀마에서는 성서, 성직자, 교회, 신학 등을 불교적인 언어와 해석으로 이해시키고 전도하고 있다.

이제 성서는 '서양의 틀', 곧 서양의 문화와 철학, 인문학의 틀로만 해석될 수 있는 그들의 독점이 아니라, 아시아의 틀, 곧 아시아의 문화와 철학, 인문학, 더 나아가 아시아 종교의 틀로써도 얼마든지 해석이 가능한 온 인류의 책이요 경전인 것이다. 조직신학과 같은 체계도 서양의 개념들이 아닌, 노장사상과 불교적 개념들과도 융합이 될 수 있다고 본다. 서양에서 그리스도교 역사가 진행되는 동안, 그리스도교가 들어오지 않았던 아시아와 아프리카, 아메리카 대륙에서 살아온 수없이 많은 인간은 결국 '그리스도 예수' 한 분을 몰랐다는 이유로 모두가 구원의 대상에서 제외되어야 하는가? 이것은 서양 그리스도교의 우월감과 독선적이고 배타적인 시각이라고밖에 볼 수 없다. 아시아의 종교에도 인간과 자연 그리고 우주를 향해 자신의 덕을 쌓으며, 악을 멀리하며 중생을 구제하기 위해 살았던 많은 선인, 나아가 성인들이 있으며, 이들의 가르침을 따라 살아온 수많은 평범한 사람이 있다. 이들의 존재는 서양 그리스도교에 의해 무가치하고 우상숭배를 섬긴 인물들에 불과한 취급을 받는 것은 서양 그리스도교의 편향된 시각에 따라 폄하한 것이다.

이것을 극복하지 못한다면 그리스도교는 항상 서양 그리스도교의 학자와 교회, 선교사들의 우월한 시각에 따라 아시아, 아프리카, 그리고 남미의 상황(context)은 무시되고 제외되면서 열등한 위치로 전락할 수밖에 없다. 그리하여 아시아의 그리스도교는 존재하면서도 인정받지 못하며, 아시아의 그리스도교는 자신의 상황을 고민하지 못하고, 항상 서양 그리스도교의 기준에 맞추어 살기 위해 몸부림 칠 것이다.

6장 영성적 해석 성서 비평 방법과

그렇다면 역사 비평 방법에 뿌리를 두면서도, 본문의 단위를 넓게 보며, 문학적인 한계를 넘는 해석의 틀은 어떻게 만들어야 할까? 필자는 그 하나의 방법으로 '영성적 해석'을 대안으로 제시하려고 한다. 영성적 해석은 보수적이고 축자영감설 같은 신학 경향에 반대하며, 따라서 이 장에서는 영성적 해석 방법의 줄기가 역사 비평 방법에 있음을 강조하기 위하여 지금까지의 역사 비평 방법의 흐름을 되새기며, 영성적 해석의 적용과 해석의 패러다임을 새롭게 구성하려고 한다.

1. 역사 비평 방법의 역사

18세기 구약신학

구약성서 신학은 18세기 경건주의와 이성주의가 서로 혼재하던 시기로 구약이 처음으로 신학 연구에서 독립적인 학문 분야로 인정을 받았다. 바로 이 시기에 성서에 대한 역사 비평과 본문 비평의 창시자는 제믈러 Johann Salomo Semler(1725-1791)로, 그는 이전의 정통주의와 다르게 성서를 역사적으로 고증하는 주석 방법으로 본문을 연구한 이후 시대적 주류의 기반을 만들었다.[1] 18세기 후반 아이히호른J. G. Eidhhorn은 어원 연구, 본문 비평, 문법적 분석, 그리고 역사 비평이 주석 작업에 적용되기 시작하여 "고등 비평"의 결실을 이루었다.[2] 이후 가블러Gabler는 성서의 저자가 모두 같은 수준에 서 있는 것이 아니며, 성서 자료에 있는 많은 것은 하느님께서 제한된 역사적 시기에만 적용되도록 뜻하신 것이라며 본문에 대한 비평을 시작하였다.[3]

제믈러, 가블러, 아이히호른은 전통적인 해석 방법에 질문을 던졌고, 그때 창안된 새로운 성서 역사 비평은 지금까지 지속되고 있다. 이 시기에 성서신학은 조직신학에서 독립하였고, 구약과 신약 두 부분으로 분명히 구분되었다. 또한 성서의 사상에 다양한 차이점이 있으며, 고대 근동 세계로부터 역사적 기원을 찾으려 하였다.

19세기 구약신학

19세기 구약성서 신학은 독일을 중심으로 발전되었는데, 자연과학을

---

1) John H. Hayes and Frederick Prussner, *Old Testament Theology its history & development* (Atlanta: John Knox Press, 1985), 54. 제믈러의 주장은 각 저자가 살던 시대의 관습, 태도, 종교 및 도덕적 개념, 생활환경을 객관적으로 분석하는 일이 저자와 우리의 간격을 좁히는 것이라고 주장하였다.

2) J. G. Eichhorn, *Einleitung ins Alte Testament* (Leipzig: Weidmann, 1780-1783), Prussner, 57에서 재인용.

3) *Ibid.*, 62-66.

통한 발견과 새로 시작된 사회과학이 가져온 충격, 비그리스도교 문화와 종교에 대한 새로운 관심으로 비약하게 된다. 슐라이에르마허F. D. E. Schleiermacher는 여러 종교를 참종교와 거짓종교로 구분하지 않고, 그리스도교의 우월성을 받아들였지만, 동시에 비그리스도교적인 다른 종교에도 하느님이 인간 의식 속에 내재되어 있다고 하여 종교의 역사와 비교 연구에 큰 공헌을 하였다.[4)]

이후 헤겔의 변증법 논리가 적용되어 우주란 절대자 또는 하느님이 투쟁과 노력을 끊임없이 발전시켜 나가는 것으로 묘사했고, 리츨A. B. Ritschl에 영향을 받은 바움가르텐M. Baumgarten은 개인에 대한 특성보다는 사회적인 이슈, 사회 계층, 그리고 제도의 구조 등에 관심이 생겨나고, 칼 마르크스K. Marx, 라우센부쉬W. Rauschenbush가 "사회 복음social gospel"을 주장하게 된다.

한편 독일 철학계 안에서 일어난 "역사주의Historicism"는 본질적으로 인간의 모든 체험을 역사의 긴 과정을 통해 일어나는 사회적 세력 간의 상호 관련으로 이해하려는 경향이 대두되면서 구약신학에 영향을 미쳤으며,[5)] 막스 베버Max Weber는 활발한 학문적 공헌을 하였다.[6)]

한편 폰 쾰른D. G. C. von Koelln은 역사적 연구의 기본 규칙을 1) 시기와 저자의 세심한 구분, 2) 저자의 관점, 3) 상징적이고 신비적인 형태를 설명하고, 그것이 저자의 생각과 어떤 관련이 있는가, 4) 성서의 가르침과 백성들의 실제 생활과의 관계, 5) 초기 문서의 다양한 개념의 기원 조사를 하였

---

4) *Ibid.*, 75-77.

5) *Ibid.*, 87-90.

6) Max Weber, *The Social Teachings of the Christian Churches*, 2vols. (London: George Allen & Unwin/Macmillian Company, 1931).

다.[7] 이 연구 방법은 후에 자료 비평과 편집 비평에 영향을 주고 있다.

19세기~20세기

19세기가 끝나고 20세기가 시작될 무렵 "이스라엘 종교사"의 접근 방법이 대두되면서 이스라엘 초기 역사부터 그리스도 시대까지 전 기간을 다루는 데 관심을 가졌으며, 본문의 기원과 발전에 집중적인 관심을 보였다. 1920~1950년대는 모빙켈S. Mowinckel, 벨하우젠J. Wellhausen, 카우프만Y. Kaufmann 등이 종교사학파를 전성기로 이끌고 간 대표적인 학자들이다. 또한 아이히로트W. Eichrodt, 젤린E. Sellin은 구약의 중심개념(예, 계약사상)을 찾아 구약신학의 발전을 가져왔다. 1950년대의 신학적 특징은 소위 "성서신학 운동"(Biblical Theology Movment)이다.[8] 여기서는 성서의 통일성을 찾으려 하였다. 비록 이 운동은 실패로 끝났지만 구약과 신약의 연결을 시도한 데 의의가 있다. 1970년대 차일즈의 정경 비평이 소개된 이후 1980년대부터 현재까지의 성서신학의 경향은 사회과학적 접근과 신문학 비평 방법[9]이 주류를 이루어 가고 있다고 볼 수 있다.

---

7) *Ibid.*, 94-98.

8) 이에 관한 최근의 평가 연구는 Mark G. Brett, *Biblical Criticism in Crisis: The impact of the canonical approach on Old Testament Studies* (Cambridge: Cambridge Univ., Press, 1991)를 참고할 것.

9) Jan Fokkelman, *Narrative Art in Genesis* (Van Gorcum: 1975; reprinted in JSOT, 1992); David Clines, *The Theme of the Pentateuch*, JSOT, 1978; F. R. Leavis, *The Story of King David*, JSOT, 1978; J. Ackerman, *Literary Interpretations of Biblical Narratives*, Abingdon, 1974; 그 외에 David Gunn, George Coats, Burke Long, Robert Polzin 등 신문학 비평에 속한 학자들은 히브리 설화에 대한 문학 비평적인 글을 계속 발표하고 있다.

2. 역사 비평 방법론의 평가

이처럼 성서해석에서 역사 비평적 접근은 성서 본문의 의미를 탐구하는 데 깊은 영향을 받고 있다. 지난 2세기 동안 성서해석에서 새로운 견해들은 성서 본문에 역사 비평을 적용한 직접적인 결과이다. 역사 비평적 접근은 본문 해석을 다양한 방법을 통해서 다음과 같은 질문들에 답하려고 시도해 왔다: 누가 그 본문을 썼는가? 그것은 언제 어디서 기록했는가? 그것을 왜, 누구를 위해서 기록했는가?

역사적 접근 방법은 한 문학 작품이 나왔던 시대의 흐름을 읽을 수 있기 때문에, 당시의 역사적 상황에서 저자의 의도가 무엇이었는지를 확인함으로써 그 작품의 해석을 가장 잘할 수 있다고 전제하는 것이 핵심이라고 할 수 있다. 그러나 역사적 비평 방법을 성서 본문에 적용하는 데 있어서 어려운 점은 그 방법에 필수적인 저자와 연대가 모두 쉽게 확인되지 않는다는 것이다. 실제로 성서의 많은 책들이 극도로 복잡한 모습으로 발전한 증거를 제공하며, 저자와 연대 문제에 답변하기가 사실상 불가능한 경우가 대부분이다. 즉 한 개의 책 안에 다수의 저자, 다양한 형식, 여러 차례에 걸친 편집 과정, 의미의 변화 등을 보이고 있기 때문이다.

이제 대표적인 역사 비평 방법의 핵심적인 내용과 그 전개를 보고자 한다.[10)]

---

10) 성서 비평에 관해서 다음의 책을 요약 정리하였다. S. L. McKenzie and S. R. Haynes, *An Introduction to each to Biblical Criticisms Its Own and Their Meaning Application* (Westminster: John Knox Press, 1993), 김은규·김수남 역, 『성서 비평 방법론과 그 적용』(서울: 대한기독교서회, 1997년).

전통적인 비평

자료 비평source criticism11)은 각 자료의 저자, 연대, 문체, 배경 그리고 그 의도 등을 고찰하는 방법이다. 자료 비평에서는 문서 자료written sources를 확인하는 것이 우선적인 관심사이다. 18세기에 자료 비평이 처음 나왔을 때는 이것을 "문학 비평"이라고 불렀는데, 지금까지 사용되고 있다. 자료 비평과 문학 비평은 구분되지만, 공통적으로 본문의 형태, 문체의 특징, 어휘 구사, 반복, 모순과 불일치, 그리고 다른 문학적 특색 등에 관심을 갖는다. 그 결과 성서 본문에서 문체와 어휘 그리고 시각의 다양성, 하나의 구절이나 여러 구절 사이에 있는 모순과 불일치, 진행되는 구절의 계속성을 깨뜨리며 갑자기 나타나는 단절 부분, 그리고 여러 가지 중복과 반복 부분들을 밝혀내고 있다.

전승사 비평tradition-historical criticism12)은 "전승tradition"이라는 말의 뜻이 넓게는 다음 세대로 계속 전달되는, 한 집단이나 공동체의 삶과 관습 그리고 경험 모두를 포함하는 것으로 이해되지만, 성서 본문에서는 특별히 언어 전승verbal tradition, 다시 말해 말과 기록의 형태로 한 세대에서 다음 세대로 넘어가는 말과 문서를 뜻하는 좁은 의미로 사용한다. 예를 들면, 격언, 수수께끼, 노래, 시, 서사시, 민담 등이 여기 포함된다. 전승사 비평은 "누군가"에 의해 처음 생겨났지만, 전승들은 본질적인 성격상 "익명"의 것으로, 그 전승의 보존에 결정적인 역할을 하던 집단이나 그들에 의해서 발전되고 모양이 다듬어진 것을 연구한다.

편집 비평redaction criticism13)은 최종 저자가 사실상의 "저자"였고 단

11) 위의 번역 책, 51-87쪽.
12) 위의 책, 88-111쪽.
13) 위의 책, 139-160쪽.

순한 전승의 전달자가 아니라 창조적인 신학자들로 보는 견해이다. 원래의 본문이 전해 내려오면서 이들에 의해 수정되어 첨가, 삭제, 변형시켰음을 연구한다. 그 의도는 시대적인 상황과 자신과 공동체가 속한 신학적 이념 등에 의해서 편집했을 가능성이 높다고 본다.

사회과학적 비평social-scientific criticism[14] 은 사회학, 인류학으로부터 빌려온 범주를 통해 성서 본문의 문학과 역사를 해석하는 것이다. 사회 계급, 상호 집단 간의 갈등 모델, 사회 구조와 사회 변화를 분석하는 경향이다.

비평의 전환 : 정경 비평

정경 비평[15]은 성서 문서들이 처음부터 성서를 통해 스스로를 규정하던 공동체들에 의해 해석되고 전수되었다는 것이다. 전승이 역사는 이스라엘의 전승들이 새로운 상황에 응답하기 위해 계속되는 세대들에 의해 전달되었고 재해석되었다는 사실과, 이렇게 재해석된 전승들과 이야기들이 한 층 한 층 쌓인 것이 성서이다. 그런데 어떤 역사적 순간에—특히 기원전 6세기와 기원후 1세기에—전승의 형성 과정이 멈추었고, 마지막 본문은 정경이 되었다. 정경 비평은 성서 본문들이 권위가 있었으므로, 공동체들 내에서 생산되고 전달되고 편집되고 보존되었다는 가정에서 출발하며, 이 본문들이 신앙 공동체들 안에서 어떻게 기능했는가의 연구를 한다.

특별히 정경 비평은 지난 2세기 동안 역사 비평 방법론의 물줄기를 바꾼 비평 방법이 되었다. 정경 비평은 차일즈B. S. Childs에 의해 고안되었

---

14) 위의 책, 161-187쪽.

15) 위의 책, 189-210쪽.

으며, 그것은 성서해석 방법론 역사에서 한 획을 긋는 중요한 분기점이 되었다. 그것은 과거의 자료 비평과 양식 비평 그리고 편집 비평이 성서 본문의 최종 형태 이전의 발전 단계들에 초점을 모으고 있다면, 정경 비평은 본문의 최종 형태를 분석하기 때문이다.[16]

차일즈의 첫 동기는 지금까지 지배해 온 성서해석 방법들이 구약을 발전시키는 데 부자연스럽고 본문의 깊은 신학적 깊이를 통찰하는 데 실패했다고 결론지은 것에서 출발한다.[17] 그는 중요한 문제가 비평들의 방향이 성서의 저자에 중심을 두는 것과 고대 근동 세계의 다른 문서들과 비교하여 다루는 것에 이의를 제기한 것이다. 차일즈는 이러한 역사적 해석 방법이 부적절하다고 보고, 성서 주석의 기본 목적은 교회의 유익을 위해서 본문을 설명하는 것이어야 한다고 규정했다. 곧 성서 연구가 신앙의 기본 틀 안에서 신학적 숙고가 되어야 한다고 주장한 것이다.[18]

그의 이러한 방향은 성서가 더 이상 과거의 기록물이 아니며, 하느님은 현재에도 충고하고 인도한다는 전제에서 출발한 것이다. 그래서 해석자는 본문 뒤의 배경 내용만을 발견하려 하지 말고 성서 본문이 본래 가지고 있는 의미를 파악해야 한다고 주장한다. 바로 그 근거가 정경이라는 최종 형태에 관심갖은 것이다. 차일즈는 주석의 목적이 신학적이어야 하는데, 이 신학은 어떤 철학적이고 문학적 혹은 역사적 문제들의 방법과 해결을 중요하게 여기지만 이를 초월해야 한다고 말한다. 곧 주석은 비평들을 포함하지만, 본문의 최종 양식과 정경 양식을 밝히는 데 사용되는

---

16) B. S. Childs, *Introduction*; 김은규, "정경 비평: 차일즈와 샌더스의 주장", 《성공회대학논총》, 제8호(서울: 성공회대학교출판부, 1995), 156쪽.

17) Childs, "Interpretation", 432.

18) *Ibid.*, 438.

것을 제외하고는 비중을 약하게 두어야 한다고 말한다.[19]

차일즈가 주장한 정경 비평의 전제에 대해서 캘러웨이M.C. Callaway는 다음과 같이 말하고 있다.[20] 첫째, 정경 비평은 문학적 방법과 역사적 방법들을 사용하지만 기본적으로 신학적이다. 둘째, 정경 비평은 성서의 해석학이 철학적이어서는 안 되며, 성서 자신들 속에서 발견해야 한다는 데서 출발하고 있다.

차일즈는 역사 비평 성서학자들이 본문을 역사적으로만 읽어 더 작은 단위들로 파편 지음으로써, 성서를 사실상 읽을 수 없게 만들었다는 데서 그 한계를 지적한 것이다. 많은 학자가 정경 비평이 역사 비평의 업적을 소홀히 다룬다면 근본주의와 유사하다는 비판을 받게 될 것이지만, 반대로 이것의 중요한 기여는 진보와 보수 진영 간의 격차를 줄이는 데 큰 역할을 하고 있다고 긍정적인 평가를 하고 있다.[21] 이렇게 하여 정경 비평은 이후 신문학 비평의 영역인 구조주의, 수사학 비평, 독자-반응 비평, 그리고 이야기 비평 등의 비평 방법이 확대되어 나가는 물길을 열어주었다. 정경 비평에 대해서는 3부 1장에서 비판적으로 검토할 것이다.

---

19) Childs, *The Book of Exodus*, ix.

20) M. C. Callayway, "Canonical Criticism", in *To Each Its Own Meaning*, 126.

21) G. M. Tucker, D. L. Petersen and R. R. Wilson, *Canon, Theology, and Old Testament Interpretation* (Philadelphia: Fortress Press, 1988). 이 책에서 B. W. Anderson, James Barr, Bruce C. Birch, R. E. Clements, P. D. Hanson, J. Van Seters 등의 학자들은 차일즈의 업적을 높이 평가하고 있다.

비평의 확대 : 신문학 비평New Literary Criticism

수사학 비평rhetorical criticism22)은 한 문학작품의 세 가지 범주—저자, 본문, 그리고 청중—를 통합하는 분석 방법이다. 저자/화자는 자신의 사상을 본문(이야기)으로 전달함으로써 주제의 목표를 설정한다. 한 문학작품의 세 가지 범주—저자, 본문, 그리고 청중—를 통합하는 분석 방법이다. 저자/화자는 자신의 사상을 본문(이야기)으로 전달함으로써 주제의 목표를 설정한다. 저자/화자는 청중/독자의 상황, 인식 방법, 그리고 마음가짐 등도 고려한다. 설득의 기술은 저자가 청중의 마음에 호소하거나 그들의 마음을 지배할 수 있는 저자의 의도를 분석하는 것이다. 히브리 성서는 본래 수사적이다. 연설과 대화가 인간과 하느님 사이에서 또 인간과 인간 사이에서 생겨난다. 이 연설은 본질상 교훈적이기도 하며 무엇을 가르치려는 의도를 갖고 있다. 이 과정에서 살아 있고 역동적인 성서 문학이 형성된다.

설화 비평narraive ciriticism 23)은 우선적으로 현재의 본문(그 "최종 형태")을 그 자체의 이야기 세계의 측면에서 해석하는 것이지, 본문의 자료와 편집 역사, 본문의 원래 배경과, 청중, 그리고 저자나 편집자의 의도를 재구성함으로써 본문을 이해하는 것이 아니다. 여기서는 이야기의 형식, 구조, 줄거리를 결정하고, 성격을 규정하고, 관점을 구별하고, 언어 역할을 발견하고, 모든 것을 주제를 둘러싸고 요약해 주는 것들과 관련시키는 것이다.

이 비평 역시 지난 2세기 동안 본문의 의미를 합당하게 말하려면 저자의 "의도"와 본문의 "원래의" 독자층을 알아야 한다는 것과, 이때 하나의

---

22) 김은규 역, 『성서 비평 방법론과 그 적용』, 211-236쪽.

23) 위의 책, 267-308쪽.

예술적 통일체를 구성하는 요소로서 줄거리와 인물들에 대한 관심은 놓치게 되는 역사 비평의 한계에서 출발한 것이다.

독자-반응 비평reader-response criticism24)은 독자들의 가치, 태도, 그리고 반응의 견지에서 성서 문학에 접근한다. 독자를 의미meaning와 의의signficance를 "생산"하거나 "창조"하는 역할자로 보아 독자의 입장을 중요시하는 방법이다. 즉 "독자가 문학을 만든다"는 결론이다. 즉 본문이 저자의 의도뿐 아니라 독자의 의도도 포함하는 것으로 읽음으로써, 저자의 의도를 파악해 내는 것이다.

지금까지 각 역사 비평 방법들에 대하여 간략한 입장을 들어 보았다. 다시 정리하면 지난 2세기 동안의 역사 비평 방법은 성서학의 기초를 이루는 데 큰 기여를 했지만, 정경 비평 이전의 방법론들이 저자, 편집 의도, 개념 등에 치우침으로써 협소한 신학적 주제를 이끌어 내는 한계를 보였다. 또한 정경 비평 이후에는 신문학 비평의 경향으로 성서 본문을 문학 작품으로 보는 경향이 주류를 만들면서 신앙적인, 신학적인 동기와 목적을 찾는 데 한계를 보이고 있다. 필자는 이러한 비평 방법의 경향들을 보면서 영성적인 해석에서 그 대안을 모색하고자 시도한다.

3. 영성 해석의 패러다임(the paradigm)

이제 영성 해석의 패러다임을 제시함으로써 해석 방법의 틀을 만들고자 한다. 틸리히Paul Tillich는 "인간의 감성적인 삶을 포함하여 전체의 삶이

24) 위의 책, 309-344쪽.

영적이다"[25]라고 말하여 '영성'의 개념을 포괄적으로 정의하고 있다. 또한 성공회 신학자인 오웬 토마스Owen C. Thomas도 성공회가 틸리히의 신학에 많은 영향을 받고 있다고 전제하면서, 영성에 대해서 다음과 같이 정의하고 있다: "자기-깨달음, 자기-초월, 기억, 기대, 합리성(가장 넓은 의미로), 창조성, 도덕성, 지적·사회적·정치적·미학적·종교적 능력, 모든 구체화된 이해"[26]라고 표현한다. 현대 신학자들은 '영성'에 대하여 폭넓은 시야를 열어주고 있으며, 21세기를 맞는 시기에 이에 발맞추어 성서학에서도 해석 방법에서 새로운 시도가 대두되어야 할 것이다.[27]

다음은 필자가 구상해 본 영성 해석의 패러다임이다.

1) 역사 비평 방법이 주로 "통시적diachronic"인 기술로 역사적인 순서에 따르면서 해석하는 방법이라면, 신문학 비평은 역사의 순서보다는 횡적인 이야기의 내용들을 분석하는 "공시적synchronic" 방법이라고 할 수 있다. 역사 비평의 한계점으로 지적되는 본문의 저자, 의도, 편집에서 탈피한다. 그래서 영성 해석은 이 두 가지를 종합하여 "통시적"이면서 동시에 "공시적"으로 구약-신약에 접근한다. 이미 가톨릭과 성공회는 연중 성서정과표에 따라 구약과 신약을

---

25) Paul Tillicah, *Systematic Theology*, 3 vols (Chicago:University of Chicago Press, 1951-63), 2:51.

26) Owen C. Thomas, "Some Problems in Contemporary Christian Spirituality", *Anglican Theological Review* Vol. 82, (2000), 267-282, 268. 오웬 토마스 교수는 캠브리지, 매사추세츠의 성공회신학교 명예교수이며, 버클리의 GTU 신학교의 부교수로 재직하고 있다.

27) Lloyd Neve, *The Spirit of God in the Old Testament* (Tokyo: Seibunsha, 1972); John Goldingay, *Approaches to Old Testament Interpretation* (Downers Grove: Inter-Varsity Press, 1990); Wilf Hildebrandt, *An Old Testament Theology of the Spirit of God* (New York: Hendrickson, 1995).

3년 주기로 매일 연결시켜 읽고 있는 데 반해, 성서학계는 구약과 신약도 대체로 단절되어 있는 것을 본다.

2) 영성 해석은 한 개인의 영성을 가장 존중하는 데, 구약 예언자들의 소명 체험처럼, 사회적 영성social spirituality으로 확대하여 사회정의, 인권과 평화, 역사의 개혁에 이르는 단계들을 밝힌다. 인종 차별, 남녀 차별, 종교 간의 이해, 지구화에 따른 국가들의 빈부격차 구조의 극복, 자연과 생태 환경의 회복, 제국의 세계 지배에 대한 반대 등에까지 지평을 확대하여 적용시킨다. 곧 개인 영성과 사회적 영성을 통합시키는 전인격적인 것으로, 영성 해석은 상황 신학contextual theology에 근거를 둔다.

3) 영성 해석은 종교 간의 영성을 공유한다. 종교들과 사상, 철학들의 경전들과 교류를 통해 지혜의 깨달음들을 상호 보완한다. 인간 본성과 인간의 실존에 근본을 두고 종교와 사상들과 만나는 것이다. '영성'은 그리스도교만의 독점일 수 없으며, 인종과 종교를 뛰어넘어 모든 인간이 가지고 있는 '영성'에 근거하여, 서로 존중하며 대화하며, 나아가 종교 간 영적인 교제inter-religious spirituality를 나눈다. 그렇기 때문에 굳이 역사 비평의 범주 안에 갇힐 필요가 없는 것이다.

4) 영성 해석은 인간이 영적인 존재라는 데서 출발하기 때문에, 한 개인의 실존과 삶에 직접 영향을 주어 변화를 이끈다. 인간 내면에 본능들(사도 바울이 말하는 음행, 추행, 방탕, 원수 맺음, 싸움, 시기, 분노,

이기심, 분열, 질투, 음욕, 거짓 등. 갈라 5:19-21)을 심리적·상담적 치유를 하며, 그리스도교와 이웃 종교들에서 말하는 고통의 원인들과 그 극복의 수행들을 함께 찾는다. 그래서 인간 안에 잠재되어 있는 긍정적인 자아의 무한한 가능성을 발견하며, 인간의 자존감Self-esteem을 높여 삶에 행복을 이룬다.

5) 영성 해석은 소위 성령운동이 자칫 주관적이고 극단적으로 비이성적 생각과 행동으로 나가는 것을 방지하며, 인간이 갖고 있는 이성理性을 최대한 존중한다. 인간이 이성을 제대로 이해하고 훈련하지 못하여 비이성적 무례함과 상대에 대한 공격을 일삼는 경향들이 많기 때문이다. 이성적인 성숙을 높일수록, 자신은 물론 주변 사람들에게도 삶의 질을 크게 높일 수 있다. 이럴 경우 맹목적으로 신앙에 의존하는 비율이 상당히 줄어들 것이다.

4. 결론

지금까지 역사 비평 방법의 재고를 통해서 영성적 해석의 적용과 패러다임을 제시하였다. 구약시대와 신약시대의 역사적 상황과 본문의 내용은 다르지만, 인간이 근본적으로 겪는 고통, 죄, 타락, 이기심 등은 성서에서, 불교에서, 이슬람에서, 그리고 고대 중국의 도 사상에서 똑같은 물음과 거의 유사한 답을 말해 주고 있다. 이 공통적인 인간의 본성은 성서해석에 대해서 역사적 범위를 뛰어넘게 하며, 동시에 성서 본문과 오늘의 삶의 현장, 그리고 종교들의 경전들 사이에 직접 연결시켜 주는 해석학적 아아치hermeneutical arch를 만들어 주는 계기가 될 수 있을 것이다.

'영성'의 범주가 한 개인의 실존에만 국한되지 않고, 이성을 바탕으로 사회, 문화, 예술, 사회정의, 생태, 환경, 복지, 종교 간 대화, 인권, 평화운동에 이르기까지 확대시킬 수 있으며, 종교들 간에 사회적 연대를 통해 우리 사회의 문제들을 함께 해결해 나가야 할 것이다.

* 이 글은 정철범 주교 회갑기념논문집, 『전례와 사목』(서울: 대한성공회출판부, 2000)에 실린 논문 일부를 수정하여 실었다.

7장

지구 제국의 상황에서 성서해석

1. 제국의 관점에서 성서를 바라보기

한 시대에 만들어진 경전이나 사상, 철학 그리고 신념 체계를 이해하기 위해서는 그 당시의 역사·정치·사회·경제·문화·종교적 상황 등을 종합적으로 고려하면서, 한 개의 단어에서부터, 한 문맥, 문단, 구성 전체에 접근할 때, 보다 가까이 그 본문의 내용을 이해할 것이다. 그렇지 않고, 자칫 글자만 보고 해석할 때는 자의적이고 주관적인 해석이 되면서, 문자주의, 근본주의적인 해석으로 흐르게 된다. 특히 종교의 경전에 대한 근본주의적인 해석은 매우 극단적인 행동을 불러와서, 비상식적인 행동으로부터 시작하여, 종교권력을 유지하는 수단으로 그리고 폭력과 전쟁에 이르기까지 그 피해는 실로 막대하다고 할 수 있다.

경전 안의 본문들을 당시의 상황과 고려하여 보는 것이 합리적인 사고이며, 성서학계가 지난 1세기 넘도록 치열한 과정들과 결과들을 만들어 낸 것이 바로 역사 비평주의이다. 하지만 어떤 방법론이나 해석이든지 한계가 있으며, 이 방법론과 해석에 기반을 하면서도, 이를 넘어설 수 있는 것은 무엇일까를 고민하게 된다. 성서가 과거의 그 시대에만 영향을 주고 그쳤다면 역사 비평 방법은 가장 적절한 연구 방법이 된다. 하지만 성서는 과거부터 오늘까지 직접 영향을 주고 있는 문서가 되고 있기 때문에, 우리는 성서 시대의 본문과 상황, 성서가 세계사 속에서 어떤 영향을 주었는지를 알아야 하고, 오늘의 상황과도 연결 지어 해석해야 한다.

오늘의 정치·경제적인 상황을 보면 어떠한가? 세계대전에서 미국은 세계 지배의 새로운 변수가 되었으며, 사회주의 국가들과 이데올로기적, 물리적 충돌이 있었지만 20세기 후반에 사회주의 국가들의 몰락과 시장경제 개방으로 미국을 비롯한 유럽 선진 국가들의 입지가 한층 강화되었다. 또한 강대국들을 중심으로 신자유주의라는 경제 이데올로기가 도입되어, 무역 거래 등에서 국가 간 장벽을 없애고 자본주의의 위기를 극복하는 논리로 전개되고 있다. 이에 따라 자본주의의 힘이 더욱 막강해졌고, 그 세력이 지구촌 전체에 미치고 있다. 매우 살기 힘든 나라들의 시골 구석구석에까지 자본주의는 깊게 파고 들어가 있으며, 여기에 사는 사람들의 의식에도 크게 영향을 주고 있고, 그 촌구석도 세계의 대기업의 먹이사슬 구조 안에 들어와 있음을 본다. 그래서 촌구석에 사는 한 사람의 실존적인 문제도 세계 자본주의 경제와 무관하다고 할 수 없으며, 과거보다 더 큰 어려움을 겪을 수밖에 없다. 이렇게 세계 경제가 자본주의를 기반으로 진행되고 있는 상황에서, 초강대국으로 급부상한 미국은 서유럽 국가들과 함께 힘없는 국가들에 경제 문호를 더 개방시키도록 요구하고 있으며 (FTA, WTO… 등) 힘없는 국가들은 이에 굴복하지 않을 수 없는 형편이다. 왜냐하면 초강대국 미국은 엄청난 군사력으로 세계 국가들을 통제하고 있기 때문이다. 과거 역사적으로 많은 제국이 생겼다가 사라졌지만, 그때는 한두 개의 대륙 일부분을 점령하는 수준이었다. 하지만 오늘날 미국은 정치는 물론이고, 경제, 과학, 의학, 문화, 우주 산업 등 제반 모든 분야에서 첨단 기술을 바탕으로 세계를 지배하는 제국이 되었으며, 이를 견제할 다른 세력들이 없다. 그래서 오늘의 상황은 제국의 상황이라고 규정할 수 있는 것이다.

그런데, 오늘날 미국만이 아니라, 역사적으로 거슬러 올라가면 그 형태만 바뀌었지 세계 역사는 강대국을 중심으로 제국들의 역사가 아닌 시대가 없었다. 세계 역사는 전쟁과 정복의 역사가 끊임없이 반복되어 왔으며, 그때마다 노예·농민·민중들은 전쟁에 동원되어 가해자가 되는 동시에 죽음과 약탈의 희생이 되었으며, 더욱이 여자와 어린아이들까지 참변을 당하는 일을 무수히 겪으며 흘러왔다.

이것은 성서의 환경 역시 제국들에 둘러싸인 상황이었으며, 따라서 한 개인, 한 집단, 사회, 종교도 제국들에 영향을 받지 않을 수가 없었기 때문이다. 성서에 개인의 탄식이 나오고, 크고 작은 전쟁으로 인한 쓰라린 고통이 반영되어 있다. 오늘 세계의 경제적인 위기 때 한 사람 한 사람이 겪는 경제적인 곤란과 실직은 한 회사의 문제가 아니라 세계 경제 구조에 연결되어 있기 때문에 겪는 어려움인 것이다. 한 사람의 실존적인 문제도 그를 둘러싸고 있는 커다란 본질, 곧 강대국의 힘이라는 것과 연결시키지 않을 수가 없는 것이다. 이 커다란 맥락을 놓치고, 단지 문학적 접근과 철학적 접근만을 한다는 것은 매우 협소할뿐더러 현실을 외면하고 비현실적인 세계로 물줄기를 바꾸어 흐르게 하는 것이다. 서구 유럽과 북미의 신학자들에게 의도적이든 잠재적이든 그들의 사고틀 안에는 기독교 제국주의Christian imperialism 의식이 여전히 남아 있으며, 이러한 사고와 신학이

전 세계 그리스도교에 영향을 주고 있다. 또한 한국에도 신학자와 목회자들이 맹목적이고 무비판적으로 쫓아가는 사대주의적인 경향들이 이미 광범위하게 퍼져 있다.

그래서 우리가 성서를 연구할 때에도 성서 당시의 시대 상황만을 볼 것이 아니라, 로마제국 이후 유럽과 아시아를 중심으로 한 역사의 변천사를 비판적으로 보며, 그리고 한국의 고대부터 근·현대사에 이르는 역사와 사상사를 이해하는 안목이 반드시 필요하다. 그 이유는 전체 역사를 알고, 성서의 역사에 접근하는 것과, 단지 성서 시대의 역사만을 아는 것과는 그 해석하는 시각이 크게 달라질 수 있기 때문이다. 현대 성서 해석자들이나 신학자들이 성서 시대의 역사를 밝혀내고 신학적 저술을 수없이 써내는데, 그들이 쓴 저술들이 현재 세계의 경제와 정치, 그리고 군사적인 우위에 있는 권력 있는 유대교나 그리스도교적 관점을 갖고 해석한 것이냐, 종교적 우월감을 갖고 쓴 것이냐를 분별하지 못하면, 우리는 그들의 매우 현학적이고 비역사적인 논리에 말려들어가는 것을 지난 1세기 넘는 역사비평 방법에서 충분히 볼 수 있었다. 이것은 결국 오늘의 현실에 대한 무감각으로 기독교 제국 팽창 논리에 적극적 혹은 암묵적으로 기여를 하게 하는 것이다. 동시에 성서학자나 신학자들이 자신에게 여전히 남아 있는 제국적 사고가 있는지를 끊임없이 성찰하지 않으면 안 된다.

세계 역사는 현재에도 인종, 국가, 종교, 영토 확장, 자원과 노동력 확보 등을 위해 끊임없이 전쟁과 학살, 착취와 억압이 되풀이 되고 있다. 이러한 때에, 특히 종교는 어떤 역할을 하고 있는가? 종교권력이 세속권력을 가질 때, 혹은 그것을 지향하고 강화하는 입장에 있을 때, 종교가 백성들, 또는 민중들에게 어떤 영향을 주는지, 그리고 어떻게 조작된 신념과 이념을 제공하고 있는지를 분별해야 한다. 종교가 한 개인에게는 분명히 구원과 영혼을 다루는 영역이지만, 종교가 권력화되고, 물적 기반을 갖고, 이를 유지하고 확대하기 위한 방향으로 나갈 때, 종교는 전쟁도 불사하고, 인간의 죄의 속성이 있는 약점을 매개로 자유를 억압하며, 신의 이름으로 만들어진 종교 이데올로기의 도구로 만들고, 인간의 가치를 존중하기보다는 하락시키는 데 앞장서 왔다. 그래서 우리는 서구 신학의 교리적이고 신학적인 내용만을 볼 것이 아니라, 그 신학을 이루어 놓은 초대·중세·근대의 역사적 배경을 엄격하게 검증할 필요가 있다. 또한 이스라엘 역사를 팔레스타인 입장에서도 조명해 보아야 할 것이다. 거의 대부분의 이스라엘 역사 서술이 팔레스타인을 배제한 역사 서술이 되었기 때문이다. 그래서 오늘의 지구적 제국 상황이라는 큰 틀을 전제하지 않으면 안 되는 근본적인 이유가 여기에 있다.

2. 제국의 상황에서 정치·사회·경제적, 종교 간 대화적 해석

제국의 상황에서 성서에 대한 해석은 어떤 의미를 갖으며 무엇인가? 성서 본문의 의미를 임의로 해석해서는 안 되지만, 시대에 맞는 새로운 해석이 필요하다. 성서 본문 시대의 가치관을 오늘날 그대로 옮겨놓을 수는 없는 것이다. 성서가 역사 속에서 오랫동안 배타적이고 이분법적인 사고로 화석화된 지배적 이념으로 굳어진 상태에서 어떻게 하면 부드러워지고, 통합적 가치를 보일 수 있는 해석이 가능할 것인가? 성서 자체가 신명기적 사고 틀에 갇혀 있는데, 오늘의 성서학자들이 신명기적 사고를 정당화시키는 논리만을 주장한다면, 과거 제국주의를 펼쳤던 유럽 중심의 신학을 강화시키는 꼴밖에 안 된다. 그것은 마치 일본의 극우세력이 일본의 제국주의를 정당화하고, 한국을 비롯한 중국의 침략을 정당화하는 시각에 일조하는 것과 같지 않을까? 그래서 피식민지 지배를 경험한 아시아·아프리카·남미의 눈으로 보는 비판적 시각과 새로운 해석이 필요하다.

서구 그리스도교가 아시아·아프리카·남미에 어떤 경로로 전해졌고, 이들 국가에서는 어떻게 그리스도교를 받아들이고, 성서를 어떻게 해석하고 있는지를 살펴볼 필요가 있다. 그것은 서구로부터 그리스도교의 전래가 이들에게는 고유의 토착 문화와 종교, 사상에 대한 도전이요, 억압이 되었기 때문이다. 지난 16세기 이래로 유럽은 제국주의의 식민지 확장으로 이들 대륙으로 진출하여 군사적 힘으로 통치하고, 자원들과 유물들을 착취하고, 문화와 전통 그리고 종교를 '유일신'이라는 우월의식과 '우상숭배 금지'의 명분으로 파괴하고, 노예제도를 포함하여 식민지 국민들의 인권을 유린하는 동안, 그리스도교는 식민지를 통치하는 지배이념의 근거와 논리, 정당성을 주는 데 기여했다. 남아프리카 공화국의 성공회 투투 주교는 "유럽 그리스도교가 아프리카에 성경책만 주고, 사람을 비롯해 모든 자원을 빼앗아 갔다"고 말한다. 식민 지배가 피지배 국가와 민족을 정치·사회적으로 통제하고 억압하며, 경제적으로 착취를 하며, 문화와 종교들에 대한 지배라는 상황들을 만든 것이다. 따라서 유럽의 신학자들, 백인 신학자들이 성서를 보고 해석하는 시각은 유럽과 제3세계 사이에 공통점도 있겠지만, 그리스도교와 신학자들이 두 번의 세계대전을 치르는 동안에도 대부분 침묵으로 일관한 것은 식민지 확장 의식이 의식적으로든 무의식적으로든 이들에게 영향 주었다고 본다.

세계대전이 끝나고 식민지 국가들이 정치적인 독립은 하였지만, 미국과 유럽을 중심으로 한 세계 자본주의 경제 체제는 아시아·아프리카·남미에 경제적인 예속을 유지시켰고, 1980년대 이후 지구화라는 새로운 지배 방식으로 신자유주의를 계속 유지해 나가고 있다. 더욱이 하나의 초강대국이 전 세계를 지배한 적은 역사적으로 없었던 일이며, 이 제국의 상황은 무기와 힘으로 약소국들을 전쟁의 위협으로 몰아가고 있다.

지구촌의 이러한 역사와 현실에 대한 자각은 해방신학, 아시아 신학, 민중신학, 인도의 달릿Dalit 신학, 아프리카 신학 등을 낳았고, 유럽의 시각에서 벗어나려는 노력이 1970년대부터 나오기 시작하였다. 아시아 신학은 대부분의 아시아 국가들이 피식민지 경험을 토대로 서구 그리스도교 신학과 성서해석에서 여전히 위력을 떨치는 그들의 지배적인 논리와 시각을 극복하려는 데서 출발하였다.[1] 그래서 아시아의 상황 속에서 새로운 성서해석을 시도하는 것을 의미한다. 아시아의 지정학적 요인과 문화적 요인은 아시아 신학을 아시아적 관점으로 성서를 해석하게 하는 시각을 열어주었고, 이제는 서구신학에도 큰 반향을 불러일으켰다. 서구신학은 오히려 적극적으로 수용하려는 반응을 보이고 있다.

이제 아시아적 관점에서 구약 방법론과 해석학에 대한 규정과 범위를 세우고, 크게 사회·정치·경제적 해석과 종교 간 대화적 해석으로 구분하고, 그 해석의 방법론과 적용을 시도하고자 한다.

---

1) "제3세계의 신학 : 아시아/아프리카", 《신학사상》 34집 (1981); 변선환, 박순경, "제3세계와 신학", 《신학사상》 46집(1984); "아시아의 상황과 신학", 《신학사상》 56집 (1987).

3. 아시아적 성서 비평 방법과 해석의 준거틀

성서 시대의 본문(text)과 상황, 그리고 오늘의 상황은 어떤 관계를 보여야 하는가? 이를 이분법적으로 분리시켜 보아야 할 것인가? 필자는 성서 본문이 곧 상황이며, 오늘의 상황도 곧 본문이 된다고 본다. 다시 말해 상황이 본문을 만든다고 본다. 오늘에 일어나는 일들도 상황이 반영되어, 신문의 사설이나 기사들이 나온다. 지금까지 성서학자들은 본문을 중심으로 하고 상황을 이차적인 것으로 보지만, 필자는 상황이 우선이며 이에 대한 반영이 본문이라고 말하고 싶다. 하느님의 개입도 상황 속에서 신의 존재 내지는 의미를 보여준다. 여기서 '상황'은 일반적인 것을 말하는 것이 아니고, 사회적 모순 등으로 인해 개인과 사회가 고통과 갈등, 모순 등을 겪는 것을 반영하는 것이다. 하지만 그 출발은 오늘의 현실과 상황에서 문제의식을 만들고, 고대의 성서 본문과 상황을 해석하여, 오늘의 난제들을 해결해 나가는 해석학적 근거를 삼는 것이다. 이러한 관점을 견지하면서, 아시아적 성서해석 비평 방법론은 오늘의 아시아적 현실이 곧 본문이자 상황이며, 여기서 출발하여 성서 시대의 본문과 상황을 분석하여, 과거를 오늘의 현실에서 재조명하는 방법이다.

필자는 이러한 신학적 반성을 토대로 아시아 시각에서 성서를 바라보는 해석학적 준거틀을 만들어 보고자 한다.

첫째, 아시아적 성서 비평과 해석은 오늘의 아시아적 현실 상황에서 출발하며, 그 관점에서 성서의 주제를 찾아낸다. 아시아적 상황이 제국, 지구화, 인권, 가난, 여성 차별, 가부장제, 계급, 인종 차별, 외국인, 노동자, 농민, 정치적 억압, 종교 간 갈등, 종교권력, 전쟁, 평화, 생태 등의 문제들에 노출되어 있다. 여기 현장에서 나온 외침과 구호, 호소, 주장,

탄원 등이 바로 본문이 되는 것이다. 그리고 오늘의 주제들과 고대 이스라엘이 제국들에 둘러싸여 경험한 내용들을 찾아내어, 오늘의 본문에 적용시킨다. 그 근거는 이러한 모순들이 현대화된 오늘에도 고대의 국가, 사회와 비교해 볼 때 동일하기 때문이다. 곧 오늘의 상황이 본문이 되고, 과거의 본문과 상황을 오늘에 재해석하는 것이다.

둘째, 아시아적 성서 비평과 해석은 본문이 만들어지던 때의 사고 의식에 제한받지 않으며, 오늘의 다양한 가치들, 사상과의 접촉들을 통해 새롭게 재해석하는 유연성을 갖는다. 정경의 절대성에 집착하여 문자에 제한받기보다는 보다 확대된 해석으로, 오늘, 보다 탄력적인 관점을 갖는다. 오경, 예언서, 성문서 등의 형성이 최소 수백 년에서 최대 1천 년에 걸치면서 수정·가감·편집의 과정을 거치면서, 그 시대에 맞는 사상들과 자유로운 교제가 있었듯이, 오늘 이 시대에도 많은 사상들, 종교 사상들과 폭넓게 교류할 수 있는 것이다. 필자가 보는 그리스도교 역사에서 가장 불행한 사건은 일점일획도 고치지 못한다는 선언이 구약은 기원후 195년 얌니야 회의에서, 신약은 397년 카르타고 공의회에서 정경으로 선포된 이후 현재까지 계속된다고 본다. 다시 말해서 성서 본문의 내적인 역동성은 없어지고, 오직 종교 권위 속에 제한된 해석만이 정통으로 남아 있는 것은 아닌지 의구심을 갖는다. 그것은 로마제국으로부터 그리스도교가 공인을 받은 후, 그리스도교는 로마의 지배 종교가 되었고, 중세 시대에 십자군 전쟁의 전쟁 이데올로기로 활용되었고, 근세에 식민지 팽창 시대에는 약소국가들의 종교·문화·사상들을 물리치는 지배 이데올로기의 역할로 전락하였고, 현재에도 미국의 세계 전략에서 그리스도교 국가가 전 세계를 지배하는 이데올로기가 팽배해 있기 때문이다.

그러므로 구약의 신명기적 사고를 재해석할 필요가 있으며, 당시 제국과 제국의 종교에 둘러싸여 야웨 종교의 정체성을 지키기 위한 엄격한 규정으로서 의의가 있었다면, 오늘날 종교 간 대화 시대에 있어서는 종교들과의 상호 사상적, 신앙적 교류를 통해서 성서, 나아가 그리스도교의 정체성을 찾기 위해서 새로운 본문 쓰기가 나와야 할 것이다.

셋째, 아시아적 성서 비평은 사회학적 성서 비평과 차이가 있다.

사회학적 해석은 본문 안에서 단지 계층, 남녀, 사회 지배와 피지배 등의 관계를 기능적으로 분석하는 경향이다. 자본주의의 논리로 지향하는 지구적 상황, 제국과 피지배 국가의 관계 등을 고려할 때, 아시아적 성서해석은 단순한 분석 차원이 아니라, 이러한 억압과 갈등의 모순을 운동적으로 해결하자는 것이다. 예언자들의 예언 운동이 당시의 사회에 대한 현학적 지식을 보여주는 것이 아니라, 그 사회의 권력 모순들에 대해서 비판하는 운동적 성격을 갖고 있기 때문이다. 또한 성서의 저자나 편집자, 서기관들 역시 주체적인 신학자로서 당시의 모순 사회를 개혁해 나가는 의지를 볼 수 있다. 남미에서 해방신학은 남미가 미국의 종속적 국가로 전락하는 것을 막는 데 큰 역할을 했고, 한국에서 민중신학은 군사독재정권과 맞서며 민주화를 이루어 내는 데 기여했고, 강대국들에 둘러싸여 있는 분단의 상황에서 통일의 주제를 이어가고 있다. 인도의 달릿 신학이 인도의 계급과 신분 차별, 빈곤에 맞서는 신학운동으로 전개되고 있다.

넷째, 아시아적 성서 비평과 해석은 인간, 자연, 우주에 대한 인간의 보편적인 관심에 근거하여, 고대 이스라엘이라는 시간과 공간을 넘어서, 아시아의 다문화와 다종교의 상황과 직접적이고 능동적인 만남이 필요하다. 이 같은 주제들에 대해서 경전 간 해석이 필요하다. 그리스도교는 아시아의 기본 종교인 힌두교, 이슬람교, 불교, 유교 등과 적극적인 만남을 통해서 과거의 식민지적 사고를 버리고, 아시아의 문화와 종교 전통을 존중하는 자세로 대함으로써 새로운 자기 정체성을 자리매김해야 할 것이다.

이러한 아시아적 성서 비평과 해석의 준거틀framework은 본문을 과거의 경전이라는 제한된 해석의 틀을 극복하고, 지구촌에서 서로 공존하며 평화를 이루는 새로운 관계를 정립하는 데 기여할 것이다.

4. 정치·경제·사회적 해석과 적용

오늘 아시아의 정치·경제·사회적 현실은 유럽과 일본의 식민지 시대 이후 국가의 독립은 이루었지만, 미국과 유럽의 자본주의식 경제의 재편 과정에 따라 정치·경제적 종속구조에서 벗어나지 못하고 있다. 아시아 인구의 절대 다수가 빈곤과 실업, 질병으로 고통을 받고 있다. 지구화의 근간을 이루는 신자유주의(WTO, IMF, IBRD 등 국제경제기구)가 국가 간 경제의 벽을 없앰으로써 금융자본, 노동, 농수산물, 문화 등에 이르기까지 선진국가들이 아무런 규제 없이 아시아를 비롯한 아프리카, 남미에서 막대한 자원을 빼앗아가고, 이들 국가는 다시 엄청난 돈을 지불하고 사들여야 하는 불평등 구조가 계속되고 있다. 이것은 유럽이 과거에 군사적인 힘으로 점령을 했던 제국주의imperialism 시대였다면, 현재는 한 개의 미국 국가가 군사력과 고기술의 바탕 아래 초강대국으로 부상하면서 전 세계를 정치적·경제적으로 지배하는 제국empire 시대가 된 것이다. 따라서 성서해석 역시 본문을 둘러싼 정치·경제·사회적 배경을 읽어냄으로써, 오늘의 현실과 연결 지을 수 있다.

민중신학

민중신학은 서구 신학에 대한 반성과 이를 극복하려는 1970년대 상황에서 한국에서 태동하였다. 당시 남미의 해방신학의 출현과 함께 아프리카의 토착 종교와 그리스도교의 연결, 아시아에서 필리핀과 한국에서 독재에 맞서면서 나온 이들 신학적 사조는 서구 신학의 관념적인 틀에서 벗어나, 실제로 사람들이 겪는 고통의 현장, 곧 정치적 억압과 왜곡된 경제 구조, 이로 인한 빈곤의 악순환 등의 사회적 현실에 의식을 갖고 사회운동을 이끌며 나왔다.

민중신학은 군사독재정권에 대한 민주화 투쟁, 서구 신학에 대한 비판적 시각을 시도했다는 점, 역사의 주체를 민중으로 보았다는 점이 그 특징이다. 특히 '민중'이라는 계급적 특징에 초점을 맞추고, 가난하고 소외되고 억압받는 사람들에 관심을 갖고, 그들의 인권을 위해서 현장 교회를 세우고 함께하는 실천적인 모습을 보였다. 민중 신앙을 역사 변혁의 중요한 요인으로 본 것이다. 하지만 1990년대 이후 한국에서 군사정권이 퇴진하고 민주화를 이룩하고, 현장 교회들이 현장을 떠나면서, 민중신학의 구심력이 약화되는 현상을 보이고 있다.

21세기에 들어온 시점에 신자유주의 정책은 1세계와 3세계 사이에 경제적 양극화는 더 벌어지고, 아시아의 민중은 더 고통스러운 현실에 노출되어 있다. 민중신학은 동북아시아를 둘러싼 강대국들의 힘의 논리를 이겨내며, 민족의 통일을 대비하고, 아시아의 민중에 관심을 가지면서, 오늘도 학술적 발전을 위해 계속 모이는데, 앞으로 다양해진 사회 현장과 단단한 연결고리를 가져야 할 과제를 안고 있다.

달릿Dalit 신학

인도는 수천 년 넘도록 카스트 제도에 갇혀 착취와 억압을 받아 왔다. 그런데 이 계급에도 들지 못하는 천민 계급이 있으니, 그들이 달릿이다. 주로 인도의 남부지역에 거주하는데, 오늘날 인도 9억 인구 중 2억을 차지할 정도로 다수이다. 이들 달릿은 농촌에 살고 있으면서도 토지를 소유하고 있지 못하기 때문에 소작을 하거나, 도시로 떠나더라도 도시 빈민으로 살아가고 있다. 달릿 여성들은 성차별은 물론이고 성폭행에도 노출되어 수많은 희생을 낳고 있다.

힌두교는 지배 종교로서 신분제도를 고착하는 종교 이데올로기를 유지시키고 있다. 인도 그리스도교가 1960년대 해방신학과 1980년대 민중신학, 아시아 신학의 영향을 받고 달릿에 대한 관심을 갖기 시작했다. 달릿신학은 최하층 민중의 고통에 동참하고, 이를 극복하기 위한 투쟁과 선교의 궤를 같이하고 있다. 달릿신학은 수천 년간 이어져 온 최하층 달릿에게 민중의식을 불어넣어 주고, 인간으로서 살아야 할 기본 권리를 이해시키며, 카스트 신분제도와 인종 차별 철폐, 불의한 사회적 편견과 불평등한 제도에 대한 저항, 그리고 식민지 유산을 청산하고, 서구신학으로부터 탈출을 시도하면서 그리스도교 해방운동을 전개하고 있다. 현재 달릿 신학은 민중신학과 정기적인 학술 교류를 하면서, 새로운 모델들을 나누고, 학문적 심화를 만들어 내고 있다.

탈식민주의post-colonialism 신학

서구 유럽이 제국을 확장함으로 제3세계 국가들은 수백 년 동안 식민지를 경험했고, 이로 인한 정치적·경제적·종교적·문화적 후유증은 현재까지도 계속되고 있다. 그리스도교가 제국 확장 논리에 일조를 했으며, 그

반성은 탈식민주의 신학을 만들어 냈다.[2] 아시아·아프리카·남미에서 그리스도교는 자기의 정체성을 찾지 못하고 여전히 서구 그리스도교의 지배이념에 지대한 영향을 받고 있는 상황에서, 탈식민주의 신학은 현재의 자본주의와 제국의 요소를 분명히 인식하고, 이 같은 요인들이 신학 안에 들어와 있는 것을 찾아내고, 학문의 종속성을 비판하는 연구를 하고 있다. 하지만 서구 신학에 대한 무조건적인 거부가 아니라 지금까지 그들의 시각으로만 바라본 것들에 대한 신학적 반성을 하는 것이며, 아시아적 시각으로 보아야 한다는 것이다.

탈식민주의 해석은 서구의 개인주의, 비정치적 논리, 가부장주의, 그리스도교 팽창주의 등의 이데올로기가 신학은 물론 성서해석의 바탕에 깔려 있음을 지적하고, 이를 극복하는 새로운 시각을 열고 있다. 또한 탈식민주의 신학은 '오직 성서'에만 집착하는 것에서 탈피하여, 다양한 경전들, 불교, 유교, 이슬람, 힌두교 등의 경전들 사이에서도 교류가 가능하다고 보는 견해를 갖는다.

2) Sugirtharajah, R. S. "Inter-faith Hermeneutics: An Example and Some Implications", in R. S. Sugirtharajah ed., *Voices From the Margin* (London: SPCK, 1991), 353. 수기르는 이 책 서문에서 *A Dictionary of Biblical Interpretation*에는 아시아, 아프리카, 흑인 성서학자가 단 한 명도 들어가 있지 않으며, 남자 유럽-미국 학자들로만 구성되어 있다고 지적한다. 2쪽; *The Bible and the Third World* (Cambridge: Cambridge University Press, 2001); *Asian Biblical Hermeneutics and Postcolonialism* (New York: Orbis Books, 1998). 아시아를 낮추어보는 오리엔탈리즘을 지적하고 있다; *Postcolonial Criticism and Biblical Interpretation* (Oxford: Oxford University Press, 2002); *Postcolonial Reconfigurations* (New York: Orbis Books, 2003); *The Bible and Empire* (Cambridge: Cambridge University Press, 2005), Ch. 4, "Texts and Testament: the Hebrew scriptures in colonial context", 145-191.

적용 : 이사야의 반제국 사상

이러한 정치·경제·사회적 접근의 내용을 이사야서를 예로 적용해 보기로 하겠다.

이사야서는 8세기 시대의 예언자로 보지만, 40~66장을 2세기가 지난 포로기 시대와 그 이후의 시기로 본다면, 이사야서 1~39장이 저작으로 남는다. 1~11장이 이사야의 초기 예언으로 웃시야의 죽음으로부터 시리아-이스라엘의 동맹 시기까지 약 10년(기원전 742-732), 13~23장이 이방 국가들에 대한 신탁, 24~27장을 소 묵시록, 28~32장은 후기 예언으로 유대 왕 히스기야의 즉위로부터 산헤립의 유대 침공까지 약 14년(기원전 715-701) 동안의 사건을 반영하고 있다. 36~39장은 열왕기하 18장 13~20장 19절과 비슷하다는 이유로 1~35장의 부록으로 후에 첨가된 것으로 간주한다. 제1이사야서는 앗시리아를 배경으로 하고 있는데, 13~14장은 6세기의 바빌론을 언급함으로써 시대적 불일치로 본다.

이사야서의 내용이 다양하고, 시대적 간격이 넓고, 불일치하는 곳도 발견되지만, 차일즈B. S. Childs는 개별적인 본문들의 기원에 상관없이 이사야서를 저자의 통일성이 아니라, 편집의 통일성으로 보는 견해를 밝히고 있다.[3] 이사야는 도시 출생으로 야웨의 성전이 있는 예루살렘을 중심으로 활동하였다. 웃시야 왕이 강력한 왕이었지만, 그가 죽고, 그의 아들 요담이 무력하게 통치를 하는 불안한 시기였고, 앗시리아 제국의 위협은 더욱 커져 있을 때였다.

제1이사야서의 중심 주제에 대하여, 대부분 학자들은 이스라엘의 거룩한 하느님, 구원자, 신실한 남은 자 사상, 열방에 대한 신탁 등에 관심을

---

3) B. S. Childs, *Introduction to the Old Testament as Scripture* (Philadelphia: Fortress Press, 1979), 324-337.

갖는다. 하지만 이사야서의 중심 주제는 명백하게 '제국'에 대한 심판이라고 말할 수 있다.

지리적으로 이집트와 메소포타미아 제국 국가들에 둘러싸여 있는 이스라엘은 정치·경제·종교문화적으로 종속적이고 굴욕적인 입장에 있을 수밖에 없는 현실이다. 다윗 왕 때 잠시 주변 국가들을 정복하고, 독자적인 힘을 발휘할 수 있었으나, 솔로몬 사후 북이스라엘과 남유대로 분열된 이후에는 국력이 더욱 쇠퇴하였다. 북이스라엘은 계속되는 왕들의 쿠데타가 국력을 소진하여 722년 멸망했으며, 이것은 남유대의 국가 존립의 부담이 더욱 가중된 상황이다. 남유대 역시 제국들에 대해서 정치적으로 독립적이지 못한 상황에서 그 어려움들은 백성들에게 전가되고, 지도층들의 권력은 부패하고, 경제적인 부익부 빈익빈 현상은 심화되고, 뇌물, 종교의 타락, 사회적 약자들의 고통, 도덕적 타락이 심화되는 현실이었다.

이러한 현실에서 이사야는 개별적이고 분리적인 사고를 하지 않고, 전체적이고 종합적인 사고를 한 예언자였다. 다시 말해 한 사람 개인의 도덕성, 그리고 사회의 부패, 빈부격차, 소외된 사람의 문제 등도 주변의 제국 국가들과의 관계 속에서 보았던 것이다. 이것은 그가 국제질서와 국내 사회의 종속적인 연결고리를 읽어 낼 줄 아는 탁월한 인물이었다는 사실을 시사하는 것이다. 그리고 사회 모순의 원인과 병폐를 정확히 보았고, 그 원인을 일으키는 사회의 상부 지도층을 지적하고 그 핵심 고리가 되는 중앙 권력에 대해서 비판을 가하고 있다.

이사야는 먼저 유대 내부 사회의 불의함, 도덕성 결여를 지적한다 :

> "너의 지도자들은 주께 반역하는 자들이요, 도둑의 짝이다. 모두들 뇌물이나 좋아하고…."(1:23)

"주께서 지도자들을 세워놓고 재판을 시작하신다. 나의 포도원을 망쳐 놓은 자들이 바로 너희다. 가난한 사람들을 약탈해서, 너희 집을 가득 채웠다. 어찌하여 너희는 나의 백성을 짓밟으며, 어찌하여 너희는 가난한 사람들의 얼굴을 마치 맷돌질하듯 짓뭉갰느냐?"(3:14-15)

"불의한 법을 공포하고, 양민을 괴롭히는 법령을 제정하는 자들아, 너희에게 재앙이 닥친다. 가난한 자들의 소송을 외면하고, 불쌍한 나의 백성에게서 권리를 박탈하며, 과부들을 노략하고, 고아들을 약탈하였다" (10:1-2).

이사야의 사회정의에 대한 목표의식은 분명하다: "옳은 일을 하는 것을 배워라. 정의를 찾아라. 억압받는 사람을 도와주어라. 고아의 송사를 변호하여 주고, 과부의 송사를 변론하여 주어라"(1:17). 사회적 약자이며 가장 힘없는 대상인 고아와 과부, 곧 여성의 인권을 보호하고, 사회의 한 구성원으로 포함시키고 있다.

이사야는 이러한 국내 문제를 따로 분리해서 보지 않고, 반드시 국제관계 속에서 바라보고 있다. 그는 주변의 강대국들이 제국의 성격을 갖고 있고, 항상 군사적 침략의 위험에 노출되어 있고, 정치적·종교적으로 종속되어 있는 유대의 상황을 정확하게 바라보고 있다. 이사야는 하느님이 앗시리아와 주변 제국 국가들을 이용해서 유대 내부의 부패를 경고하고, 침략할 것을 말한다. 하지만 그 후에 다시 하느님이 이들 제국들에게 심판 내릴 것을 전한다. 이것은 제1이사야서 1~39장의 편집에서도 볼 수 있다. 주변 제국과 주변의 국가들에 대한 비중은 8~31장, 34장, 36~37장에 이르기까지 4분의 3 이상의 내용에 비중을 할애하고 있다. 그리고 서론에 해당하는 1~6장은 사회의 불의를 고발하는 내용, 그리고 32장에서 정의를 회복하고 심판으로부터 회복을 다룸으로써, 유대의 내부 문제와 제국의 문제를 직접 연결시키고 있다.

이사야는 거대한 제국들의 멸망에 대해서도 서슴지 않고 예언한다. 북이스라엘을 멸망시킨 앗시리아 제국과 이집트 제국에 대해서 거침없이 멸망을 예언한다 :

> "만군의 주께서 호렙 바위에서 미디안 사람을 치신 것 같이 채찍을 들어 앗시리아를 치시며, 또한 이집트에서 바다를 치신 것 같이 몽둥이를 들어서 그들을 치실 것이다"(10:26-27; 참고 19:4). "주께서 몽둥이로 치실 것이니, 앗시리아는 주의 목소리에 넋을 잃을 것이다"(30:31). "만군의 주께서 그들(제국들)을 나뭇가지 치시듯 요란하게 치실 것이니, 큰 나무들이 찍히고, 우뚝 솟은 나무들이 쓰러지듯이, 그들이 그렇게 쓰러질 것이다"(10:33).

한편 앗시리아 제국이 무너지기도 전에 제2이사야의 시기로 보는 바빌론 제국에 대한 심판도 언급을 하고 있다(13-14장, 21장) :

> "만군의 주께서 말씀하신다. '내가 일어나 바빌론을 치겠다. 내가 바빌론을 멸하겠다. 그 명성도 없애고, 살아남아서 바빌론의 이름을 이어갈 자도, 하나도 남기지 않고 멸종시키겠다"(14:22; 참고 13:19).

약소국가들이 제국들의 극심한 억압으로부터 벗어나는 환희의 소리도 들린다 :

"웬일이냐, 폭군이 꼬꾸라지다니! … 주께서 악한 통치자의 권세를 꺾으셨구나 … 화를 내며 백성들을 억누르고, 또 억눌러 억압을 그칠 줄 모르더니, 정복한 민족들을 억압해도 막을 사람이 없더니, 마침내 온 세상이 안식과 평화를 누리게 되었구나. 모두들 기뻐하며 노래 부른다"(14:4-7).

바빌론 제국을 물리쳤을 때의 감격을 보여주는 것이다.

이렇게 이사야는 유대의 운명이 더 쇠락해 가는 때에도 과감하게 제국들에 대한 심판을 선언하고 있다. 바빌론에 대한 심판의 본문이 후대의 첨가라고 볼 때, 제1이사야서와 제2이사야서에서는 바빌론 제국을 심판하는 공통적인 신학적 사상을 볼 수 있다. 한편 제국들은 아니지만, 이스라엘을 괴롭히는 가나안 주변 국가들, 블레셋(14:28-32), 모압에 대한 심판(15-16장), 시리아에 대한 심판(17:1-6), 에티오피아에 대한 심판(18장)을 계속해서 선언하고 있다.

이사야가 원하는 것은 제국의 멸망을 통해서 평화를 지향하는 것이다. 평화에 대한 희망은 이사야서 서문에서 그 목표점을 분명히 언급하고 있다. 곧 제국 국가들의 침략을 막고, 궁극적으로는 전쟁을 막자는 것이 그 목표인 것이다. "그들이 칼을 쳐서 보습을 만들고 창을 쳐서 낫을 만들 것이며, 나라와 나라가 칼을 들고 서로를 치지 않을 것이며, 다시는 군사훈련도 하지 않을 것이다"(2:4). 이 선언의 기조는 이사야서 전체의 핵심 주제가 되고 있다. 막연하고 추상적인 평화 개념이 아니라, 제국이 사라지고, 전쟁이 사라지는 세상을 바라는 것이다. 이사야의 이러한 국가질서 간의 평화도 유대 내부 사회의 정의와 반드시 연동되어 있다. 그것이 한 문단에 비유를 통해서 잘 표현되고 있다 :

"가난한 사람들을 공의로 재판하고, 세상에서 억눌린 사람들을 바르게 논죄한다 … 그때에는, 이리가 어린 양과 함께 살며, 표범이 새끼 염소와 함께 누우며, 송아지와 새끼 사자와 살진 짐승이 함께 풀을 뜯고 …"(11:4-6). "암소와 곰이 서로 벗이 되며 … 사자가 소처럼 풀을 먹는다. 젖 먹는 아이가 독사의 구멍 곁에서 장난하고, 젖 뗀 아이가 살무사의 굴에 손을 넣는다"(10:7-8).

이사야는 이러한 식견을 가지면서, 제국을 무너뜨리고, 평화를 이루시는 분은 하느님이시라는 것을 선언한다.

결론적으로 제1이사야서는 유대 내부 사회적 모순(불의, 부패, 인권 등)을 주변 제국들의 문제와 연동지어 사고하는 역사의식을 보이고 있다. 이러한 이사야서의 상황은 오늘날 아시아 상황에서도 적용된다. 아시아의 국가들과 민중이 여전히 세계자본과 세계 강대국 군사력의 기세에 눌려 있고, 독립적이지 못하며, 이로 인해 내부 사회들도 여전히 권력의 부패와 경제적 불평등, 인권, 여성 차별, 매춘 등의 문제가 동시에 연결되어 있다. 오늘날 제국의 본질은 겉으로는 잘 드러나지 않게 서서히, 하지만 안으로는 급물살을 타며 신속하게 제3세계 국가들을 옭아매어 진행하고 있다. 그러므로 아시아 국가들의 사회 내부의 문제를 반드시 세계자본의 흐름, 국제 정치라는 큰 틀 안에서 조망하며, 그 타깃도 정확하게 설정하는 것이 중요하다.

5. 종교문화적 해석과 적용

종교문화적 해석 지평의 확대

40억 인구를 가진 아시아에는 많은 민족과 인종들이 다문화multi-culture, 다종교multi-religion를 배경으로 살고 있다. 아시아는 크게 유교 문화권, 이슬람 문화권, 힌두교 문화권, 불교 문화권 그리고 일부 그리스도교 문화권이라고 말할 수 있으며, 이들 문화와 종교는 1천 년, 2천 년을 내려오면서, 예술·건축·음악·관습·제도·교육·정치·의식 등 모든 분야에 깊숙이 뿌리를 내리고 흘러온 정신적 유산을 지니고 있다. 그리스도교가 아시아의 정신적·문화적 유산들에 대해서 과거 식민지 시대처럼 21세기에도 아시아의 문화와 종교들에 대해서 배타적이거나 지배하려는 태도를 보이고 있는 것에 우려를 하지 않을 수 없다. 이것은 그리스도교가 자신을 제외한 모든 종교를 우상숭배로 보고, 개종에만 초점을 맞추기 때문이다. 하지만 1970년대 이후 아시아 신학자, 그리고 아시아를 경험한 유럽 학자들이 종교 간 대화에 많은 기여를 하고 있다.[4] 인도의 레이몬드 파니카,[5] 아로이시우스 피어리스,[6] 대만의 송천성C. S. Song,[7] 스텐리 사마르타

---

4) "특집 : 그리스도교와 타종교의 대화", 《신학사상》 39집(1982); 차옥숭, "종교 다원주의 사회에서 종교 간 대화와 협력 연구", 《신학사상》 69집(1990); 김진, "현심과 요청 - 종교 다원사회에서 최고선", 《신학사상》 75집(1991); "심포지엄 : 종교다원론, 무엇이 발제인가?" 《신학사상》 79호(1992); 이상윤, "아시아 민중성서 읽기 - 종교다원주의, 해방영성, 민중권력", 《신학사상》 81집(1992); 김경재·이찬수·최인석·정희수, "특집 : 종교다원주의 논쟁의 새로운 지평", 《신학사상》 93집(1996); 민경석, "종교다원주의의 역할과 해방의 실천", 《신학사상》 103집(1998).

5) R. Panikkar, "The Church and the World Religions", in *Religion and Society*, XIV (1967); *The Trinity and the Religious Experience of Man* (New York: Orbis Books, 1981). 인도의 가톨릭 신학자인 레이몬드 파니카(Raymond Panikkar)는 가톨릭 신앙과 힌두교 정신세계 안에서 성장하였다. 그는 서구신학에 대해서 토착화 신학으로 포괄적인 신학적 논쟁을 불러일으켰다.

Stanley J. Samartha, 존 힉John Hick이나 폴 니터Paul F. Knitter, 홍콩의 이치충, 라이판치우, 변선환,[8] 유동식, 이찬수, 이정배, 정양모, 김경재, 김승혜 등은 종교 간 대화를 통해서 그리스도교의 정체성을 다시 찾는 시도를 하고 있다. 아시아 신학에서 그리스도교가 종교들 또는 전통 사상들과의 대화가 중요한 것은 바로 이러한 아시아의 학문적·종교문화적 배경이

---

6) Aloysius Pieris S. J., *Irruption of the Third World: Challenge to Theology* (New York: Orbis Books, 1983). 스리랑카의 예수회 신학자인 피어리스(Aloysius Piereis) 신부는 그의 『아시아의 해방신학』(1986)에서 아시아에서 종교 간 대화는 빈곤과 불의 그리고 착취 등 사회경제적 불의구조를 해결하자는 해방신학적 이데올로기를 바탕으로 전개하고 있다고 말한다.

7) 송천성, 『대자대비하신 하느님』, 이덕주 역(왜관: 분도출판사, 1985); 『아시아 모태신학』, 이덕주 역(왜관: 분도출판사, 1990); 『아시아 이야기 신학』, 이덕주 역(왜관: 분도출판사, 1988); 『아시아인의 심성과 신학』, 성염 역(왜관: 분도출판사, 1982); 『아시아의 고난과 신학』, 주재용·이정희 역(서울: 대한그리스도교출판사, 1982). 송천성은 "인간의 영성이 고대 이집트의 피라미드에서, 중국의 만리장성에서, 아테네의 성전에서, 그리고 현대의 과학적 시대에 우리가 시간과 공간의 제약을 극복하고 대면하게 된다"(『아시아의 고난과 신학』, 1979, 14쪽)고 말한다. 종교는 이 세계를 넘어서 존재하는 세계의 신비를 관통하려는 인간 정신의 종합적인 노력으로, 이것은 그리스도교만이 아니라, 불교, 힌두교, 이슬람교도 마찬가지로 본다는 것을 전제하며 그의 종교 간 대화를 시작하고 있다(『아시아인의 심성과 신학』, 1979). 송천성은 신학이 2차원적 차원에서 머무는 것은 한계가 있으며, 제3의 눈(일본 선불교의 스즈끼鈴木大拙가 미혹과 미망의 구름이 사라질 때 자신의 본래적 존재를 깨닫는 무한한 세계가 전개된다는 데서 사용한 용어)으로 직관을 해야 한다고 말한다. 송천성은 도덕경, 아프리카 원시종교, 공자의 사상 등과 신학의 교류를 했으며, 고난받는 하느님의 모습, 십자가 고통의 그리스도, 사도 바울의 신비주의를 붓다의 사성제, 신비주의와 연결시키고 있다. 송천성은 그리스도 신앙의 최대 상징이 십자가이며, 불교의 종교적 헌신과 영적 열망이 초점의 상징이 연꽃이라는 두 이미지의 가르침을 말하고 있다.

8) 변선환은 탈 서구신학의 가능성으로 칼 야스퍼스와 불트만, 존 캅과 아베마사오 등의 신학자와 선불교와 대화를 시도한 것에 동기를 갖고, 종교 간 대화의 길을 열었다. 그의 해석학적 지평은 자아와 무(無), 절대 무, 혹은 공(空)이라는 실존적 개념과 신(神) 개념을 연결하여 전개하고 있다. 그 역시 1970년대라는 한국적 상황에서 민중신학과 토착화 신학에 영향을 받았으며, 불교와 대화를 통해서 사회적 역사적 책임을 강조하였다. 한편 그는 한국 교회의 보수적 풍토에서 대학 강단은 물론 교단으로부터 출교를 당하는 수모를 겪었지만, 그의 사후 10주기인 2005년에 그의 종교 간 대화의 신학은 후학들로부터 재평가를 받고 있다.

오래되고 넓고 깊기 때문이다.

신학에서 종교 간 대화와 다른 경전들의 주제를 비교해서 다루는 연구들이 국내외에서 나오고 있다. 하지만 성서신학과 다른 경전들을 비교하거나 연결 짓는 것은 쉬운 일이 아니다. 그것은 고대 이스라엘은 고대 이집트와 메소포타미아 문명의 영향권 안에 있었기 때문에 직접적인 관계가 있지만, 동시대의 아시아 사상과 불교 사상들은 교류의 직접적인 흔적이 없기 때문에 비교를 하기에는 제한이 있다. 또한 역사적 문헌들을 다루는 데 있어서 역사 비평 방법은 이러한 시간적·공간적 한계를 뛰어넘을 수 없는 한계를 보이고 있기 때문이다.

그러나 종교의 경전들과 사상 저서들 간에 활발한 연구가 되는 시점에, 오직 한 가지 역사 비평 방법론에만 매달릴 수는 없다. 비록 교류가 없었던 환경이라 하더라도, 종교나 사상의 보편성, 진리의 보편성이라는 것에 근거한다면 상호 이해할 수 있는 영역은 크게 확대될 수 있다. 인간이 우주의 원리를 이해하고, 자연 안에서 살고, 인간이 지녀야 할 기본 덕목의 지혜를 깨닫고, 삶과 죽음의 이치를 아는 것은 어느 지역에 살거나 공통된 내용으로 표현되었기 때문이다. 성서 시대의 저자들과 편집자들이 고민했던 이 주제들은 중국, 인도, 한국뿐만 아니라 아프리카, 남미 등에서도 같은 고민들을 했기에 상호 공통점을 찾을 수 있는 것이다. 그리고 이것은 단순히 종교들 간에 객관적인 비교를 통해서 어느 종교의 우월성을 찾아내는 것이 목적이 되는 것이 아니다. 종교 간의 상호 존중과 예의를 갖추며, 여러 시대와 여러 지역에 있었던 종교 사상들의 내용과 정서를 공유하는 것이다.

그래서 서로 다른 언어와 서로 다른 종교문화권 안에서 각기 자기의 종교적 심성과 영성을 표현하는 것을 이해하는 자세를 가져야 할 것이다.

물론 경전들 간에 문화와 전통, 언어, 삶의 방식 등이 다르기 때문에, 각 경전의 특수성과 차별성이 있고, 이 점은 분명히 부각되어야 할 것이다. 또한 종교에서 중요하게 보는 영성은 각 종교의 의식, 수행, 노래, 춤, 평화사상 등을 통해 공통적으로 볼 수 있는 요인들이 많다.

그러나 경전들 간에 교류는 활발하지 못하다. 그것은 그리스도교의 교리, 신학, 선교 등의 영역들이 교회의 권력에 속해 있으면서, 학문적 제약을 받고 있기 때문이다. 특히 구약의 '유일신'과 '우상숭배 금지' 등의 배타적인 규정에 근거하여 종교와 문화 간의 교류를 원천적으로 차단했기 때문이다. 사실 이 규정은 교권에 깊숙이 자리를 잡아, 이를 어기는 논의들이 있을 경우 종교권력이 통제와 제재를 가한 지 오래되었다. 아시아 신학은 제한과 벽을 넘어서 종교 간 대화에 적극 나설 때 진정한 자리매김을 할 것이다. 이를 허용하는 것이 그리스도교 기반 자체를 흔든다고 보는 사고는 협소하고 수동적인 태도이다. 아시아 신학과 성서해석이 이를 극복하지 못한다면 다종교 문화를 이해하지 못할 것이며, 유일신론과 구원론으로 계속해서 그 우위를 점하려 할 것이다. 여기서 서양 중심의 성서해석방법을 다시 보면, 중세와 근대를 거쳐 현대에 이르는 서양철학과 서양의 문학비평들의 방법과 해석의 전통을 도입하여 성서에 적용하는 시도를 했다. 이와 똑같이 그리스도교가 동양에 전래된 지 1~2세기를 조금 넘는 짧은 기간이지만, 이제는 동양의 종교, 철학과 문학을 도입하여 성서를 얼마든지 바라볼 수 있으며, 이들과 성서의 해석학적인 공통의 내용들을 모색해 볼 수 있다.

이제 성서는 '서양의 틀', 곧 서양의 문화와 철학, 인문학의 틀로만 해석될 수 있는 그들의 독점이 아니라, 아시아의 틀, 곧 아시아의 문화와 철학, 인문학, 더 나아가 아시아의 종교의 틀로도 얼마든지 해석이 가능한 온 인류의 책이요 경전인 것이다. 서양에서 그리스도교의 역사가 진행되는 동안, 그리스도교가 들어오지 않았던 아시아와 아프리카, 아메리카 대륙에서 살아온 수없이 많은 인간은 결국 '그리스도 예수' 한 분을 모르고 몰랐다는 이유로 모두가 구원의 대상에서 제외되어야 하는가? 이것은 서양 그리스도교의 독선적이고 일방적인 시각이라고밖에 볼 수 없다. 아시아의 종교에도 인간과 자연 그리고 우주를 향해 자신의 덕을 쌓으며, 악을 멀리하며 중생을 구제하기 위해 살았던 많은 선인들, 나아가 성인들이 있으며, 이들의 가르침을 따라 살아온 수많은 평범한 사람이 있는 것이다. 이들의 존재는 서양 그리스도교에 의해 무가치하고 우상숭배를 섬긴 인물들에 불과한 취급을 받는 것은 그리스도교의 편향된 시각에 따라 올바른 평가를 못 받고 폄하된 것이다. 이것을 극복하지 못한다면 아시아에서 그리스도교는 항상 서양 그리스도교의 학자와 교회, 선교사들의 시각에 따라 아시아·아프리카·남미의 상황(context)은 무시되고 제외되면서 항상 열등한 위치에 있을 수밖에 없다. 이제 그리스도교는 불교사상과 노장사상, 유교사상 등 동북아시아의 사상들과 대화를 시도하여야 한다. 그래서 불교는 배척되어야 할 대상이 아니라, 십자가 고통의 구원과 불교의 고통을 통한 해탈을 연꽃과 대비하고, 민중의 삶의 현실에 기반을 두고 공통점을 찾는 시도가 필요하겠다.

적용 : 하느님 나라와 정토사상

구약에서 '하느님 나라'와 불교에서 '정토사상'을 적용하기로 하겠다. 둘 사이에는 지리적으로 연결점이 없지만, 인간이 꿈꾸는 이상적인 세상, 사후 세계에 대한 영원한 동경심은 공통적으로 나타난다. 시대와 공간을 넘어서서 인간은 인간의 불완전한 본성, 사회와 국가의 불완전함으로 인해 수많은 시행착오를 겪었기 때문에, 인간은 어느 시대에나 완벽한 이상적이고 평화로운 사회와 세계를 동경했다.

구약에서 '하느님 나라' 개념은 오늘의 상황에서 다음 네 가지 방향에서 재해석하고자 한다.

첫째, 하느님 나라는 구약 전체 맥락을 관통하고 있는 유일신론과 우상숭배 금지 사상을 재검토하여 조명해야 한다. 이스라엘은 주변 국가들이 다신론을 배경으로 하고 있고, 자연의 대상을 신의 대상으로 삼는 것과는 대조를 보이고 있다. 이스라엘은 지리적으로 동서로 사막과 지중해가 펼쳐지고, 남과 북으로는 이집트와 앗시리아, 바빌론 같은 강대한 제국이 있어 사면초가에 처해 있는 상황이다.

종교가 정치·사회·문화·자연에 이르기까지 전 영역을 지배하고 있는 시대에 제국의 정치와 군사적 힘은 약소국가를 점령하거나 봉신奉神국가로 만들며, 이때 제국의 종교 역시 주변의 봉신국가들의 종교를 지배하는 것은 일반화되어 있었다. 이스라엘의 왕정 역사도 역시 제국들에 봉신을 할 수밖에 없었다. 제국은 자기 종교의 지배를 통한 봉신국가들의 통제가 곧 봉신국가 사람들의 의식을 통제할 수 있고, 제국을 신봉할 수 있게 하였다.

또한 비가 거의 내리지 않는 척박한 사막의 자연환경에서 유목문화나 농경문화는 어느 것 할 것 없이 자연에 절대적으로 의존할 수밖에 없다. 가축과 농사에서 다산多産의 물질적인 풍요는 어느 나라 어느 시대를 막론하고 종교의 근간을 이루고 있다. 다산은 생존을 위해서 제일 중요한 가치 중에 하나이다. 초기 이스라엘 종교는 그 발전사에서 가나안 지역과 바빌론, 이집트 등의 종교와 문화, 건축, 제사, 축제, 문학 양식, 법 등에 대해서 이미 받아들인 상태이다.

이렇게 주변 정치와 자연의 현실은 이스라엘을 자유롭지 못하게 하며, 언제나 국가적 존망을 위협하게 하는 위기의 요인들이 있었다. 그럼에도 이스라엘은 제국 국가들의 종교들과 신들에 굴복하지 않고, 유일신 선언과 우상숭배 금지를 선언했다는 것은 제국들에게 국가적인 독립을 선언하는 것으로 약소국가로서 국가와 민족의 존립에 관한 중차대한 주제였다. 약소국가의 신인 하느님이 주변 국가들과 제국들의 신에 맞서서 최고의 신 자리에 올라서 이스라엘을 이끌어 가고 있다. 그러면서 하느님은 이스라엘 백성들이 강대국과 그들 종교들의 원심력에 빨려 들어가지 않도록 언제나 이스라엘 백성과 줄다리기를 했다. 따라서 이스라엘 종교에서 '하느님 나라'의 중심 토대가 되는 유일신 사상과 우상숭배 금지 개념은 그 시대에 제국에 맞서는 정치적·종교적 저항이라는 관점에서 이해해야 할 것이다.[9] 그러므로 한 국가의 지정학적·역사적 상황에서 나온 신앙적 개념들을 전 세계에 일반화시킨다는 것은 재고해야 한다. 더욱이 제국들이 팽창 논리로 이용할 때, 그것을 단호히 거부해야 한다. 따라서 모든 종교와 사상에 대한 거부와 우상숭배 식의 배타성은 자제해야 할 것이다.

둘째, 하느님 나라는 사회정의를 말한다. 이스라엘이 국가를 만든 후 왕 중심의 권력이 남용되고(미가 2:1-2), 귀족이 생기고, 부익부 빈익빈 현상이 나타나면서(아모스 6:4-5), 사회적 약자를 억압하고(미가 3:2-3), 법은 강자들의 편이 되고(아모스 5:12), 제사장들이 타락하는 모습(호세아 3:7-8)은 이스라엘의 왕조 역사 전체를 통해 나타난다. 이러한 불의한 사회구조와 의식을 개혁하려는 예언자들은 '새로운 세상'에 대한 비전을 갖고 현실에 직접 뛰어들어 개혁에 나서고 있다 :

---

9) Eun-Kyu, Kim, "The Prohibition of Idolatry and the Rejection of Empire", *Inter-religious Insight*, vol, 3, no. 3, (2005), 41-48.

"내가 평화를 너의 감독자로 세우며, 공의를 너의 지배자로 세우겠다" (이사야 60:17).

"나 주는 공평을 사랑하고, 불의와 약탈을 미워한다"(이사야 61:8).

사회 비판, 정치권력에 대한 비판, 종교 비판은 항상 같이 진행되고 있다. 여기에 제국들의 억압에 대한 비판도 큰 축으로 가고 있다. 따라서 하느님 나라는 현실의 개혁을 통해서 이 땅에 이루려는 의지를 반영하고 있다.

셋째, 하느님 나라는 제도적 평화를 말한다. 기원전 1280년경 이스라엘 백성은 이집트 제국의 노예생활로부터 탈출에 성공하여 해방의 감격을 맞았으며(출애굽기 1-14장), 이 정신은 이스라엘의 십계명 법(출애굽기 20:2; 신명기 5:6) 정신의 근간이 되며, 이스라엘 종교 정신의 근간을 이루게 된다. 전쟁이 없는 평화를 기대하며, 사회적 약자인 이방인, 과부, 고아(출애굽기 22:21-24; 레위기 19:33)에 대한 인권을 존중하는 사회적 평화를 만들려고 노력한다. 종에 대한 인권(출애굽기 21:1-11), 폭력 금지(21:12-27), 근친 성관계 금지 및 성윤리(레위기 18장), 경제 정의(레위기19:36) 등 법과 제도, 윤리의식의 개혁을 통해서 현재 사는 사회에서 하느님 나라를 이루려 노력한다.

넷째, 하느님 나라는 마음의 지혜를 말한다. 십계명의 후반부는 인간 사회에서 가장 기본적인 도덕성을 요구한다. 부모 공경, 살인 금지, 간음 금지, 도둑질과 이웃에게 거짓 증언 금지, 이웃의 소유물을 탐내지 않도록 하고 있다(출애굽기 20:12-17). 또한 지혜문학에 속하는 잠언, 전도서에서 도덕성, 윤리의식, 삶의 지혜를 언급하고 있다.

다섯째, 신약성서는 예수의 첫 선포였던 "때가 찼다. 하느님의 나라가 가까이 왔다. 회개하여라. 복음을 믿어라"를 언급한다(마가복음 1:14-15). 인간에게 얽혀 있는 모든 죄에 대해서 회개하여 깨끗한 사람이 되는 것이 하느님 나라라는 것을 강조한다. 마태복음 5~7장에서 하늘 나라를 언급하는데, 예수는 마음이 가난한 사람, 슬퍼하는 사람, 온유한 사람, 의로운 사람, 자비한 사람, 마음이 깨끗한 사람, 평화를 이루는 사람 등에게 복이 있을 것을 말하며, 하늘 나라가 이들의 것이라고 말한다(5:1-12). 역시 살인하지 말고, 성내지 말고, 모욕을 주지 말도록 하며(5:21-22), 고소하는 사람은 법정에 가기 전에 화해하며(5:25), 음욕과 간음을 금지하며(5:27-30), 보복을 금지하며(5:38-42), 원수를 사랑하고(5:43-48), 남모르게 자선을 베풀며(6:1-4), 남을 심판하지 말며(7:1-6), 좁은 문, 곧 지혜를 깨닫고 생명으로 가는 문(7:13-14)을 언급한다.

이상에서 구약성서와 신약성서의 맥락을 보면, 하느님 나라는 내세보다는 현세에서 이루기 위한 사회 제도의 개선, 국가와 국가 사이의 평화, 개인 내면의 평화 등을 언급하고 있다는 것을 보게 된다. 그리고 이를 이루기 위해서는 끊임없는 변화와 개혁을 요구하며, 사회지도층과 기득권, 종교권력에 대해서도 비판을 가하며, 부패하고 타락하지 않도록 경고하고 있다. 개인의 깨달음과 윤리와 도덕성과 훈련도 제국의 상황에서 사회정의와 평등 그리고 평화를 이루려는 모습을 보인다. 곧 개인과 사회 그리고 영원한 내세를 통합시켜 보고 있다.

이제 불교에서 하느님 나라 개념인 '정토'(pure land)에 대해서 살펴보기로 하겠다.

석가모니의 가르침인 사성제四聖諦는 고苦, 집集, 멸滅, 도道를 말한다. 인생의 고통을 멸하는 것은 오랜 수행과 자각과 이타를 통해서 해탈에 이르는 것인데, 그 경지는 바로 정토, 혹은 불국토를 말한다.

불교에는 예토穢土와 정토淨土(pure land)라는 용어가 있다. 예토란 업과 고통이나 괴로움이 있는 더러운 곳이요, 정토란 깨달은 자인 부처나 깨닫기 위해 수행하는 보살이 사는 세계로서, 맑고 깨끗하기 때문에 어떠한 고통이나 괴로움도 없이 영원히 평안하고 안락하다. 그래서 깨끗한 세계라는 뜻이다. 정토는 극락정토極樂淨土, 미륵정토彌勒淨土, 약사정토藥師淨土, 화엄정토華嚴淨土 등을 들며, 해탈열반의 세계가 다 정토이다.[10]

정토사상이 등장하기 시작한 것은 1세기 후반에서 2세기경 인도 쿠산 왕조 무렵에 서북 인도로 보는데, 쿠산 왕조는 로마나 헬레니즘 세계와 무역이 활발했고, 상업자본이 비약적으로 발달하던 시기였다. 이 당시 초기 대승불교가 퍼지기 시작할 무렵에 정토사상을 언급하는 〈아미타경〉〈무량수경〉 등의 경전을 그 기원으로 본다.[11] 이 경전들에서 극락세계를 설명하고 있는데, "여기에서 서쪽으로 십만억 불국토를 지나간 곳에 극락이라는 세계가 있으니… 거기에 있는 중생들은 아무런 괴로움이 없으므로 극락이라고 한다."[12] 여기서 '서쪽'은 실재 존재하는 세계라기보다는 무한대의 이상적인 불국토를 말한다. 이에 대해서 장휘옥은 "본래 공간을 초월한 세계를 일부러 공간적으로 한정해서 나타낸 것"으로 해석한다.[13] 그리고 십만억 국토는 십악의 극복으로 해석하고 있다. 곧 살생, 도둑질, 사음행, 거짓말, 아첨, 이간질, 욕설, 탐냄, 성냄, 어리석음의 열 가지 악을

---

10) 석지명, 『허공을 찾아서』(서울; 불교시대사, 2002), 582.

11) 장휘옥, 『정토불교의 세계』(서울: 불교세계사, 1996), 164; 정태희, 『인도철학과 불교의 실천사상』(서울: 민족사, 1998), 117-152. 이 책에서 정토교의 사상적 배경을 잘 설명하고 있다.

12) 석지명, 584.

13) 장휘옥, 219.

극복하면, 내세에서만이 아니라 현세에서도 이를 수 있다고 한다. 결국 인간의 마음을 더럽히는 세 가지 번뇌를 탐욕 '탐貪'과 성냄 '진瞋'과 어리석음 '치癡'라 하고, 이것이 우리의 마음을 나쁘게 하는 독극물과 같다고 해서 삼독三毒이라 하고 이를 없애는 노력이 깨달음이고 수행을 하는 것이다.

극락세계를 '아미타불'로 말하는데, 그 뜻은 아미타바Amitābha는 무량한 광명, 아미타유스Amitāyus는 무량한 수명을 말한다. 그래서 무량한 수명은 시간적인 것이고 무량한 광명은 공간적인 것이다. 무량공간은 내적으로 얻어지는 무한여행, 무한자유 또는 해탈에서 얻어지며, 시간도 찰나의 깨달음에서 영원을 보려고 한다.[14]

장희옥은 정토를 두 종류로 나누고 있다: "하나는, 고뇌로 가득 찬 이 사바세계를 떠나 사후에는 보다 나은 세계에 태어나기를 원하는, 아미타불의 서방극락세계를 말한다. 다른 하나는, 자력 수행으로 깨달음을 얻는 것이 그 목적으로서, 자신의 수행을 위한 자리自利 정신뿐 아니라 남을 돕는 이타利他의 정신도 요구된다. 이런 점에서 정토란, 결코 서방에 있는 아미타불의 극락세계와 같은 외부세계에서 찾는 것이 아니라, 이 현실 속에서 대승의 수행자가 스스로 쌓아 올려 만들어 가야 하는 것이므로 이 현실을 떠나서는 정토란 있을 수 없다는 것이며, 따라서 이 두 종류의 정토는 둘이면서 하나가 될 것을 강조한다."[15] 정토는 문자 그대로 '밝고 깨끗한 국토'를 말한다. 이곳은 깨달은 자인 부처나 깨닫기 위해 수행하는 보살이 사는 세계로서, 맑고 깨끗하기 때문에 어떠한 고통이나 괴로움도 없이 영원히 평안하고 안락하다. 현재 사는 세상이 고통과 번뇌로 가득 찬 더러운 곳이라 하여 예토穢土라 부르고, 언젠가는 이 예토를 벗어나

---

14) *Ibid.*, 20.
15) *Ibid.*, 163.

영원히 안락하고 청정한 세계인 정토에 태어나기를 기대하는 이상적인 세계이다.[16]

법장비구는 수행하는 과정에서 "불국토는 한없이 넓고 청정미묘하며 비할 데가 없으며, 또한 그 나라는 영원불멸하여 모든 것이 변하지 않고 쇠미하지 않는 곳이다. 탐냄과 성냄과 남을 해치는 생각은 내지도 않고 일으키지도 않고, 감각기관의 대상인 모든 형상, 소리, 향기, 맛, 촉감, 분별하는 생각(법)에도 집착하지 않는다"[17]고 표현한다.

곧 남을 대할 때는 거짓과 아첨하는 마음이 없어 언제나 온화한 얼굴과 인자한 말로써 중생의 뜻을 보살핀다. 또한 모든 사물은 실체가 없고(空), 실체가 없으므로 차별의 상도 없고(無相), 실체도 차별의 상도 없으므로 그 대상이 되는 마음도 없기 때문에 바랄 것도 없다(無願)는 것을 말하는 삼매에 든다. 감정이나 감각적인 대상에 탐닉하거나 집착하지 않고, 인욕행을 닦아 적은 욕심에 만족할 줄 아는 소욕지족의 마음으로 삼독에 물들지 않고, 항상 온화한 얼굴과 인자한 말로써 중생들에게 육바라밀[18] 은혜를 베풀고, 삼보를 공경하며, 갖가지 수행을 한다.[19]

법장비구는 극락정토에 이르는 48가지 서원에 대해서, "'법장비구의 48원'이라 한다. 이 가운데 일부를 설명하면, 극락정토에는 고통의 연속인 지옥, 욕심과 불만에 뒤섞인 아귀, 욕망에 지배되는 축생의 삼악도가 없는

---

16) *Ibid.*, 62.

17) *Ibid.*, 80.

18) 육바라밀 : 보시는 지식이든 재물이든 아끼지 않고 무엇이든지 나누어 주며, 지계는 살생, 도둑질, 불륜, 거짓, 술 금지, 인욕은 감정을 격하게 하지 않고, 정진은 선을 행하고 악을 피하며, 선정은 정신을 통일해서 목적에 일체가 되는 것이고, 지혜는 이상의 다섯 가지를 행하면서 정신을 순화하여 만유를 유지, 통일하는 진리와 하나(一體)가 되는 것을 말한다. *Ibid.*, 82.

19) *Ibid.*, 81.

세상(1원), 피부색이 다른 인종이 우월감이나 열등감을 갖지 않고, 정토에서 최고의 황금색으로 빛나는 신체(인종 차별 타파, 평등한 사회 구현)를 가지기를 서원(3원), 용모에는 잘생기고 못생긴 구별이 없다(4원). 죄나 고통이 없고(16), 지혜를 깨달으며(25, 29, 30), 여성 존중(35), 계속 수행(36), 모든 번뇌를 끊은 아라한(39), 불국토를 보며(40), 불도 수행(41), 아미타불(42, 43, 44, 45, 46), 깨달음의 경지에서 물러서지 않는다(47)."[20]

이를 분석해 보면 정토란 인간이 가지고 있는 삼독을 없애고, 사회적인 차별과 편견을 없애며, 계속적인 수행으로 깨달음의 경지에 이른다는 것이다. 대승불교와 한국 불교에서 정토사상 역시 이러한 맥락에 서 있다.[21]

이상에서 그리스도교의 '하느님 나라'와 불교의 '정토' 개념을 살펴보았다. 양자는 공통적으로 인간 본질에 대한 깨끗함을 말하며, 이것이 사회와 국가에서도 궁극적인 평화가 이루어지길 기대하는 소망이 담겨 있음을 보았다. 이러한 평화는 강대국이 약소국을 지배하지 않을 때 가능하며, 한 개인의 진리를 향한 수행과 노력 역시 사회와 국가의 지배질서와 무관하지 않음을 발견할 수 있다.

또한 종교 간 대화 역시 종교들 사이에 공통의식을 발견함과 동시에, 지구화 상황과 제국의 상황에 대해서 공동으로 연대하는 운동도 필요하다고 본다.

---

20) *Ibid.*, 58-78.

21) 목정배, "한국불교학의 현대적 모색", (서울: 동국대학교출판부, 2000); 시즈타니 마사오, 스구로 신죠, 『대승불교』(서울: 도서출판 여래, 1995); 후지 요시나리, 『원효의 정토사상 연구』(서울: 민족사, 2001); 계환, 『대승불교의 세계』(서울: 운주사, 2005); 실천불교전국승가회, 『실천불교의 이념과 역사』(서울: 도서출판 행원, 2002); 폴 윌리엄스, 『서양학자가 본 대승불교』, 조환기 역(서울: 시공사, 2000).

6. 결론

유럽과 미국에서 보수적인 그리스도교가 처음에는 선교사를 통해서 들어오고, 신학교육에 대한 교단의 간섭과 이로 인한 보수화, 교회성장주의 등이 맞물리면서, 기독교 전반에 보수적인 분위기가 팽배해지고 있다. 다시 역으로 보수적인 선교사들이 아시아, 아프리카 등의 해외선교를 나가 서유럽의 식민지 시대와 같은 전철을 밟고 있다.

신학의 근간을 이루는 성서해석은 매우 중요하다. 그간의 성서해석은 본문의 본래 의미를 찾으려는 목적으로 고대 이스라엘이라는 시공간에만 관심을 가졌다. 그래서 본문에 나타난 사상, 법, 종교의식, 심지어 신에 대한 기대와 역할, 그리고 인간의 책임까지도 고대 이스라엘의 역사적 정황을 반영하고 있기 때문에 그 당시에 의미가 있음을 밝히고 있다. 그런데 상황이 바뀌었다. 오늘의 지구화와 제국이라는 시각과 정황에서 성서를 해석하지 않고, 고대의 문자와 오늘의 교권과 교리체계 그리고 상업화된 자본주의 방식의 교회 확장 논리에 갇혀 있다면, 성서해석은 오히려 인간에게 굴레를 주고, 근본주의에 빠뜨리게 하고, 종교와 이웃 문화에 대해서 배타적이고 공격적인 태도를 갖게 하는 데 일조할 것이다. 오늘날 지구 곳곳에서 일어나는 종교 간 폭력과 갈등에 대해서 그리스도교가 여전히 이웃 종교에 대해서 우상종교라는 고정된 관념을 가지고는 근본적으로 해결할 수 없다.

성서해석의 목적은 무엇인가? 다시 한번 근본적인 질문을 던지게 된다. 성서해석이 오늘의 지구촌 상황을 무시하고, 과거의 사고체계에 갇혀서 오늘에도 그대로 적용시킬 것을 강요한다면, 그것은 교회권력과 교회의 지배적 이념이 되고 마는 것이다. 오늘의 상황이 곧 본문이 되어야 한다. 본문이 상황을 반영한 것이므로, 이분법적 구분을 극복하고, 본문과 상황을 일치시켜야 한다. 고대 이스라엘이 제국에 둘러싸인 피해자였지만, 그리스도교를 공인한 로마제국 이후 오늘까지 그리스도교는 아시아·아프리카·남미 등 전 세계를 지배하는 지배이념이 되었다. 이 상황에서 유럽과 미국 중심의 종교적·문화적 우월주의가 깊게 스며들어 있는 아시아·아프리카·남미의 그리스도교가 새로운 신학적 통찰을 갖지 않으면, 영원한 종속의 굴레를 벗어나지 못할 것이다. 종교이념의 지배를 받게 되면 정치·경제·문화·교육 등 모든 영역에서 지배를 받게 되기 때문이다.

그리스도교가 아시아의 오래되고 다양한 역사·전통·종교·문화를 존중하고 계승하는 마음을 갖고, 아시아의 상황과 시각으로 재해석할 때 새로운 모델을 만들어 낼 수 있을 것이다. 한마디로 요약하면 한국을 비롯한 아시아 신학자들, 특히 성서신학자들이 맹목적으로 서구 그리스도교를 쫓아가는 식민지 의식과 잔영을 거두어 내는 일이 시급한 과제인 것이다. 끝으로 한국 그리스도교, 성서신학자는 더 이상 구약의 신명기 사고에 갇혀 폐쇄적이고 배타적인 태도를 버리고, 동양사상, 동양의 종교들과 마음껏 교류하고 사상적인 공감대를 이루면서 상생의 태도로 21세기에 부응하는 새로운 책임과 도전을 감당해야 할 것이다.

* 이 글은 성공회대학교신학연구원 편, 『제국의 신』(서울: 도서출판 동연, 2008)에 실린 논문이다.

II부

구약성서의 하느님 새로 보기

1장 우상숭배 금지의 족쇄 풀기

우리는 인류문명사에서 큰 전환점이 될 수 있는 21세기, 새 천년이 시작되는 시기에 살고 있다. 현재에도 고대의 문명과 문화, 그리고 종교와 사상이 지속되고 있으며, 앞으로도 계속 이어질 것이다. 이 21세기 문명을 흔히 해체주의, 포스트모던 시대, 탈권위 시대라고 말하는데, 우리는 근대 문명이 보여주었던 제국주의와 세계대전, 그리고 봉건적 권위에서 벗어나는 문명의 전환점에 서 있다. 그러나 종교는 여전히 권위주의 시대를 누리고 있으며, 사상적 제약과 교리적 굴레에 갇혀 나오지 않고 있다. 종교가 제도화되고 기득권을 누릴 때, 이러한 필요성을 느끼지 못하며 현실에 안주하고, 오히려 교리에 훼손을 받을까 폐쇄적인 자세를 더욱 두텁게 하는 경향인 것이다.

처음에 종교들은 자연과 우주 속에 있는 인간의 실존 문제를 해결하려고 출발했지만, 시간이 지나면서 제도화되고, 고정되고, 교리화되고, 절대화되면서 오히려 인간을 구속하고 지배하는 역기능을 보였다. 그래서 여러 종교들은 자기 틀 속에 갇히게 되었고, 다른 종교들에 대해서 배타적인 속성과 갈등을 보이면서 자기 확대를 이루어 왔다. 물론 각 종교의 경전은 인간에 대한 한없는 자비와 사랑 그리고 용서와 관용을 보여주고 있지만, 이는 자기 종교의 범주 안에서만 가능한 것이었으며, 이를 넘어서기란 사실 어려워 보인다. 이러한 경향은 각 종교의 학문 영역에서도 같은 흐름을 보이고 있다.

근·현대사를 되짚어보면 유럽 국가들이 아프리카와 아시아, 남미를 식민지로 지배했던 제국주의 시대에 그리스도교는 식민지 백성의 정신과 문화를 빼앗는 데 앞장서 왔음은 이미 밝혀진 사실이다. 그리스도교는 전 세계 어디를 가든지 '성경과 제국주의'를 앞세워 1천오백여 년 내내 넘도록 토착 문화와 토착 종교를 무시하고 말살하면서 '선교'를 했다. 그래서 서양의 제국들은 제국주의를 확대하고 서양 문화의 우월성을 심는 데, 그리스도교를 앞세웠다. 1960년대 이후 서양 그리스도교에서 반성의 소리가 나오고 있다. 한국에서도 그리스도교는 서양 문화와 과학의 우월성을 무기로 불교와 토착 문화와 종교, 사상 등에 대해서 공격적인 태도를 보였다. 여기에는 서양의 보수적인 선교사와 그 영향을 받은 교회가 그 역할을 했다. 그 결과 지금까지 한국에서는 종교 간의 대화가 단절되어 있고 갈등이 잠복되어 있다.

20세기 말, 소비에트 연방이 몰락하고 중국이 개방을 하면서 이념적 논쟁과 대립이 와해되자, 종교 간, 문명 간의 갈등이 수면 위로 올라오고 있다. 최근 몇 년 사이에 그리스도교와 이슬람의 충돌이 연일 세계의 주요 시사로 자리 잡고 있다. 종교 간 대화를 위해 노력하는 독일 신학자인 한스 큉Hans Küng은 "종교 간 평화 없이 세계 평화 없다"라는 구호를 내세우며 종교 간 화해와 평화를 위한 학문적 노력을 하고 있으며, 세계의 NGO

종교단체들이 현장에서 사회적인 이슈들을 갖고 평화를 위한 종교 간 대화를 만들어 나가고 있다. 그리고 보다 근원적으로 종교의 경전들과 전통 사상들 사이에 학문적 대화가 생겨나고 있다.[1)]

서양과 달리 한국에서는 종교 간 대화의 역사가 매우 짧으며, 연구 자체를 금기시하는 경향들이 여전히 팽배해 있지만, 그리스도교와 종교들 사이에 대화를 시도하는 경향이 빈번해지고 있다.

구약성서의 배타성, 곧 야웨 종교가 자신을 지키기 위해서 제국들과 가나안 지역의 종교들에 대해서 우상숭배를 못하도록 규정하고, 그들의 신상들을 자르고 불에 태운 장면들은 로마제국이 그리스도교를 합법화한 이후에 타민족들과 종교들을 끊임없이 괴롭히고 지배하는 데 사용되었다. 성서의 글귀 하나가 종교적 신념을 갖게 하여 갈등과 폭력과 전쟁을 끊임없이 일으킨다면 우리는 큰 틀에서 재해석하고, 그 핵심 고리를 재해석하고 차단함으로써 종교 간 평화를 이루어 나가야 할 것이다. 그래서 필자도 이 내용에 갇혀 종교 간 대화를 시작하는 단계에서 여러 번 주저하게 되었다. 기독교인에게 이것은 거대한 절벽이며 넘을 수 없을 것 같은 높은 산이다. 하지만 생각이 바뀌면 아주 쉬운 일이기도 하다. 절대시했던 것이 어느 순간에 아주 평범하고 일상적인 것이 되면 그 굴레에서 쉽게

---

1) 종교는 경전을 핵심으로 하며 발전해 왔기 때문에, 경전에 대한 전통적인 해석의 틀에서 차이들을 보이거나 벗어나면 매우 민감한 반응을 보였다. 특히 근본주의 신앙을 가진 자가 경전을 해석할 때는 매우 위험한 결과를 초래할 수 있다(방화, 자살, 테러 등). 하지만 이것은 수면 위에 오른 일들에 불과하며, 사실은 각 종교의 경전 연구가들은 이미 자기 종교의 지속성과 영속성을 강조하기 위하여 경전에 대한 해석을 제한되게 해석하는 경향을 보여왔다. 또한 종교의 내부를 지배하는 종교의 정치적 이데올로기가 경전에 대한 해석을 소극적인 자세를 갖게 하며, 제한적인 틀 안에 가두어 버리는 경향이 크다. 그래서 다른 종교들에 대해서 무지하고 관심이 없으며, 만약 관심을 조금이라도 갖는다면 이단시하며, 극단적으로는 종교적 교리와 종교적 권력을 통해 이러한 관심의 싹을 없애려는 것이 한국을 비롯한 세계 종교계의 일반적인 현상이다.

벗어나고 자유로움을 얻을 수 있기 때문이다. 그래서 절대시해 온 '우상숭배 금지'를 넘어서지 않고는 기독교에서 성서를 연구하는 학자는 물론이고, 기독교의 지도자들, 그리고 일반 기독교인들이 종교 간 대화를 통한 열린 자세를 갖기는 사실상 어렵다.

여기서는 기독교와 종교들이 상생하기 위해서는, 먼저 반드시 넘어야 할 가장 높은 장벽을 형성하고 있는 구약의 '우상숭배'에 대한 재해석을 시도하고자 한다.

1. 구약의 우상숭배 금지

종교 간 대화에 가장 큰 걸림돌이 되는 것은 기독교, 특히 구약에서 다른 종교들에 대한 '우상숭배 금지'에 관한 선언이다. 이에 대한 배경을 폭넓게 다루어 봄으로써 그 본질을 정확히 이해할 때 과거에 무분별하게 남용하고 무조건 배척했던 자세를 반성하고, 오늘 상황에서 정확한 적용이 무엇인지를 생각해 볼 것이다.

한 점에 불과한 이스라엘은 주변에 거대한 제국 국가인 이집트와 바빌론 제국들 속에서 그들의 종교와 신들이 당연히 들어와 지배하는 상황이었다. 이때 '우상숭배 금지' 선언은 이스라엘 종교의 주권을 회복시키는 것이며, 동시에 이것은 제국주의에 맞서 이스라엘 민족의 정신적 정체성을 지키는 최후의 수단이었다. 이러한 양면성, 곧 방패의 시대에는 생존을 위한 정체성을 지키는 구심력을 가졌으나, 창의 시대에는 공격성과 폭력성을 갖고 원심력으로 확장해 온 우상숭배 금지 규정에 대해 어떻게 접근할 것인가? 이것은 단순히 종교적인 차원에서 그 율법 하나를 분리시켜 보아서는 안 되며, 이것이 갖는 당시의 주변의 제국이라는 상황과 관련지어 조명해야 한다. 그렇지 않을 경우, 문자에 제한받고 근본주의적인 해석을 하게 되어, 다른 사상과의 교류를 엄격히 차단하는 결과를 초래해 왔기 때문이다.

이스라엘 종교가 형성된 것은 어느 순간에 하늘로부터 뚝 떨어져 내려와 독창적으로 만들어진 게 분명 아니다. 이집트와 메소포타미아, 그리고 가나안이라고 하는 팔레스타인 지역은 모두 공통적으로 지중해권의 신들의 세계였으며, 이스라엘 종교는 그 한복판에서 주변 종교들에 직·간접으로 영향받아 형성된 것이다. 곧 고대 근동 지역, 특히 가나안 지역의 다신多神 종교들의 환경에 있던 주변 국가들의 종교의식과 사상, 종교 절기, 신화, 종교 문학 등을 적극 수용했으며, 이를 토대로 성장하고 발전했던 것이다.[2] 이러한 관점에서 이스라엘 종교의 형성 과정을 살피고, 이 주제에 대한 의미를 살펴보려고 한다.

제국의 종교들

나일 강 유역의 고대 이집트의 종교는 다신교이며 고대 이집트인들의 세계에는 신들의 존재가 깊이 스며들어 있었다. 기원전 16세기경 국가가 매우 복잡하게 된 이후에는 행정적인 활동과 상업적인 활동을 제외하고는 종교적인 생활과 세속적인 생활의 구분이 없을 정도였다. 그 결과 모든 것은 신들의 활동으로 생각되었다.[3] 이집트의 종교적인 특징은 이집트인

---

2) F. M. Cross, *Canaanite Myth and Hebrew Epic* (Massachusetts: Harvard University Press, 1973).

3) Th. C. Vriezen, *The Religion of Ancient Israel* (Philadelphia: Westminster, 1967), 31-45 참조.

들이 죽고 사는 신에 대한 신앙을 갖고 있다. 왕은 신성하며 동물을 숭배하는데 많은 신들이 동물의 형태를 띠고 있고, 이집트의 신화에는 태양신이 창조한 우주의 이야기가 있는데 그는 스스로 생명을 갖는 상징이자 모든 만물의 근거가 되고 있다. 이집트 종교도 창조와 자연과 생명의 삶, 죽음에 대한 종교적인 이해를 가지고 있었다.

한편 메소포타미아 지역의 바빌론 종교는 이집트의 종교와 달리 이원론적인 모습을 띠고 있다. 세계는 혼돈과 질서 사이의 투쟁의 결과로 생성되었는데 만물은 투쟁으로 생성되고 투쟁을 다시 극복함으로써 만물의 사람은 갱신된다. 이러한 사고의 배경은 나일 강보다 메소포타미아 지역의 강들이 더 거칠기 때문에 바빌론 인들이 자연의 힘을 극복하기가 어려웠던 것에서 기인한다.[4]

아람 인들은 고대 근동사에서 셈족의 후대 지류이며, 12~13세기 말 서부지역을 차지하였다. 이들의 종교는 사막종교의 특징을 지닌 하닷드 Hadad라고 하는 '폭풍과 기후'의 신이 있다(열왕기상 11장, 창세기 36:38). 이 신은 매우 오래된 북부 셈족의 신으로 아람 인들이 서부지역에 정착하면서 유입했던 것으로 본다. 이 신은 페니키아 지역에서 풍요의 신인 바알과 같이 등장하기도 한다. 그리고 야후Yahu라는 신은 이스라엘의 야웨 Yahweh 이름과 유사하다. 그리고 이스라엘의 요르단 접경지역에 있는 암몬, 모압, 에돔의 작은 국가들도 문화적으로 이집트와 메소포타미아의 영향을 크게 받았다.

4) *Ibid.*, 50-60.

이스라엘 종교

이스라엘은 주변 국가들이 다신론을 배경으로 하고 있다. 이스라엘 종교가 이들로부터 신화, 건축, 제사의식, 제사 도구, 종교 절기, 신의 성격, 우주, 자연, 사상, 철학(이원론) 등의 영향을 받고 태동한 것은 당연하며, 종교혼합주의syncretism라는 것은 어느 종교에서나 당연한 현상이다. 마치 야웨 종교만이 독창적이고, 순수하며, 다른 종교들에 감염되지 않았다고 하는 것은 잘못된 견해이다. 만약 이스라엘 종교가, 구약성서가 주변 국가의 종교·문화·사상 등에 대해서 전혀 영향을 받지 않고, 독자적으로 형성되었다면 어떠했을까를 가정해 본다. 그럴 경우, 구약성서가 비록 하느님의 계시를 받아 형성되었다고는 하지만, 필자는 매우 빈약하고 초라한 문서가 되었을 것이라 생각한다. 실제로 이스라엘 종교도 주변 국가들의 종교와 문화·제도·사상 들과 많은 교류를 경험하며 형성되었고, 풍부함을 보유할 수 있었던 것이다. 그러면서 야웨 종교는 자신의 주체성을 세워 나간 것이다.

이스라엘 종교로 들어와 보면, 야웨Yahweh와 엘로힘Elohim이 구약에 등장한다. 구약은 유일신이라고 하지만, 과연 하나의 신인가? 두 신명은 서로 다른 성격을 보이고 있으며, 유일신을 강조하는 신명기 저자에 의해 의도적으로 통합되는 것을 보게 된다(Yahweh-Elohim). 야웨 신이 바알 신의 성격과 유사하여, 사람들 일상생활 속에 구체적으로 관여하고, 축복하고 응징하는 역할을 보인다. 반면 엘로힘은 우주적인 성격을 보이면서, 포괄하는 모습을 띤다. 가나안 종교에서 만신전pantheon의 명목상 최고 신은 엘El인데, 실제적인 신은 바알Baal이었다. 엘로힘은 최고 신인 엘의 영향을 받고, 우주의 창조자로서 모습을 보이며, 야웨는 실제적으로 자연과 인간사에 관여하는 바알의 성격을 보인다.

하지만 야웨는 고대 근동의 신들과 달리 다음과 같은 특징을 가지고 있다.5)

고대 근동의 신들의 모습은 별부터 동물에 이르기까지 여러 형태로 나타나지만, 인간이 야웨의 형상대로 창조되었다고 보아 인간 모습을 갖는 것으로 인식된다. 그래서 야웨는 사랑과 미움, 기쁨과 슬픔, 용서와 복수 같은 인간적인 성격을 갖는다. 야웨를 인간의 감정과 행동을 가진 인간으로 이해했던 것이다. 야웨는 열정적이면서도 격노하는 성격이 있다. 즉 그는 조용하고 비밀스럽게 지배하는 것이 아니라 맹렬하게 개입한다. 야웨는 무조건적인 믿음과 절대적인 복종을 요구하는 도덕적인 목적을 지닌 하느님이다. 그는 정의와 윤리와 도덕의 하느님이다. 그의 요구는 인간이 그에 대한 관계뿐만 아니라, 사회와 이웃에 대해서도 관심을 갖도록 한다.

제국에 맞서는 유일신과 우상숭배 금지

종교가 정치·사회·문화·자연에 이르기까지 전 영역을 지배하고 있는 시대에 제국의 정치와 군사적 힘은 약소국가를 점령하거나 봉신국가로 만들며, 이때 제국의 종교 역시 주변의 봉신국가들의 종교를 지배하는 것은 일반화되어 있었다. 이스라엘의 왕정 역사도 역시 제국들에 봉신을 할 수밖에 없었다. 제국은 자기 종교의 지배를 통한 봉신국가들의 통제로 봉신국가 사람들의 의식을 통제할 수 있고, 제국을 신봉할 수 있게 하였다. 또한 비가 거의 내리지 않는 척박한 사막의 자연환경에서 유목문화나 농경문화는 어느 것 할 것 없이 자연에 의존적이 될 수밖에 없다. 가축과

---

5) G. Fohrer, 77-79

농사에서 다산多産의 물질적인 풍요는 어느 시대를 막론하고 종교의 근간을 이루고 있다. 다산은 생존을 위해서 제일 중요한 가치 중에 하나이다. 초기 이스라엘 종교는 그 발전사에서 가나안 지역과 바빌론, 이집트 등의 종교와 문화, 건축, 제사, 축제, 문학양식, 법 등에 대해서 이미 받아들인 상태이다. 이스라엘의 야웨가 가나안의 풍요와 다산의 상징인 바알 종교에 대해서 민감하게 거부하는 이유는 새로운 성 윤리, 도덕관을 세워나가는 데 주요 걸림돌이 되기 때문이다.

이렇게 주변 정치와 자연의 현실은 이스라엘을 자유롭지 못하게 하며, 언제나 국가적 존망을 위협하는 위기의 요인이었다. 이러한 상황에서도 이스라엘이 제국 국가들의 종교들과 신들에 굴복하지 않고, 유일신 선언과 우상숭배 금지를 선언했다는 것은 제국들에게 국가적인 독립을 선언하는 것으로 약소국가로서 국가와 민족의 존립에 관한 중차대한 주제였다. 약소국가의 신인 하느님은 주변 국가들과 제국들의 신에 맞서서 최고의 신 자리에 올라서, 약소국가인 이스라엘을 이끌어 가고 있다. 그러면서 이스라엘 백성들이 강대국과 그들 종교들에 원심력으로 빨려들어 가지 않도록 언제나 이스라엘 백성과 줄다리기를 하고 있다. 그러므로 이스라엘 종교에서 유일신 사상과 우상숭배 금지 개념은 그 시대에 제국에 맞서는 정치적·종교적 저항이라는 관점에서 이해해야 할 것이다.[6)]

그렇다면 더 좁혀서 우상숭배의 직접적인 원인이 되는 가나안 지역의 종교를 보기로 하자.

가나안 문화는 이집트의 국경지대부터 북쪽 라스 샤므라Ras Shamra에까지 미친 큰 문화권이었다.[7)] 그 물질문명은 주목할 만했다. 도시들은

---

6) Eun-Kyu Kim, "The Prohibition of Idolatry and the Rejection of Empire", *Interreligious Insight*, Vol. 3, No. 3, July 2005. 41-48.

훌륭하게 건설되어 견고한 방위시설과 배수시설을 갖추었고, 귀족들의 저택들도 발견되고 있다. 그들은 이집트와 메소포타미아와 에게 해 섬들과도 교역을 하였다. 이 지역의 주요도시들 가운데 한 곳이 우가릿이었다.

– 우가릿 가나안 종교

시리아 북쪽 해안에 인접해 있는 우가릿Ugarit은 기원전 14세기 아마르나Amarna 시대에 있었던 한 왕국의 수도였으며, 지중해에 인접한 항구도시였다. 해안에 있었기 때문에 우가릿은 국제무역의 중심지였다. 우가릿이 중요한 이유는 고대 근동 지방의 종교를 이해하는 데 중요한 고고학적인 증거들을 뒷받침하고 있기 때문이다. 이곳에서 발견된 문서들은 고대 근동 언어학에 대한 지식뿐만 아니라 역사적·정치적·종교적 의미를 지닌다.[8)]

우가릿 문서의 발견은 다음의 세 가지 점에 기여하였다. 첫째, 우가릿 문서가 기원전 14세기 이전의 가나안 지역의 상황을 잘 반영하고 있으며, 둘째, 우가릿 문서에는 가나안 신화와 전설이 시와 산문으로 기록되어 있다. 셋째, 우가릿 문서는 구약에 나타난 가나안 신화와 종교를 연구하는

---

7) H. H. Rowley, *Worship in Ancient Israel: Its Forms and Meaning* (London: S.P.C.K., 1967), 13, 256. 특히 시리아 북쪽 해안에 인접해 있는 우가릿(Ugarit) 도시문명은 이스라엘 종교에 신관, 예배의식, 관습, 시문학 등에 많은 영향을 주고 있다. 이에 관한 기록들은 G. E. Wright(ed), *The Bible and the Ancient Near East* (New York: Doubleday & Company Inc., 1961), 453; Walter Beyerlin, *Near Eastern Religious Texts relating to the Old Testament* (London: SCM Press, 1978), 185-89을 참고; Anton Jirku, *The World of the Bible* (London: Weidenfeld and Nicholson, 1957), 12-15. 가나안 지역의 도시들이 이집트의 영향력에 있었지만, 팔레스타인 지역에서 상당한 힘을 가졌다고 한다.

8) Walter Beyerlin, *Near Eastern Religious Texts relating to the Old Testament* (London: SCM Press, 1978), 185-89.

데 결정적인 도움을 주고 있으며, 나아가서는 구약에 나타난 신관 이해, 예배의식, 관습 그리고 시문학 양식 연구에 크게 기여를 하고 있다.[9)]

우가릿 문서는 크게 시 부문과 산문 부분으로 분류할 수 있는데, 시 부분에는 신들을 주인공으로 하는 바알 신화, 케렛krt, 아캇Aqht, 신들의 탄생 등의 이야기가 담겨 있다. 우가릿에서 발견된 고고학적인 증거들은 성전, 제단, 제의적 도구들, 장례지들, 의식 규례들, 신 등이 발견되고 있다.[10)] 우가릿 인들은 가나안 인과 후리아Hurrian 인 간에 혼합이 있었고, 후리아의 신화는 시리아-팔레스타인 해안지역에 영향을 주었다.

우가릿 문서들은 가나안 종교에 대한 한 가지 결론을 유추하게 한다. 이스라엘 인들이 팔레스타인에 들어가면서 팔레스타인의 종교를 발견했고, 동시에 그들은 그 종교에서 많은 영향을 받았다는 것이다. 이 우가릿 문서에 나타난 가나안 종교는 고대 근동의 종교들과 유사점을 보이고 있지만, 그 자체의 독특한 특성을 가지고 있다. 가나안 종교는 도시국가에 조직된 문명에 의해 고착된 민족의 종교이며 풍요의 종교이다. 그것은 육감적이며 광적이며 잔인한 모습을 띠고 있다. 우가릿 문서에는 고대 풍요신들과 관련된 신들의 모습이 나온다. 바알의 모습을 하나의 풍요신으로 보는 견해가 가장 타당한 해석이다.

가나안의 종교는 농사문화에 바탕을 둔 풍요제의(생식 숭배)의 일종이었다.[11)] 만신전pantheon의 명목상의 최고 신은 엘El이지만, 가장 실제적인 신은 바알Baal이었다.

---

9) G. E. Wright(ed), *The Bible and the Ancient Near East* (New York: Doubleday & Company Inc., 1961), 453.

10) G. Fohrer, *History of Israelite Religion*, 45.

11) S. H. Hooke(ed), *Myth, Ritual and Kingship* (Oxford: Clarendon Press, 1958) 122-48.

기원전 1280년경 이스라엘은 이집트에서 탈출하여 가나안 지역에 정착하기 시작하였다. 그들은 가나안 지역의 종교와 갈등을 겪기도 하고 동화되기도 했다. 가나안 정착 때까지 반유목민들이었던 이스라엘 백성들은 자신들의 삶의 양식을 크게 변화시켜야 했다.[12] 그들이 정착함에 따라 바알을 숭배해야 하는 압력에 직면하였다. 이스라엘 백성들의 야웨는 농사와 관련이 없었다. 야웨는 족장시대로부터 한곳에 정착한 신이 아니라 족장들이 옮겨 다니는 곳을 따라 이동하는 신이었기 때문이다. 이러한 문제들로 초기 이스라엘에서 오랫동안 동화와 거부 현상이 일어났다. 그들은 정착 과정에서 기존에 이미 존재하는 지역의 토착신들과 접하게 되었고, 토착민들의 농사에 영향을 주는 신에게 고의로 복종하거나, 본의 아니게 종속되게 되었다. 이스라엘 인들은 팔레스타인에 정착하면서 팔레스타인의 토착 종교의 영향을 받았다. 이것을 조금 더 구체적으로 확인해 보기로 하겠다.

2. 가나안 종교의 수용

신의 명칭 수용

엘[El]이란 용어는 가나안 만신전의 최고 신을 가리키며 "인간들의 아버지", "신들 중의 신"으로 알려진 고유명사이다. 이 신의 명칭이 구약의 족장설화들에서 기술적으로 연결되고 있다. 물론 구약 전승은 이 모든 칭호들을 한 분 하나님, 이스라엘의 하나님 이름으로 다루었다("이스라엘

---

12) F. E. Eakin, *The Religion and Culture of Israel* (Boston: Allyn and Bacon, Inc., 1971), 198.

의 하느님 엘", 창세기 33:20).[13] 엘의 용어는 복합명칭으로 나타난다.[14] 엘 샷다이'el sadday는 '충분한', '모든 것을 아는', '전능한'의 의미를 갖는 칭호로 족장들이 보편적으로 사용한 신에 대한 명칭이다.[15] 엘 엘리온은 'el elyon은 '높은, 최상의, 존귀한'이라는 의미로 사용되며(신명기 26:19), 엘 올람'el olam은 '영원한'의 뜻이 담겨 있다(창세기 21:33). 이처럼 이스라엘 종교는 가나안의 최고 신인 엘을 여러 형태로 응용하여 사용함으로써 자신의 우월성을 표현하려고 했다는 의도를 볼 수 있다. 동시에 무명의 지역 신인 야웨(YHWH)의 이름을 이들과 함께 섞어 사용함으로써 최고의 자리로 동반 상승한 흔적을 볼 수 있다. 우가릿 문서의 발굴은 이스라엘의 종교와 문화가 이상에서 나온 것이 아니라는 점을 가르쳐 주고 있다. 히브리 인의 신 개념에 어느 정도 영향을 받았다는 것이 확실하다. 야웨는 가나안 종교에서 여러 신들에 각각 부여되었던 모든 역할을 감당하였다.

초기 이스라엘 종교는 엘의 영향만이 아니라 바알 신의 영향도 받고 있다.

우가릿 문서를 통해 나타난 신들은 기원전 20세기경에 이집트에 알려졌으며, 바알은 기원전 16~13세기 말에 이집트에 알려졌다. 그런데 출애굽 사건의 연대를 대략 13세기 초·중엽으로 볼 때 이스라엘이 이집트에

---

13) 이 엘의 용어는 소유격 복합어를 동반하는데, 예를 들면 "지식의 엘(하느님)"(사무엘상 2:3), "구원의 엘(하느님)"(이사야 12:3)로 표현되고 있으며, 형용사나 분사로 쓰여 야웨는 위대하신(신명기 7:21), 자비로우신(출애굽기 34:6), 용서하시는(시편 99:8), 질투하시는(출애굽기 20:5) 엘(하느님)이시다; F. E. Eakin, *The Religion*, 200-201; F. M. Crosss, *Canaanite Myth*, 156-63.

14) F. M. Cross, *Canaanite Myth*, 44-75.

15) 창세기 17:1; 28:3; 35:11; 43:14; 48:3; 49:25.

있는 동안 바알 종교를 접했을 가능성이 크다.[16] 또한 후기 청동기 시대에 이미 팔레스타인 지역에 가나안의 다산 제의가 성행했다는 고고학적 발굴 결과로 볼 때 바알 종교는 이스라엘이 가나안을 정복하기 전에 이미 이집트와 가나안 지역에 널리 퍼져 있었다고 볼 수 있다.[17] 바알 종교는 자연의 세력에 의해 지배받고, 농업의 풍요다산에 의해 그 생존이 좌우되던 농경민족이 섬기던 종교로 자연종교이며, 농업종교라는 사실이 확인되었다.[18]

엘과 바알의 관계를 보면, 엘은 영원하며 변화가 없는 정적靜的인 왕이며, 바알은 역동적인 왕이다. 엘은 명칭뿐인 우가릿 만신의 수장인 반면, 바알은 분명히 백성들이 숭배하는 지도력 있는 신이다. 바알 신상은 그의 존재가 고대 근동 세계에서 힘과 다산의 상징이 되는 소로 묘사되고 있다. 바알을 숭배한 백성들은 기본적으로 생명이 풍요에 의존한다는 사실을 깨달은 농경 백성이었다.[19]

가나안 땅에 정착한 이스라엘 인들은 유목문화에서 농경문화로 그들의 생활양식을 바꾸어야 했다. 이런 과정에서 그들은 유목민족의 신인 야웨(YHWH)를 재평가하게 되고 농경문화의 신인 바알을 초기에는 아무런 갈등 없이 수용하였고 야웨와 공존하였다. 초기의 이스라엘 인들은 야웨와 바알을 동시에 섬겼다. 이러한 현상은 바알 신 명칭이 있는 도시

---

16) F. E. Eakin, "Yahawism and Baalism before the Exile", *JBL*, 84, (1965), 408. W. F. Albright, *Archaeology and the Religion of Israel*, 42-43.

17) N. P. Lemche, *The Canaanites and Their Land* (Sheffield: JSOT Press, 1991), *Ancient Israel* (Sheffield: JSOT Pres, 1988), Ch. 6, 197-257. 저자는 구약이 우가릿 문서(Ras Shamra) 신화에 영향을 받았지만, 성창과 풍요 다산을 거부함으로써 야웨 종교가 독창성을 갖게 되었다고 말한다. 그리고 신명기적 해석은 가나안 종교를 거부했다.

18) F. M. Crosss, *Canaanite Myth*, 156-63.

19) F. E. Eakin, *The Religion*, 203.

명에서 볼 수 있다.[20] 초기 이스라엘에서 바알과의 혼합현상은 가나안 사람들과 결혼을 통해 있었고, 이스라엘 백성은 광야 생활에서 야웨에게 의지하였던 것이 정착한 이후 농사의 풍요에 대한 사상은 바알을 숭배하게 만드는 요인이 되었다. 정착 후 시간이 흐르면서 야웨의 예배는 가나안화되었고 바알 신의 특성이 야웨의 이름에 덧붙게 되었다.

한편 가나안 사람들이 즐겨 다루는 주제들과 가나안의 운율과 언어가 시편에서 흔히 발견된다는 사실을 들 수 있다. 구약의 시편 9, 29, 46, 88, 93, 96~98편에서는 '하느님의 왕권'에 대해서 소개하고 있다. 그런데 이것은 '야웨의 날'이라는 개념에서 발전한 주제이다. '야웨의 날'은 혼돈의 힘(the powers of Chaos)과 싸워서(이사야 2장) 승리한 날을 의미하는 말로서 바알이 물과 싸워서 승리하고 그의 왕권을 차지한 것을 말하는 바알 신화의 주제를 발전시킨 것이다. 야웨의 속성은 시편 29, 93편에서 야웨가 바알의 속성으로 묘사되고 있다. 이것을 통해 가나안 인들이 이스라엘에 대해 지대한 영향력을 발휘한 것을 볼 수 있다. 이렇게 보면 초기 이스라엘 인들은 가나안의 종교문학 형태와 표현뿐만 아니라 가나안 종교의 사상까지도 받아들인 것이라고 볼 수 있다.

성소, 제의, 생활양식의 수용

가나안의 신들은 여러 도시에 하나씩의 성소를 가지고 있다. 팔레스타인 지역은 작은 공동체들이 분산되어 있으며, 따라서 각 지역에서는 특별한 신을 섬기고 있었다. 작은 마을이나 도시들에서 바알 종교는 최고를 영위하였다. 가나안의 신들은 도시 안에 세워진 궁전과 사원 등 성소에

---

20) 민수기 25장 - 바알브올, 사사기 6:32 - 여룹바알, 역대상 8:33 - 에스바알, 8:34 - 므립바알, 사무엘하 2:8 - 에스보셋, 4:4 - 므비보셋.

머물렀다. 성소의 위치는 도시에서 가장 높은 언덕 꼭대기에 위치하는 것이 보통이었다. 이 성소 안에는 신들의 동상과 동물의 모습들 등의 종교적 제의 기구들이 있다.

바알 신화를 보면 바알이 승리를 축하하기 위해서 자판Sapan 산에 자기의 신전을 짓는 내용이 있다. 자연종교인 바알 종교는 신전에서 정기적인 종교의식과 희생제의 행위를 통해서 자연현상 가운데 질서의 승리를 계속해서 확인해 나가는 것이다.21) 이와 비슷한 성서의 예는 출애굽의 '바다의 노래'로 바알 신화에서 구조를 빌려 야웨의 승리를 성소 건축으로 표현하고 있다.22)

농사 종교의 목적은 작물 생산에 신이 축복하여 작물을 보호하고 수확을 많이 내는 데 있다. 이러한 이유로 인간은 정성을 들여 신을 모셔야 했으며, 그 결과는 제의의 형태로 나타났다.23) 이 제의는 농사력과 긴밀한 관계 속에서 행해졌다. 고대 근동의 가나안 종교에는 농사 축제가 봄과 가을에 행해졌으며 이때 주술적인 제의들이 있었다. 우가릿 문서에는 'Tishri의 달'이 있는데 왕이 이때 희생 제물을 드렸던 신년 축제 절기라고 한다. 이것은 이스라엘에서 속죄일과 밀접한 관계가 있다. 몇몇 제의의 제도들 역시 이스라엘 인들이 가나안 인들로부터 인계받았다. 예컨대 가을의 신년 절기를 들 수 있는데, 이것은 후대에 와서 초막절이 되었다.24) 초기 이스라엘 백성들은 후대에 그들의 생활력을 보존시켜 나가기 위한 행동, 태도, 개념 들을 가졌다. 그들의 종교적 토대는 신앙으로 통합되었

---

21) W. Beyerlin, *Near Eastern Reigious Texts*, 196-99.

22) 출애굽기 15:1-18. F. M. Cross, *Canaanite Myth*, 156-63.

23) W .O. E. Oesterley, *Hebrew Religion*, 180.

24) R. de Vaux, *Ancient Israel*, 491, 494, 501. 그는 구약의 무교절, 칠칠절, 초막절이 가나안 정착 후 가나안 인으로부터 인수받은 것이라고 주장한다.

고, 후기에는 예배로 통합되어 유지되었다.[25]

이러한 초기 이스라엘의 제의와 절기 그리고 예배의 기원이 되는 초기 이스라엘의 종교적인 모습은 그들이 팔레스타인 정착 때에 가지고 온 것으로 가나안과 앗시리아, 바빌론, 이집트의 신비적인 주문, 관념, 행동들을 보충시켰다. 그 가운데 가장 중요한 것은 신비적인 주문이다. 이 주문은 축복이나 저주로서 일반 사람들이 운율을 가지고 낭독하며, 초자연적인 힘으로 낭송되었다. 가장 초기의 종교 지도자는 마술사, 예언자, 시인이며 사제였을 것이다(사사기 5:12). 열왕기상·하의 예언은 원시문화의 잔재로 보는 것이 타당하다.

또한 바알 종교에는 희생제의가 발달했다. 이 희생의 의미는 신에 대한 선물이며, 신과 그의 숭배자들이 나누는 보통 식사이다. 또한 죄의 면제의 의미를 갖고 있다. 숭배자들은 신이 실제로 먹는다고 생각했다. 바알 종교의 희생 제물 종류는 들소, 나귀, 양, 화소, 수사슴, 산양 등이다.[26] 구약에 나타난 제의는 크게 속죄제, 번제, 화목제 등 세 가지로 구분해 볼 수 있다.[27] 그런데 우가릿 문서에는 희생제의에 대한 규정이 잘 나타나 있는 것으로 미루어 볼 때, 이스라엘은 가나안의 종교문화와 형식을 받아들이고 있음을 알 수 있다. 구약에서 이 용어는 사무엘상 11장 15절, 출애굽기 20장 24절, 아모스 5장 22절, 여호수아 8장 31절, 신명기 27장 7절, 레위기 10장 14절 등에서 발견되며, 이스라엘의 오백여 년 역사에 걸쳐 나타나고 있다. 제의에 대한 연구를 통해 볼 때 내릴 수 있는 결론은 구약의 제의가 반드시 모세의 법에서 시작되었다고 볼 수 없으며, 가나안의 기원

---

25) G. Fohrer, *The History of Israelite Religion*, 33-34.

26) *Ibid.*, 181.

27) H. H. Rowley, *Worship in Ancient Israel*, 256.

을 갖고 있다는 점이다. 이렇게 이스라엘은 주변 세계에서 농사와 관련한 여러 가지 의식들을 채용하였음을 본다.

이스라엘 백성들의 생활과 관련한 종교의 모습을 보면 할례가 있다. 이 할례의 기원은 암몬, 모압, 에돔에서도 발견되고 이집트에서도 할례가 있었음이 확인되고 있다. 그리고 할례는 남성 의식으로 결혼의 시작을 의미한다(창세기 34:14).

그리고 가나안 종교는 도시국가에 조직된 문명에 의해 고착된 민족의 종교이며, 풍요의 종교이다. 그것은 육감적이며 광적이며 잔인한 모습을 띠고 있다. 우가릿 문서에는 고대 풍요신들과 관련된 신들의 모습이 나온다. 풍요의 제의인 가나안 종교는 고대 근동에 널리 퍼져 있었던 거룩한 매음과 관계가 깊다. 바빌론에서는 거룩과 매음 사이에 구별이 없을 정도이었다. 농경문화에 바탕을 둔 풍요의 종교는 전체의식이 마술적이었으며, 미성숙한 모습이었다. 이러한 사실은 제의에서 제의적 매춘을 행한다든가(사사기 2:17; 예레미야 7:9; 아모스 2:7), 어린이 인신제사(예레미야 19:5) 행위를 포함하는 극단적인 제의 형태를 띠는 원인이 된다.

그러나 중요한 사실은 가나안 사람들과 이스라엘 사람들 사이에는 신앙의 근본적인 차이가 있었다는 점이다. 이 차이가 있었기 때문에 이스라엘은 근본적으로 해로운 영향을 주는 가나안적 요소들로부터 벗어날 수 있었다. 일부 이스라엘 사람들은 가나안 사람들의 생활방식에 매혹되었다. 그러나 가나안 사람들에게는 이스라엘 신앙이 요구하는 것과 같은 검소한 생활, 고도의 윤리적 요구가 결여되어 있었다. 이런 상황에서 바알 숭배와 야웨이즘 간에 분명한 선을 그어 놓은 것은 이스라엘의 예언자들이었다.

전체적으로 볼 때, 이스라엘 백성들은 가나안 종교문화에 영향을 받으면서도 일정한 선을 긋고 고도의 윤리적인 이스라엘 종교로 창조해서 발전시켰다. 이스라엘 종교는 부분적인 수용, 동화, 통합, 변형을 거치면서 독특한 특징을 형성하면서 발전했다. 그래서 이스라엘 종교는 단순하게 가나안화 혹은 종교 혼합 현상으로 규정지을 수 없으며, 오랜 기간 동안에 형성되는 이 수용 과정은 곧 종교 간의 만남과 대화를 통해 차원 높은 종교로 발전하였다.

3. 가나안 종교의 거부

종교적 의미의 거부

이러한 종교 문화와 사상에 대한 만남과 수용 과정이 있었지만, 또 다른 한편 이스라엘 백성과 공동체에게 해를 끼치는 요인들과 종교에 대해서는 가차 없는 비판과 배척과 척결의 방향으로 진행되고 있다. 이스라엘 백성이 가나안에 정착함으로 이스라엘 사회는 유목사회에서 농경사회로 변화하였다. 이 두 가지 서로 상반되는 사회문화적 배경은 정착과 농경사회 간에 갈등을 야기했다. 정착 기간 동안 기본적인 문제는 문화전쟁 Kulturekampf이었다.[28] 두 가지 기본적으로 다른 문화는 상대 문화를 지배하려고 하였다. 이스라엘 역사에서 가나안 종교와 접촉하고 상호 영향을 주며 불화가 된 것은 기원전 12세기로부터 기원전 6세기에 이르고 있다.

광야에서 금송아지 사건은 야웨 종교 내부의 위기를 보여주는 중대한 사건이다. 이 동물숭배는 소의 모습을 숭상하는 가나안 신화에서 널리

---

28) F. E. Eakin, *The Religion*, 210. 이킨은 실제적인 갈등이 바알과 야웨의 갈등으로 보지 않고 이 두 문화권의 갈등으로 보고 있다.

퍼진 종교문화로서 이스라엘 족장들이 영향을 받은 것으로 보인다. 금송아지 사건을 통해 야웨이즘은 가나안의 영향을 많이 받은 제의축제를 더욱 발전시켜 역사화historicization시켜 새롭게 계약을 갱신하고 있다.

그 밖에 민수기 25장의 브올 사건 이야기를 보면 약속의 땅 가나안에 들어가기 전 이스라엘 백성들이 모압 여인들과 음탕한 관계를 맺고 바알 신을 섬긴다는 내용이 나오고 있다. 이때 야웨는 분노하여 모세를 통해 거역한 이스라엘 백성들을 죽이라고 명령을 내린다(민수기 25:1-4).

판관기 전체는 일정한 사건들의 순환이 되풀이되고 있고 일정한 공식을 가지고 있다: "이스라엘의 자녀들은 그들의 하느님인 야웨를 잊었고 그래서 바알을 섬겼다. 야웨는 그들을 압제자의 손에 넘겼고 그들은 오랫동안 압제자를 섬겼다. 그리고 그들이 후회를 하고 야웨에게 울부짖자 야웨는 그들을 위해 판관을 세워 압제자의 손에서 인도해 낸다"는 신명기 역사가의 공식이 되풀이되고 있다. 이것은 배교가 원인이 되어 압제를 받고 후회를 하고 구출을 받는다는 순환 공식이다.

이스라엘의 왕조 역사가 중반 정도 진행되면서 예언자들이 등장하여 보다 강도 높게 가나안 종교와의 싸움을 벌이고 있는 것을 본다. 그 근본 원인은 바알 종교의 물질서한 성 문화와 도덕적인 타락이다.

> "진실로 이 땅에는 음행하는 자들이 가득 차 있다. … 그들이 하는 일이 악하며, 그들이 힘쓰는 일도 옳지 못하다. 예언자도 썩었고, 제사장도 썩었다. 심지어, 나는 그들이 나의 성전 안에서도 악행을 저지르는 것을 보았다"(예레미야 23:10-11).
>
> "나는 일찍이 사마리아의 예언자들에게서 못마땅한 일들을 보았다. 그들은 바알의 이름으로 예언하여, 내 백성 이스라엘을 그릇된 길로 인도

하였다. … 그들은 간음을 하고 거짓말을 한다"(예레미야 23:13-14).
"그들은, 내 이름을 찬양하려고 세운 성전 안에, 자기들이 섬기는 역겨운 것들을 세워 놓아서 성전을 더럽혔다. 또 그들은 자기들의 아들딸들을 불태워 몰렉에게 제물로 바치려고 '힌놈의 아들 골짜기'에 바알의 산당을 쌓아 놓았다"(예레미야 32:34-35).
"우상을 무엇에다 쓸 수 있겠느냐? 사람이 새겨서 만든 것이 아니냐? 거짓이나 가르치는, 부어 만든 우상에게서 무엇을 얻을 수 있겠느냐? … 나무더러 '깨어나라!' 하며, 말 못하는 돌더러 '일어나라!' 하는 자야, 너는 망한다! 그것이 너를 가르치느냐? 기껏 금과 은으로 입힌 것일 뿐, 그 안에 생기라고는 전혀 없는 것이 아니냐?"(하박국 2:18-19).

예레미야는 인간의 본능적인 성욕을 자극하며 제의 매춘을 조장하는 바알 종교에 대해서 강력하게 비판하고, 이스라엘 백성들이 현혹되지 않도록 일깨우고 있다.

아모스서에 제시된 종교관은 이교 제단에서 자행되는 음행과 방종, 그리고 신을 모시는 집에서 술을 먹고 흥청대는 장면(2:7-8)을 읽을 수 있다. 이사야서도 지방 신전들의 퇴폐적인 관습들에 대해서 언급하고 있으며(1:4; 5:11-12), 미가는 바알의 제단들과 제사들에 대해 가혹한 비난을 퍼붓는다(5:13-14).

정치적 의미의 거부

지정학적으로 이스라엘은 북과 남으로는 메소포타미아 문명의 제국과 이집트 제국이 위치해 있고, 동쪽은 아라비아 사막이 펼쳐지며, 서쪽은 지중해로 사면초가에 있는 팔레스타인의 매우 작은 면적을 차지하고 있을 뿐이다.

이스라엘 왕조는 기원전 1000년경 다윗 왕이 통일 왕국을 세웠으나, 922년 솔로몬 왕이 죽자 북이스라엘과 남유대로 국가가 분열되었다. 이후 국가는 쇠락의 길을 걷고, 주변의 제국 국가들에 조공을 바치며 국가의 명맥을 유지하였다. 722년 북이스라엘이 앗시리아에 멸망을 했고, 남유대는 더욱 어려운 처지에 몰렸다. 제국 국가들에 정치적 종속은 곧 종교적 종속을 의미했다. 그들의 종교들이 들어오고 내부적으로 이를 확장시키는 무리들로 인해 더욱 어지러운 상황에 처했다.

한편 두 제국 국가들이 힘의 균형을 이루는 시점이 이스라엘은 전쟁의 위협이 줄어드는 상황이 되었고, 앗시리아 제국이 쇠락의 길을 걷을 때, 이때 남유대의 히즈키야 왕(715-687, B.C.E.)과 요시야 왕(622)은 종교개혁을 단행하였다.[29] 산당(성소)을 폐쇄하고 제국 국가들과 가나안 종교들의 우상들을 철거하고 불태우는 시도가 있었다. 이것은 그동안 바알 종교에 눌려온 이스라엘 종교의 반격이기도 하였지만, 당시 제정일치의 국가의 속성을 볼 때 제국이라는 정치적 권력에 맞서는 일종의 정치적·종교적 독립운동의 시도가 되는 것이었다.[30] 또한 내부적으로는 흐트러진 백성들의 마음을 야웨에게로 다시 모으는 계기로 삼는 것이고, 야웨의

---

29) John Bright, *A History of Israel* (London: SCM Press Ltd, 1979), 277-85, 315-23. 존 브라이트는 요시야의 종교개혁은 제국국가에 맞선 독립이었다고 말한다; H. Jagersma, *A History of Israel in the Old Testament Period* (London: SCM Press Ltd., 1982), 163-65, 167-72. 야거스마는 종교개혁의 의미가 앗시리아 제국에 대한 봉신국가의 반란이라고 말한다.

30) S. Herrman, *A History of Israel in Old Testament Times* (London: SCM Press Ltd, 1975), 25-73. 헤르만은 히즈키야 왕과 요시야 왕의 종교개혁이 앗시리아(Assyria) 제국에 대해서 독립을 주장하는 정치적 목적을 갖고 있다고 말한다. 특히 요시야 왕은 쇠퇴해 가는 앗시리아 제국을 보았고, 종교문화 환경에 대해서도 정확하게 파악하고 있다고 말한다.

주권을 회복하는 것이었다.

우상 거부의 재해석

필자는 우상숭배 금지와 철거가 제국주의에 맞선 정치적 의미를 갖고 있다고 볼 때, 무조건 다른 종교들에 대해서 우상숭배 금지를 내세우는 것은 잘못되었다고 본다. 분명히 이스라엘의 야웨 종교는 그 형성 과정에서 가나안 종교들의 신관·의식·절기·문학 등의 영향을 받아들이며, 이집트로부터 지혜문학도 수용하며, 고대 근동 세계의 세계관들을 수용하는 종교 간 대화와 만남이 있었기 때문이다. 그렇지만 야웨 종교는 기복적 성격과 마술적이며 주술적인 수준에 머물지 않고, 더 높은 단계의 윤리적 요구들을 이루기 위하여 가나안 종교를 거부한 것이다. 이러한 저급한 단계의 상징이 되는 우상들을 제거하는 것이 그 목적인 것이다.

한편 야웨 종교는 자체 정화 노력을 하는 모습을 보인다 :

> "무엇하러 이 많은 제물들을 나에게 바치느냐? 나는 이제 수양의 번제물에는 물렸고 살진 짐승의 기름기에는 지쳤다. … 더 이상 헛된 제물을 가져오지 말아라. … 두 손 모아 아무리 빌어 보아라. 내가 보지 아니하리라. … 내 앞에서 악한 행실을 버려라. 착한 길을 익히고 바른 삶을 찾아라. 억눌린 자를 풀어 주고, 고아의 인권을 찾아 주며 과부를 두둔해 주어라"(이사야 1:11-17; 참고. 미가 6:8).
>
> "내가 바라는 것은 변함없는 사랑이지, 제사가 아니다"(호세아 6:6).
>
> "나는, 너희가 벌이는 절기 행사들이 싫다. 역겹다. 너희가 성회로 모여도 도무지 기쁘지 않다. … 시끄러운 너의 노랫소리를 나의 앞에서 집어치워라! 너의 거문고 소리도 나는 듣지 않겠다. 너희는, 다만 공의가

물처럼 흐르게 하고, 정의가 마르지 않는 강처럼 흐르게 하여라"(아모스 5:21-24).

"너희들이 금식하는 날, 너희 자신의 향락만을 찾고, 일꾼들에게는 무리하게 일을 시킨다. … 내가 기뻐하는 금식은 부당한 결박을 풀어 주는 것, 멍에의 줄을 끌러 주는 것, 압제받는 사람들을 놓아 주는 것, 모든 멍에를 꺾어 버리는 것, 바로 이런 것들이 아니냐? 또한 굶주린 사람에게 너의 양식을 나누어 주는 것, 떠도는 불쌍한 사람을 집에 맞아들이는 것이 아니겠느냐?"(이사야 58:3-7).

4. 결론

이렇게 구약시대에 이스라엘 종교는 고대 근동 세계의 종교들로부터 신관·사상·의식·건축·윤리에 이르기까지 많은 영향을 받는 과정이 있었고, 이후에 이스라엘 종교는 새로운 신관과 가치관들을 창조적으로 만들었으며, 이스라엘 백성들이 여전히 우상숭배로 성적 탐닉과 물질주의와 기복주의로부터 나오도록 하기 위해서 우상숭배 척결을 언급하고 있다. 그것의 제일 원인은 종교적 거부이지만, 궁극적으로는 제국에 대한 종교적 저항이었던 것이다. 이렇게 야웨 종교는 대외적으로는 우상숭배 거부를 통해 제국 국가를 포함한 주변 국가들로부터 종교적 종속을 거부하며, 높은 단계의 윤리적 요구를 이끌어 가는 내부 구심점을 만들고 있다. 또한 내적으로는 야웨 종교 자체의 정화 노력을 통해 형식적이고 제도화된 종교를 거부하고, 진정으로 정의와 인권을 바로 세우는 것을 목표로 하고 있다.

신약시대의 예수 그리스도는 유대 전통을 거부하고, 진정으로 인간을 사랑하고, 사회적 약자들을 보살피며, 인류의 평화를 위하는 길을 제시하고 있다. 구약과 신약이 만들어지는 1천여 년에 걸친 기나긴 역사는 주변 제국 국가들의 지배 속에서도 야웨 종교가 꿋꿋이 생존해 왔음을 보여준다.

하지만 그리스도교가 로마제국으로부터 초기에는 박해를 받았지만 공인을 받은 이후(기원후 325), 그리스도교는 중세와 근·현대를 거치면서 서양 제국 역사의 중심에 있게 되며, 그리스도교는 제국의 권력을 앞세워 제3세계 국가들의 종교와 문화를 이 '우상숭배 금지' 조항 하나를 내세워 초토화하는 데 기여했다.

이 '우상숭배 금지'는 토착 전통문화와 종교들에 대한 존경심은커녕 무시하고 비난하는 배타적인 자세를 갖도록 하고 있다. 오늘날 한국에서도 그리스도교가 성장 발전의 논리에 편승하여, 선교의 확장을 위해서 이 논리는 가장 핵심적인 요인이 되고 있다. 한국의 그리스도교가 전통종교와 불교와 유교 그리고 동학 등으로부터 유구한 역사를 가지고 있는 다종교 문화에 대한 진지한 연구와 존경하는 자세를 갖기보다는 서구 그리스도교의 지배적 시각으로 내부의 종교들을 배타적으로 바라보고 있는 것이 현실이다.

그리스도교는 '우상숭배 거부나 척결'의 본질을 정확하게 구분해야 한다. 곧 수준 높은 다른 종교들의 사상에 대해서는 수용을 하며 대화를 하지만, 풍요와 다산多産을 중심으로 하는 기복적인 부분에 대해서는 엄격하게 통제를 했다는 것이다. 그리스도교가 이웃 종교들에 대해서 무조건 거부하는 것은 이들의 사상과 문화, 가치관과 세계관 모든 것을 빼앗아 버리는 폭력적인 태도인 것을 반성해야만 한다. 구약의 '우상숭배 금지'에 대한 본질을 보았으므로, 오늘날 거대한 자본주의 문화와 세계 속에서 '우상숭배 금지'가 종교적 대상인지, 아니면 지구화와 제국이 여전히 진행되고 있는 현대의 흐름인지를 그리스도교와 종교들이 종교 간 상생하는 방향들을 함께 생각하지 않을 수 없다.

* 이 글은 "The Prohibition of Idolatry and the Rejection of Empire" in Interreligious Insight, Vol. 3, No. 3(2005. 7)에 실렸다.

2장

야웨와 엘로힘의 종교 간 대화

—구약성서의 오경과 예언서를

1. 서론

구약성서에 등장하는 야웨와 엘로힘은 같은 하나님인가? 다르다면 두 신들이 하나로 합쳐지기에는 어떤 내재적 요인들이 있었을까?

지난 200여 년간 구약학계의 한 주류를 만들어 온 주제들 가운데 하나는 소위 오경의 JEDP 문서설이다.[1] 곧 오경의 모세 저작설을 부인하고,

---

1) 오경의 모세 저작설을 거절하면서 네 자료를 제시한 학자는 Jullius Wellhausen, *Geschichte Israels*, I (1878)에 주장했으며, 후에 나온 판들은 *Prolegomena zur Geschichte Israels*라는 제목으로 나왔다. 영어 번역은 *Prolegomena to the History of Ancient Israel* (New York: 1957)로 나왔다. 오경 연구의 역사는 Joseph Blenkinsopp, *The Pentateuch* (New York: Doubleday, 1992); Ernest Nicholson, *The Pentateuch in the Twentieth Century* (Oxford: Clarendon Press, 1998). 이 책들은 지난 200년간 오경 연구의 발달사와 최근의 흐름들을 잘 소개하고 있다.; Otto Kaiser, *Introduction to the Old Testament* (Minneapolis: Augusburg Publishing House, 1975), 33-44를 참조.

크게 네 개의 자료들이 문체와 전개 방식에서 각기 다른 특징들을 보이고 있는 것으로 구성되어 있다는 것이다.[2] 야웨 문서Yahweh Writing(J)의 '야웨 Yahweh'와 엘로힘 문서Elohim Writing의 '엘로힘Elohim'(E)이라는 각기 다른 신명神名이 존재한다는 것에 근거하여 그 이름을 붙였다. 그리고 신명기 문서Deuteronomy(D)와 제사문서Priestly Writings(P)가 전승되어 내려오다가 바빌론 포로 기간 혹은 이후에 결합한 것으로 보는 학설이다. 이것은 하나의 가설이지만 거의 확고한 이론으로 굳어졌음을 부인할 수 없다. 오경은 태고사(창세기1-11장)에서 시작하여, 기원전 1500여 년을 배경으로 하는 조상들(아브라함, 이삭, 야곱, 요셉)의 내용부터 이스라엘이 이집트에서 해방하여 가나안에 정착하기 전까지 과정을 담고 있다. 하지만 이러한 내용은 초기부터 기록으로 남겨진 것이 아니다. 입에서 입으로 전해지는 구전口傳 전승oral tradition과 문자가 생기면서 글로 남겨지는 문서 전승written tradition 단계를 거치면서, 개인, 집단, 혹은 학파가 원자료를 수집하고 여기에 첨가, 수정, 편집, 재편집 등의 과정들을 거의 1천 년여를 흐르면서 포로기(기원전 585-535)에 이스라엘 역사를 다시 되돌아보는 과정에서 오경이 재구성되고, 기원전 4세기경에 최종 완성되었다는 것이 오경의 주요 내용이다.

그래서 오경은 많은 수수께끼를 담고 있다. 오경의 역사적인 배경은 창조부터 시작하여 조상들의 이야기와 모세에 의한 출애굽, 그리고 광야 시대를 거쳐 가나안 땅에 정착하기 직전,[3] 혹은 땅 정복[4]을 보여주고

2) 오경의 자료설은 초기문서가설, 단편가설, 보충가설, 후기문서가설, 최신문서가설, 구문서설(the older documentary hypothesis), 단편설(the fragment hypothesis), 보충설(the supplementary hypothesis), 신문서설(the new documentary hypothesis) 등으로 발전하면서, 오경의 구성 자료들을 더 세분화하고, 개념을 새롭게 규정하고 있다.

3) M. Noth, *Überlieferungsgeschichte des Pentateuch*, 1948, trans, B. W. Anderson,

있다. 하지만 많은 내용이 왕정시대 혹은 포로기 전·후의 상황을 초기 이스라엘 역사 속에 반영시켰다고 보는 것이 구약학계의 견해이다. 그래서 구약학자들은 오경을 읽을 때 본문이 원래의 상황을 반영하고 있느냐 혹은 후대, 곧 이스라엘의 왕정시대, 더 나아가 포로기 상황을 반영하고 있는가를 항상 염두에 두면서 본문을 대하며, 오경 연구는 항상 여기서 출발하고, 흥미와 재미를 더하기도 하며, 때로는 가설적인 논쟁으로 소모하기도 한다.

1970~80년대에 차일즈의 정경 비평의 등장은 오경의 문서가설에 대해 일종의 종지부를 찍는 계기가 되었고,[5] 그 이후 구약학은 신문학 비평으로 전개되고 있다. 특히 미국을 중심으로 한 구약학은 수사학 비평, 설화 비평, 독자반응 비평, 여성주의 비평, 후기구조주의 비평 등으로 전개되고 있다.[6]

A History of Pentateuchal Traditions (Chico, CA: Scholars Press, 1981). 마틴 노트는 신명기는 열왕기하에 이르는 신명기 역사서(Deuteronomistic History)에 속한다는 사경설(the Tetrateuch)을 주장한다.

4) G. von Rad, "The Form-critical Problem of the Hexateuch", 1-78 in *The Problem of the Hexateuch and Other Essays* (Edinburgh and London: Olver and Boyd, 1966). 폰 라드는 아브라함에게 약속한 땅의 성취는 여호수아서에서 이루어진다는 육경설(the Hexateuch)을 주장한다.

5) B. S. Childs, *Introduction to the Old Testament as Scripture* (Philadelphia: Fortress Press, 1979); idem, *Old Testament Theology in a Canonical Context* (Philadelphia: Fortress Press, 1985). 차일즈는 기존의 역사 비평 방법의 한계를 지적하고 정경이 된 것을 기준으로 본문을 다루어야 한다고 주장한다. 그의 정경 비평은 역사 비평 방법으로 성서 본문에 대해서 현미경으로 관찰하던 방식, 곧 저자나 편집자 혹은 전승자의 편집, 재편집, 의도 등에 관심을 갖지 않고, 정경으로 고정된 크고 작은 이야기들의 줄거리를 중심으로 그 의미를 찾는 방향으로 전개되는 분수령이 되었다.

6) S. L. McKenzie and S. R. Haynes, *An Introduction to each of Biblical Criticisms: Its Own and Their Meaning Application* (Westminster: John Knox Press, 1993), 김은규·김수남 역, 『성서 비평 방법론과 그 적용』(서울: 대한그리스도교서회, 1997).

필자가 최근에 다시 오경의 자료설에 관심을 갖는 것은 원래의 논쟁들을 복고시키려는 의도가 아니다. 이에 관해서는 이미 수많은 견해들이 쏟아져 나왔기 때문에, 이 모든 것을 주워 담을 수는 없다. 이미 오경의 자료층 논쟁은 세분화되는 경향이지만,[7] 구약 학자들이 이루어 놓은 그 결과물들을 다른 각도에서 조명하려는 것이다. 서구 및 한국에 대부분의 구약학자들이 갖는 특성이기도 하고, 동시에 한계를 보이는 것이기도 한 구약에 뿌리 깊게 자리 잡은 다른 종교들에 대한 강한 배타적 태도, 우상숭배 철폐, 유일신 사상 등 때문에, 구약 연구를 '종교 간 대화'적인 관점에서 보는 것을 처음부터 생각하지도 않았거나 극도로 배제하는 경향을 지적하고 싶은 것이다.

이러한 분위기 가운데, 김이곤 교수는 야웨와 엘 사이에 일치시키는 운동은 이스라엘의 가나안 정착과 야웨 종교의 가나안 토착화 과정 모두에서 의의 있고도 결정적인 역할을 했다는 견해를 밝히면서, 그리스도교의 아시아 지역 토착화를 위한 훌륭한 성서적 전거가 될 수 있다고 주장한 바 있다.[8] 20세기 초 종교사학파가 고고학과 역사에 근거하여 이스라엘 종교를 고대 근동 종교들과 비교하여 수용과, 재창조 등을 이루었다는 것을 자료들을 밝혀내는 시도가 있었다.[9] 그러나 필자는 종교에 대해서

7) 이것은 이미 학계에서 수없이 다루어졌고, 세밀하게 분류되어 하나의 문서, 가령 J 문서도 J1, J2, J3 등으로 나누어지고, 신명기 사가(Deuteronomic Historian)에 의한 Dtr 작품도 신명기 역사서에서만이 아니라, 오경의 최종 편집에도 영향을 주었다는 주장으로 Dtr1, Dtr2 등으로 구분되고 있다. 또한 E 문서도 E1, E2, E3로 구분되기도 한다.

8) 김이곤, "야웨와 엘", "토착화 신학의 성서적 전거: 조상의 하느님과 야웨의 만남", 『구약성서의 신앙과 신학』(수원: 한신대학교출판부, 1998), 177-205, 204.

9) 19세기 말 이스라엘의 종교사는 고대 근동의 종교가 히브리인들에게 그들의 전 역사를 통해 어떠한 영향을 끼쳤는가를 연구하였다. 대표적인 학자는 Abraham Kuenen, A. C. Kruseman, Bernard Duhm, Theodore Henry Robinson, Hugo Gressmann, Hermann Gunkel 등을 들 수 있겠다.

비교 검토로 끝나는 차원이 종교학의 한계라는 것을 지적하고 싶고, 더 나아가 구약 안에서 종교들 간에 어떤 대화와 만남의 과정이 있었는가를 밝혀 보고 싶은 것이다.

한편 성서 비평 방법론에서 자료 비평은 성서 안에 반복, 불일치, 중복 등을 찾아내는데, 대부분 서구 구약학자들은 이러한 일들이 일어나는 것을 단순하게 편집자나 서기관의 실수로 본다. 물론 사소한 차이들은 본문을 전승하는 과정에서 발생할 수 있다. 그러나 서로 다른 창조가 두 번 등장하는 일은 단순한 반복과 실수로 보기에는 석연치 않다. 이것이 오경 연구의 근본적인 출발점이 되고 있는데, 이 연구에서 필자는 오경 안에 하나로 합쳐질 수 없는 두 종교집단의 우주관이 반영되어 있다고 보면서 논의를 시작하려고 한다.

구약학계의 오경 연구는 유일신을 주장하는 배타적인 사상의 제약들 때문에 문서들 간의 단순한 결합으로만 언급해 왔다. 그러나 필자는 각기 다른 신을 믿는 집단, 곧 야웨 집단과 엘로힘 집단이 노트가 언급한 공통문서(G)[10]에 기초하여 오랜 세월 종교 간 대화의 과정을 거치면서 결합했다는 주장을 이 글에서 밝히려고 한다. 사실 야웨와 엘로힘이 서로 다른 지역을 기반으로 형성된 신명이라는 사실은 부인할 수 없는 사실이지만,

---

10) 마틴 노트(Martin Noth)는 J 문서와 E 문서는 원래 독립적으로 존재했었는데, 이들 두 문서는 보다 오래된 국가 형성 이전의 지파 시절에 공통자료인 G(Grundlage)를 기초로 하고 있었으며, G는 공통 전승으로 내려갔다고 주장한다(1948: 40-44; 영역본 38-41). 그 내용은 아브라함, 이삭 이야기 등 전 범위에 걸쳐서 두 문서는 병행하는 이야기로 구성되어 있으며, 이것이 널리 유포되어 서로 다른 신들을 가진 지역에서 자기 신들 이름으로 고백했다고 주장한다. 니콜슨도 오경이 처음부터 다양하게 기원을 갖는 제사적 상황들로부터 시작하여 신앙의 위대한 문서로서 인정을 받게 되는 최종 단계에까지 이 G 문서는 중요한 공헌을 한다고 노트의 주장을 지지한다. Nicholson, *The Pentateuch in the Twentieth Century*, 251.

야웨와 엘로힘은 넓은 공감대를 이루고 있는 이 공통문서에 기초하여 완전히 서로 다른 두 종교가 되기보다는 서로 간에 많은 공통의 종교적 경험을 가졌을 것으로 본다. 이 공통문서는 후에 북이스라엘과 남유대가 같은 신으로 결합하게 하는 중요한 요인이 된다고 가정해 볼 수 있다. 이렇게 구약 안에 두 신의 존재가 분명하게 드러나 있음에도,[11] 구약은 유일신이라는 범주 속에 갇혀 있기 때문에 이를 인정할 수 없는 모순을 동시에 갖고 있는 것이다.

앞으로 성서 연구는 교리에 갇힌 제한적인 시각에서 벗어나 종교학적 관심과 함께 종교 간 대화적 관심의 눈으로 볼 때 그 비밀을 조금 더 벗겨낼 수 있을 것을 기대하면서, 오경 안에서 야웨와 엘로힘의 등장을 '종교 간 대화'라는 관점에서 재조명하려고 한다. 이를 위해서 기존 오경 연구에서 나온 결과들을 토대로, 정경 비평에 근거하여 신명 사용과 그 특징을 세우고, 오경의 범위를 확대시켜 예언서에서도 두 신명이 어떻게 적용되는지를 연구하려고 한다. 그것은 오경 문서들의 발견 이후 기간이 예언자 시대와 약 이백 년 이상 겹치고 있기 때문이다. 그래서 구약에서 두 신들 간의 통합이 갖는 목적이 무엇인지 오경과 예언서를 통해 연구하고자 한다.

2. 오경에서 '야웨'와 '엘로힘'

구약의 오경 연구에 대해서 나이트Douglas A. Knight는 "오경은 이스라엘 민족의 기원과 역사, 사회 조직, 종교 제도, 도덕을 이해하는 데 필요한

---

11) 강사문, "제1장 조상의 하느님과 모세의 하느님", 『구약의 하느님』(서울: 한국성서학연구소, 1999), 13-29.

요인들이 이야기와 법규들과 연설들에 기록되어 있다"[12]라고 한마디로 요약한다. 오경은 처음에는 독립된 많은 전승들이 오랜 시간 흐르면서 이야기들과 주제들이 서로 합쳐지고 영향을 주었다.[13] 구약학계는 이 문서들이 발견된 시기와 순서에 주로 관심을 가졌는데, 그들이 왜 오랜 세월이 흐르면서 결합하는지에 대해서 관심이 적었음을 본다. 필자는 그 중요한 이유들 가운데 한 가지가 서로 다른 지역을 기반으로 형성된 두 종교간 신명들의 결합에 있다고 본다. 오경 형성은 단순히 문서들 간의 편집을 한 저자/편집자의 손에 의해 기계적이고 기능적으로 선택하고 합쳐진 것이 아니라, 신이 다른 집단이 서로 다른 세계관, 우주관, 인간관, 자연관, 역사의식으로 만나는 것이기 때문에 장구한 세월을 요구했으며, 그 사이에 이스라엘 백성들 간에 서로 다른 종교의 신명들로 인한 차이들을 극복할 시간과 기회 그리고 이해와 대화의 시간을 필요로 했기에 오랜 세월이 걸렸다고 본다.

오경의 각 문서들이 발견되고 편집과 결합이 되는 시기와 순서를 보면, 비록 벨하우젠Julius Wellhausen[14]의 고전적인 연대 추정으로 야웨 문서(J, 950-850년경 남방 종교 집단), 엘로힘 문서(E, 분열 왕국 이후 북왕조에서 850-750년경), Rje 편집자에 의해 JE(650년경), 621년경 발견된 신명기 D는 550년경 Rd에 의해 JED 부분이 완성, 포로기를 포함한 550~450년경에 생긴 P 문서는 약 400년 경 Rp라는 편집자에 의해 완성되었다고 보는

---

12) D. A. Knight, "The Pentateuch", in D. A. Knight and Gene M. Tucker (ed), *The Hebrew Bible and Its Modern Interpreters* (Philadelphia: Fortress Press,1985), 263-296, 264.

13) *Knight*, 299.

14) Jullius Wellhausen, *Prolegomena to the History of Ancient Israel* (New York: Merdian Books, 1957).

견해가 다소 차이들이 나오지만 주류를 이루어 왔다. 그러나 1970년대 중반 이후 반 세터스John Van Seters[15], 슈미트Hans Heinrich Schmidt[16], 로즈 Martin Rose[17] 등의 학자들은 야웨 문서(J)를 포로기 혹은 그 이후로 보는 경향이 대두되면서 벨하우젠의 JEDP 가설의 시기에 있어서 근본적인 변화를 주고 있다. 하지만 이들도 최종 편집자는 제사문서(P) 기자라는 데 일치하고 있다. 필자는 시기들에 대한 논의에 있어서 벨하우젠의 가설을 참고로 하지만, 오경과 예언서에서 야웨와 엘로힘 신명의 정경에 근거해서 어떤 특성과 그 결합이 이루어지는가 그 의도를 찾으려는 또 하나의 가설을 세우고자 한다.

본문에서 야웨와 엘로힘

오경 및 예언서에서 야웨와 엘로힘 신명을 편의상 야웨(Y), 엘로힘(E), 야웨-엘로힘(Yahweh Elohim, YE)이라고 약칭을 쓰기로 하겠다.

창세기 1장(E), 2-3장(YE), 4장(Y), 5장(E), 6-8장(E, Y, E, Y 섞임), 9(E), 10-11(Y), 12-16:13(Y), 16:13(El), 17:1(El Shaddai), 17:3-27(E),

---

15) Van Seters, J., *Abraham in History and Tradition* (New Haven: Yale University Press, 1975); "The Yahwist as Theologian? A Response", *JSOT* 3 (1977), 15-20; "Recent Studies on the Pentateuch: A Crisis in Method", *JAOS* 99 (1979), 663-73; *In Search of History: Historiography in the Ancient World and the Origins of Biblical History* (New Haven: Yale University Press, 1983); *Prologue to History: The Yahwist as Historian in Genesis* (Lousiville, KY: Westminster/John Knox Press, 1992); *The Pentateuch: A Social-Science Commentary* (Sheffield: Sheffield Academic Press, 1995).

16) H. H. Schmidt, *Der sogenate Jawisht: Beobachtungen und Fragen zur Pentateuchforschung* (Zürich 1976); "In Search of New Approaches in Pentateucahl Research", *JSOT* 3 (1977), 33-42.

17) Rose, *Deuteronomist und Jawist. Untersuchungen zur den Berührungspunkten beider Literaturwerke*, AThANT 67 (Zürich 1981).

18-19:28(Y), 19:29-23(E), 24(Y, El), 26-28:11(Y), 28:12- (E, YE), 23장 이후에는 조상신들(창세기 26:24; 28:13; 31:53; 46:1; 49:25)이 간혹 등장하고 창세기는 끝난다.

출애굽기 1:20(E), 2:24(E), 3:2, 4(J), 3:6(El, 조상들 이름과 합성), 3:7(J), 3:11(E), 3:13(E), 3:15(E, 조상들 이름들과 합성), 3:18(YE), 4:1(Y), 4:5(E, 조상들), 4:10(Y), 4:19(Y)-"애굽으로 가라", 5-6:1(Y), 6:7(E), 16:10-19:36(Y), 20:1(E), 20:2(YE), 20:5(E), 20:7(YE), 20:11(Y), 20:12(YE).

레위기 전체가 야웨(Y).

민수기 전체가 야웨(Y), 16:22(El).

신명기 1:3(Y), 1:5(YE), 1:8(Y, 조상들 이름), 1:10-끝(Y 단독으로 쓰이는 경우는 부분적으로 등장하고, 대부분 YE).

오경 전체적으로 볼 때, 창세기 전반부에서만 야웨(Y), 엘로힘(E), 야웨-엘로힘(YE), 조상신들이 활발하게 등장하는 것을 볼 수 있으며, 출애굽기에서는 엘로힘이 단독으로 그리고 주도적으로 등장하지 않으며, 야웨-엘로힘(YE)이 나타나기 시작한다. 한편 레위기는 모두 야웨, 민수기도 16장 22절 한 곳만 제외하고 모두 야웨로 나타난다. 하지만 신명기는 거꾸로 야웨의 단독 등장이 급격히 퇴조하고, 거의 대부분 야웨-엘로힘으로 등장한다. 이러한 야웨와 엘로힘의 등장과 비중을 통해 신명이 등장하는 상황과 그 특징을 보기로 하겠다.

상황과 특징 그리고 신학적 의도

1) 창세기에서 야웨와 엘로힘

오경에 나오는 중요한 주제들 가운데 하나는 창조이다. 구약학자들은 창세기 1장과 2~3장의 창조가 비록 내용은 다르지만 별개의 J와 P 문서를 합치는 과정에서 편집상 내용적으로 중복되었다고 말하여 문학적 접근의 한계를 보이고 있다.[18] 하지만 필자가 보는 견해는 동서양을 막론하고 종교는 우주와 인간, 자연의 기원과 창조에 대해서 매우 민감하고 근본적으로 다루고 있다. 따라서 두 개의 창조 내용은 우연히 연속해서 배열된 것이 아니라, 하나로 통합시킬 수 없는 우주관, 세계관, 인간관, 더 나아가 종교관의 차이가 있다는 것을 근본적으로 전제하게 한다고 본다. 이렇게 두 종교 간 양보할 수 없는 창조를 둘러싼 긴장은 나란히 병행하게 전개하는 것으로 타협점을 찾은 것이 아닐까 하는 가정을 하게 한다.

포로기의 제사문서(P)인 창세기 1장은 왜 엘로힘만을 고집했을까? 그리고 창세기 2~3장은 야웨 문서(J)로 야웨를 사용해야 함에도, 훨씬 후에 등장한 엘로힘을 결합시켜 '야웨-엘로힘'으로 표현한 이유는 무엇일까 하는 의문을 갖는다. 분명히 오경에서 야웨가 주도적으로 등장하고 있고, 신명기는 야웨-엘로힘이 공식적으로 쓰이고 있으며, 다음 장에서 밝히겠지만 예언서는 대부분 야웨를 쓰고 있는 상황에서 P기자는 야웨를 알고 있었음에도 '왜 엘로힘만을 등장시켰을까?'라는 질문을 하게 한다. 더욱이 P는 후대에 나온 자신의 창조 내용을 야웨-엘로힘이 등장하는 창세기 2~3장의 전통적인 창조 이야기 앞에 세웠다는 것은 P가 의도적으로 엘로힘을 부각시킬 목적을 갖고 있었다는 것이 명백하다. 물론 내용적으

---

18) Claus Westermann, *Genesis 1-11* (Minneapolis: Augusburg, 1984).

로도 창세기 1장이 앞서는 것이 맞다. 만약 P가 최종 편집의 역할을 했다면, 엘로힘 단독이 아니라 야웨-엘로힘을 사용하여 1~3장의 창조에 관한 통일성을 가졌어야 했는데, 이를 거부한 이유와 차별성을 시도한 의도에 대해서 궁금증을 갖게 한다.

다른 한편 창세기 2~3장은 야웨이스트의 작품으로 야웨만 등장해야 하는데, 그보다 뒤에 나온 엘로히스트 문서의 엘로힘이 야웨와 결합되어 '야웨-엘로힘'으로 언급되는 것은 후대의 편집 과정에서 의도적인 결합의 이유가 있는 것으로 추정된다. 특별히 신명기서 전체가 유일신 사상의 영향으로 야웨-엘로힘 구조로 일관되게 전개되는 것을 볼 때, 창세기 2~3장은 제사문서(P)가 아니라 신명기적인 편집의 손질을 거치지 않았나 하는 추측을 불러일으킨다. 여기에는 두 가지 의도를 추측할 수 있는데, 첫째는 무명의 지역 신인 야웨를 가나안 최고 신의 명칭을 따르는 엘로힘과 결합시킴으로써 야웨 지위의 수직 동반 상승을 꾀하려는 것이 아니었겠냐는 것이다. 둘째는 야웨-엘로힘을 묶음으로써 유일신 사상이 후대의 사상이 아니라 창조부터 제시할 수 있는 근거로 보이게 할 의도가 있었을 것이라고 가정해 볼 수 있다.

그럼에도 P기자는 창세기 2~3장에 나오는 야웨-엘로힘의 결합을 거부하고 1장에서 엘로힘만을 고집한 것에서 또 다른 의도와 목적을 추측하게 한다. 이에 대해서 필자가 생각하는 두 가지 내용을 가정해 본다.

첫째, P는 엘로힘의 존재를 야웨의 존재와 구별하려고 했던 흔적을 보게 한다. 그것은 야웨가 오경 혹은 구약 전반에서 인간과 대화를 나누는 주요 대상이 되고 있기 때문이다. 야웨가 인간에게 명령하고, 인간의 마음을 헤아리고, 자신의 의도를 전하고, 인간에게 행동을 요구하고(모세에게 이집트로 가라는 명령. 출애굽기 4장, 특히 4:19, 21), 징벌을 내릴 때 대부분 등장한다. 카인과 아브라함이 하느님과 대화를 나눌 때 엘로힘이 등장하기도 하지만 주 대상은 야웨였다.

이에 반해 엘로힘은 가나안 만신전의 최고 신으로서 "신들 중의 신", "인간들 중의 신"인 엘El답게 최고로서 당당한 위치를 유지하려 했던 것으로 보인다.[19] 엘로힘은 우주와 인간과 자연을 창조하는 근원적인 분(창세기 1장, 5:1), 노아 홍수 이후에 새 창조를 이루는 분(창세기 9장), 그리고 생육하고 번성하게 하는 생명의 근본적인 것을 이루게 하는 분(창세기 1:28; 9:7; 출애굽기 1:20)의 역할을 주로 한다. 그리고 조상들(아브라함, 이삭, 야곱)의 하느님을 명칭할 때도 엘El이 등장하는 것도 조상들의 신이 엘에게서 기원한다는 것을 부각시키는 것으로 보인다.[20] 떨기나무의 불꽃 가운데서 모세에게 나타난 분은 야웨이지만(출애굽기 3:2), 모세가 하느님의 이름을 물었을 때 "나는 스스로 있는 자다"(출애굽기 3:14)라고 말하는 분이 엘로힘이라는 것을 볼 때 엘로힘은 창조주로서 근원적이며 존재론적인 모습을 보인다.[21] 한편 예언서에도 대부분 야웨가 등장하지만, 포로기의 제2이사야서(40-55장)에서 유독 엘로힘이 등장하는 것은 같은 시기의 P의 창조신학과 연결되고 있는 것으로 보아, P와 교류 내지는 P의 신학을 잘 알고 있음을 전제할 수 있겠다.

둘째, P가 엘로힘 사용을 고집한 것은 야웨가 인간의 생각과 마음 그리고 사회와 역사 곳곳에 파고들어 오는 분이지만, 동시에 야웨가 유일신 사상에 근거하여 다른 종교들에 대해 거부하고 배척하는 배타적인 태도를

---

19) F. M. Cross, *Cannanite Myth and Hebrew Epic* (Cambridge, MA: Harvard University Press, 1973), 10, 13-43.

20) 창세기 14:18; 17:1; 21:33; 31:42; 출애굽기 3:6; 3:16; 4:5.

21) F. M. Cross, 60-75 참조.

보임으로써, 엘로힘은 우주적이고 생명의 근원자답게 모든 인간과 종교에 대해서 보다 포용적이고 수용적인 태도를 견지하고자 했던 것은 아닌가하는 가정을 하게 한다. P 저자는 야웨의 배타적인 한계를 보았고, 이는 근본적으로 엘로힘이 야웨의 속성과 다르다는 인식을 가졌기 때문에 창세기 1장에서 야웨를 끌어들이지 못하는 이유가 될 수 있었을 것이라고 가정해 본다. 또한 야웨는 이스라엘 왕조가 진행되면서 이스라엘 내부의 구심점을 만드는 데 기여하지만, 이미 극단적인 배타적 태도로 말미암아 이웃국가와 종교들로부터 역으로 배척되는 현상을 보일 수 있었을지 모른다. 그래서 P 저자는 이스라엘이 멸망한 포로기 상황에서 보다 근원적이고 큰 틀을 제시하는 엘로힘의 모습을 야웨와 구별하여 부각함으로써 주변국가들의 종교를 뛰어넘는 포용성을 가지려고 했던 의도가 있었을 것이라고 가정해 본다.

2) 오경에서 야웨와 엘로힘

창세기 전반부에서만 야웨(Y), 엘로힘(E), 야웨-엘로힘(YE), 조상신들이 활발하게 등장하며, 창세기 후반부로 가면 야웨와 엘로힘 신명이 거의 등장하지 않는다. 엘El은 복합명칭으로 나타나는데, '전능한'의 의미를 갖는 '엘 샤다이'('el shadday, 창세기 17:1), '최상의, 존귀한'을 표현하는 '엘 엘리온'('el elyon, 창세기 14:18), '영원한'의 의미의 '엘 올람'('el olam 창세기 21:33) 등이 창세기의 족장 이야기에서 등장한다. 그리고 조상신들의 명칭이 되는 "우리 조상의 하느님(El)이니 아브라함의 하느님, 이삭의 하느님, 야곱의 하느님이라"(창세기 31:42; 출애굽기 3:5)는 표현에 대해서 알트A. Alt는 족장의 대표 이름을 붙임으로써 부족들 간의 통합을 이루기 위해서 열거했다고 말한다.[22)]

필자는 이러한 표현의 의도가 서로 다른 부족들 간에도 같은 신명을 씀으로써 통합이 가능하기 때문이라고 여긴다. 고대인들은 생활, 문화, 의식 등 모두를 종교에 의존하기 때문에 특히 신명의 사용과 선택은 매우 중요한 요소가 된다. 창세기의 족장 이야기와 출애굽기에 나오는 조상들의 신(엘)은 종족들 간에 결합을 위한 이념적 틀이라고 볼 수 있다. 또한 가나안 최고 신인 엘과 이스라엘의 족장들의 신(엘)을 연결함으로써 동등한 지위로 상승하는 효과도 기대했을 것이라고 볼 수 있다. 이러한 단서에 근거해서 종족들 사이에 통합을 위해서 같은 신명 내지는 족장들의 이름을 열거하여 신명을 통합시켜 사용한다고 볼 때, 야웨와 엘로힘의 관계도 모세 이후로 추정되는 지역 야웨와 가나안 지역의 최고 신(엘)과의 수평적 통합이 이스라엘 역사 속에서 진행됐다는 것을 가정할 수 있다.

그리고 출애굽기에서는 엘로힘이 자신을 "스스로 있는 자"(3:14)라고 표현하는 것과 조상들의 신들을 언급하면서 엘티이 등장하는 것 외에는 주로 야웨가 모세와 대화를 나누는 대상이 된다. 또한 출애굽 해방에서 주도 역할은 야웨이며, 엘로힘 혼자로는 그렇게 주도적이지 않다. 하지만 십계명(출애굽기 20:1-17)에서는 야웨-엘로힘(YE)이 통합되어 나온다. 이것은 신명기 전체와 신명기의 십계명(신명기 5:6-21)에서도 야웨-엘로힘으로 그대로 유지된다. 십계명에 유일신을 요구하고 있기 때문에 두 신명은 하나로 통합되어 표현되고 있는 것이다.

레위기에서 야웨는 모세에게 말하는 형식으로 제사 규정들과 안식년, 희년법 등을 언급하고 있다. 특이한 것은 엘로힘이 전혀 등장하지 않는다

22) A. Alt, "The God of the Fathers", in *Essays on Old Testament History and Religion*, tran. By R. Q. Wilson (New York: Doubleday & Company, Inc, Garden City, 1969), 11, 85-86.

는 것이며, 이어지는 민수기도 몇 곳(15:41; 16:22)만 제외하고는 모두 야웨로 나타난다. 이것은 이 문서들이 엘로힘 문서가 등장하기 전에 나온 것이거나, 또는 제사 규정들과 가나안 땅에 들어가는 주도가 야웨에게 있다는 것을 강하게 내비치는 것이라고 해석해 볼 수 있다. 하지만 신명기에서 야웨 단독은 거의 등장하지 않으며 대부분 야웨-엘로힘 구조로 등장한다. 특히 신명기의 특징이 계명을 지키고 하느님을 향한 사랑과 우상숭배 거부, 그리고 유일신을 강조하는 것을 볼 때, 야웨-엘로힘의 등장은 두 신명의 통합을 강하게 호소하고 있는 것으로 보인다. 이것은 "야웨는 하느님이시다"(4:39)는 표현을 통해서 동일한 신의 존재임을 선언하고 있다. 오경 전체, 그리고 구약 전체에서 이렇게 두 신명을 통합해서 표현하는 책은 신명기밖에 없다. 그만큼 신명기는 두 신명을 통합해서 표현함으로써 신명기의 유일신 사상을 강하게 전달하고 있다. 이러한 결합은 각각 전승되었던 야웨와 엘로힘이 신명기를 통해서 공식적으로 통합하는 것일 수 있고, 각각 다른 전승들이 하나로 묶일 수 있는 근거가 마련되었다. 이것은 내부적으로는 두 집단 간에 통합을 고려했으며, 대외적으로는 바알 종교와의 단절을 하는 효과를 기대했을 것이다.

오경에서 두 신과 이를 믿는 두 집단 간에 긴장이 항상 있어 왔다면, 신명기는 이를 통합함으로써 조화를 시도했다고 볼 수 있을 것이다. 즉 야웨를 믿는 야웨이스트 집단과 엘로힘을 믿는 엘로히스트 집단 간의 긴장이 타협 내지는 조화로 바뀌는 계기를 신명기가 마련하고 있다고 해석할 수 있다. 이렇게 두 신의 정체성과 주도권은 곧 두 종교집단의 정체성과 주도권의 상황을 의미하며, 그 비중이 신명에 대한 편집을 통해 반영되고 있다고 볼 수 있다.

3. 예언서에서 야웨와 엘로힘

오경과 예언서는 서로 무관한 듯 보이지만, 오경의 주요 형성 시기인 기원전 950~400년에 이르는 시기는 750년에서 550년 포로기 이후까지 약 200년 이상 예언자들의 활동 기간과 중첩되는 시기를 갖고 있다. 오경이 보여주는 시대적 배경은 초기 이스라엘로서 족장시대부터 가나안 땅 정착에 이르는 시대이지만, 그 역사적 전승과 서술 그리고 편집이 오랜 기간을 거쳐 후대에 만들어졌기 때문에 두 영역 사이에 서로 영향받은 내용들을 찾아낸다면, 오경의 수수께끼에 한 발자국 접근하는 것이라 하겠다. 그래서 필자는 오경의 J, E, D, P 문서가설 논의를 신명을 중심으로 예언서에 확대시켜 접근하려고 한다.

본문에서의 야웨와 엘로힘

예언서 전체에서 신명이 사용되는 것을 시대별, 인물별로 구분해 보면 다음과 같다.

8세기 : 아모스 Y, 미가 Y, 호세아 Y, 제1이사야 1-36장은 Y, 단 36:7절과 37:4, 16, 20절 엘로힘(E), 38장 이후 Y.

7세기 : 예레미야 모두 Y, 32:13, 15, 38; 34:2, 13; 35:13에서 E, 40:7; 38:17; 42:5, 20; 44:2, 7, 11, 25 Y-E, 하박국 Y, 스바냐 Y, 2:9 YE.

포로기 : 에스겔 Y, 제2이사야는 40:1 E, 40:2 이후 Y, 40:18 E, 41:17 E, 42장 이후 Y, E 혼재되어 사용. 51:15 Y-E.

포로기 이후 : 제3이사야 대부분 구절에서 Y, 57:21 E, 60:9 E, 학개 Y, 스가랴 Y.

이상에서 예언서에 등장하는 신명은 일관되게 거의가 야웨임을 알 수 있으며, 예언자들이 강한 야웨이스트였음을 짐작하게 한다.

상황과 특징 그리고 신학적 의도

1) 야웨의 특징과 상황

야웨가 개입하고 관여하는 주제들을 보면 다음과 같다 :

- 죄와 심판 : 이사야 1:2-10; 3:1-26; 5:8-30; 9:8-21; 10:3-4; 24장; 30장; 34장; 43:22-28; 47장 59:1-15; 65장; 예레미야 2:4-3:5; 5-9장; 15:1-9; 16:16-13; 21-22장; 23:9-32; 에스겔 7장, 16:35-43; 23:1-24:27; 호세아 2-6장, 9:10-10:15; 12-13장; 아모스 6장; 미가 1장; 하박국 1장; 스가랴 1장.
- 회개 : 예레미야 3:6-4:4; 아모스 5:4-27; 스가랴 2:1-3.
- 주변 국가로부터 공격받음 : 이사야 8:5-8; 10:5-19; 에스겔 4장.
- 주변 국가에 대한 심판 : 이사야 10:24-27; 13-19장; 예레미야 46-51장; 에스겔 21:18-32; 25-32장: 아모스 1:2-2:5; 스가랴 2:4-15.
- 사회정의 : 이사야 1:17, 21-23; 10:2; 에스겔 22:23-31; 아모스 5:4-13; 미가 2-3; 6:8; 6:9-7:7; 하박국 2장; 슥 3:1-13.
- 우상숭배 : 이사야 2:20 44:9-20; 57:1-19; 예레미야 10:1-11; 에스겔 6장, 8장 14:1-11; 호세아 5:4-7; 8:1-14.
- 종교개혁 : 이사야 1:11-14.
- 회복과 구원 : 이사야 32:9-20; 49:8-26; 61:1-62:12; 예레미야 30-33장; 에스겔 11:14-21; 20:32-44; 37장; 39:21-29; 호세아 11:1-11; 14장; 아모스 9:11-15; 미가 7:8-20.

- 메시아 : 이사야 9:1-7; 32:1-8; 예레미야 23:1-8.
- 평화 : 이사야 2:2-5; 4:2-6; 11-12장; 64장; 미가 4장.

위에서 보는 바와 같이 예언서에서 야웨는 개인의 도덕성, 사회의 부조리, 제사장들의 부패, 우상숭배 등에 대한 죄의 고발과 심판, 그리고 주변 국가들을 동원하여 예루살렘을 멸망시킬 것이라는 예언, 동시에 주변 국가들도 심판을 받을 것이라는 것에 개입하고 있다. 분명히 야웨는 개인과 사회, 종교와 역사를 주관해 나가는 모습을 보여준다. 이스라엘이 죄의 심판으로 나라를 빼앗기고 참혹한 현실을 겪은 후, 회개를 통해서 회복과 구원의 메시지를 다시 받으며, 새 세상에 대한 열망이 메시아로 오며, 영원한 평화를 이루는 대망도 야웨를 통해서 실현하고 있다.

2) 엘로힘의 신학적 주제

엘로힘이 주로 주관하는 위치와 내용은 다음과 같다 :

- 이스라엘 하느님 만군의 야웨 : 이사야 37:16; 37:21; 예레미야 32:13, 15, 36; 34:2,13; 35:13; 38:17; 42:9; 44:2, 7, 11, 25; 46:10, 25; 스가랴 2:9.
- 이스라엘의 하느님 : 이사야 41:17; 45:3; 48:3; 52:12.
- 이스라엘의 거룩한 하느님 구원자 : 이사야 43:3; 45:15; 48:17; 54:5; 55:5; 60:9.
- 만군의 존재자 : 예레미야 32:38(그들의 하느님); 42:2, 5(예언자의 하느님).
- 야웨-엘로힘 : 예레미야 42:5, 21; 43:1; 이사야 42:5; 51:15, 22;

학개 1:12.

- 창조자 : 이사야 42:5; 45:18; 46:9.
- 위로와 희망 : 이사야 40:1.
- 하느님 형상 : 이사야 40:18.
- 구원 : 이사야 37:20.
- 유일신 : 이사야 45:21, 22; 46:9.
- 통치 : 이사야 52:7.

위에서 보는 바와 같이 엘로힘은 예언서에서 야웨와 비교해 볼 때 등장하는 횟수도 매우 적으며 행동보다는 존재자로서의 역할을 한다. 야웨가 개인으로부터 사회와 역사 그리고 전쟁에 이르기까지 모든 주도권을 갖는 것에 비하면, 엘로힘은 최소한의 위치와 역할을 갖는 것에 불과할 정도로 왜소하게 나온다. 엘로힘이 등장하더라도 야웨와 함께 나오는 경우가 많으며 이때에도 야웨가 동등하게 주도함으로써 엘로힘은 독립적이라기보다는 수동적이고 의존적인 역할과 모습을 띠고 있다. 이것은 처음부터 야웨/엘로힘의 신적 특성이 달랐던 것이며, 두 종교의 특징의 결과인 것이다.

8세기의 제1이사야서(1-39장)의 경우 모두 야웨가 등장하지만, 36장 7절과 37장 4, 16, 20절에서 엘로힘이 유일하게 등장하며 곧이어 36장, 37장에서는 다시 야웨가 주축을 이룬다. 이때 이사야 37장 22~35절의 시는 열왕기하 19장 21~34절과 병행한다. 이것은 신명기 역사가가 포로기 때 신명기 역사서를 서술하면서 8세기 이사야의 시를 첨가한 것으로 추정된다. 그런데 8세기 이사야의 시에 히스기야 왕과 북이스라엘이 관련할 때 엘로힘이 등장하는데, 열왕기하 19장에서도 히스기야 왕 때 엘로힘이 나오는 것으로 보아 엘로힘의 등장이 기원전 722년 북이스라엘의 멸망 이전으로 추정해 볼 수 있는 근거가 될 수 있다.

하지만 엘로힘이 제1이사야서에 전체적으로 분산되어 나타나지 않는 것과 다른 8세기 예언자, 혹은 북쪽에서 활동한 예언자들, 아모스와 호세아에게서 조차 등장하지 않는 것은 이러한 가정을 어렵게 한다.

기원전 8세기 예언서에서는 거의 나타나지 않는데, 7세기 말부터 예레미야서와 포로기의 제2이사야서(40-55장)에는 '이스라엘 만군의 하느님(엘로힘) 야웨', '나는 야웨 네 하느님이요 이스라엘의 거룩한 자요 구원자'(43:3,14; 44:6)라는 표현이 특징적으로 많이 등장하는데, 이는 '야웨와 엘로힘'이 이스라엘의 신이라는 것을 의도적으로 강조하고 있음을 볼 수 있다. 이것은 바빌론 포로기라는 절망적인 상황 속에서 '야웨-엘로힘' 구도를 확정지으며, 나라가 멸망했음에도 이스라엘이라는 국가의 정체성을 강하게 지키기 위한 표현으로 추정할 수 있다. 엘로힘이 북쪽 전승인 것에 기초한다면, 8세기부터 포로기에도 남쪽 전승의 야웨가 주도하지만 북이스라엘의 전통을 갖는 엘로힘을 통합시킴으로써 두 집단 간의 결합을 시도한 것으로 추정된다.

이러한 가정을 근거로 한다면, 야웨와 엘로힘의 통합은 종교적인 통합인 동시에 이스라엘과 유대로 분단된 두 지역 간의 통합을 의식했을 수 있다는 가정을 세울 수 있을 것이다. 사실 예언서 전체에서 야웨가 주도하는 상황에서 엘로힘이 '이스라엘의 하느님'으로 표현되는 것을 전승 과정에서 삭제시키지 않은 것은 북이스라엘의 종교와 민족을 인정한 것으로, 야웨 중심의 남쪽 주도로 전개하지 않고 남과 북 간에 통합을 전제하고 있다고 볼 수 있겠다. 종교가 정치와 민족에 결정적인 영향을 미치고 있는 고대 사회는 신들의 통합을 통해서 정치적·민족적·종교적인 안정을 이끌어 낼 수 있는 상황이었을 것이라고 추정할 수 있다. 이러한 역할을 잘 이끌어 낸 사람이 포로기의 제2이사야이며, 그의 신학 속에 엘로힘의 전승들을 이으면서, 백성들을 위로함으로써 전쟁의 상처를 치유하려는 의도를 볼 수 있다. 또한 제2이사야는 P의 창조신학을 수용함으로써 보다 넓은 우주관, 세계관, 인간관을 가질 수 있게 되었다고 본다. 제사문서 P기자가 이루어 놓은 업적들, 가령 창조와 우리가 하느님의 형상으로 지어졌다고 하는 내용들은 창세기 1장과 제2이사야서의 내용과 일치하고 있다. 곧 둘 사이에 사상적·문서적 교류가 있었다고 추측할 수 있다. 하지만 포로기 이후의 제3이사야서에서는 '이스라엘의 주 하느님'(60:9)에서 단 한 곳만 이러한 표현이 나오고, 전체적으로 시온과 예루살렘의 영광을 강조하는 것으로 보아 남쪽 중심의 야웨가 다시 주도하는 상황으로 전환한 것으로 가정해 볼 수 있다.

포로기 이전 요시야 왕(622) 때 발견된 것으로 추정되는 신명기가 야웨-엘로힘 유형이지만, 포로기 예언서의 경우에도 이를 강하게 사용하는 예언자는 안 보인다. 오히려 야웨만이 주 무대에서 활동하고 있다. 포로기 이후 예언자들도 대부분 야웨를 사용하는 것을 보게 된다.

엘로힘 문서가 기원전 8세기경에 등장한 것으로 본다면, 기원전 8~7세기 예언자들의 경우 엘로힘이 나올 수 있지만, 위에서 보듯이 거의 대부분 야웨이다. 예언서 신학의 주제가 왕과 상류층의 권력 남용 비판, 빈부격차, 인권, 사회정의, 종교 지도자 비판, 이방종교 비판, 우상숭배 금지, 한 걸음 더 나아가 야웨가 메시아와 평화를 이루는 데 주체가 되고 있다. 예레미야서의 대부분도 야웨이지만, 엘로힘이 등장하는 구절들은 포로기 상황을 배경으로 하고 있다.

예언서는 야웨가 주도하고 있다는 인상을 강하게 받는다. 오경에서 두 신명들이 자연스럽게 등장하는 것과 달리 예언서에서는 왜 야웨만이 부각되는 것일까?

필자가 보는 가설은 야웨가 개인과 사회와 역사 속에 사사로이 개입하는 것은 일종의 개인과 사회적 통제를 이루어 가는 주체로 비춰지게 되며, 야웨이즘의 신정국가를 이루어 나가는 지배이념으로 자리 잡을 수 있다는 것이다.

4. 야웨와 엘로힘 통합의 의미

지금까지 연구에서 야웨와 엘로힘은 분명히 다른 지역에서 전승되었으며 그 시기도 다르고, 그 쓰임과 신학적 내용도 다르다는 것을 확연히 볼 수 있었다. 이를 다음과 같이 정리하려고 한다.

오경과 예언서에서 신명 통합

야웨는 신이 사람에게 말할 때 항상 등장한다. 엘로힘은 거의 등장하지 않는다. 이것은 야웨 신은 인간과 밀접하게 대화를 하고, 자신의 생각을 알리는 역할을 수행한다고 볼 수 있다. 또한 야웨 신은 강한 역사성과 사회성을 갖고 있다. 조상들, 특히 아브라함과 대화의 주도자는 야웨이며, 엘신들이 등장하기 시작한다. 여기서 포로기에 제사적 저자, 혹은 제사적 편집자가 사용한 엘로힘과 창세기의 족장들 이야기서부터 언급되는 엘티은 구분해야 할 것이다. 후자는 가나안으로부터 직접 엘 신의 영향을 받고 엘로힘 신으로 발전하는 단계이며, 전자는 제사적 저자 혹은 편집자가 이미 야웨와 엘로힘이 이스라엘 왕조 기간 동안 어떻게 고백되고 이스라엘을 이끌어 왔는지를 분명히 아는 상태에서 사용한 신명이라고 볼 수 있다. 야웨가 인간과 함께 행동하고 이끌어 가는 신의 모습으로 등장한다면, 엘로힘은 존재론적인 모습이다. 곧 우주를 창조하고, 땅과 세계, 그리고 인간을 만든 근원자의 모습이다.

이렇게 두 신의 성격과 내용의 차이는 어느 한쪽으로 흡수 통합되는 것을 불가능하게 하고, 제3의 다른 이름으로 사용하는 것도 불가능하게 하고 있다. 그리고 그 배경에는 신명을 각기 사용하는 두 종교집단 사이에 자신의 신명을 포기할 수 없는 긴장과 갈등, 수용과 동화 과정이 계속되었을 것이라고 가정해 본다.

종교적 · 사회적 · 민족적 통합

필자는 만약 문서 간의 단순한 결합이었다면, 서기관들에 의해 몇 년에 걸치는 짧은 기간이면 충분히 결합시킬 수 있었을 것으로 본다. 하지만 J 문서와 E 문서가 결합하여 자리 잡기까지 수백 년의 세월이 걸렸다는 것은 이 문서들을 전승하고 계승하는 사람들이 한 개인이 아니며, 그것이 집단이었을 경우, 이들은 서로 다른 신명 때문에 쉽게 결합하지 못했을 것이다. 그래서 두 신명이 자연스럽게 결합되기까지 오랜 세월이 요구되었을 것이라는 가정을 해본다. 신이 기원한 지역이 다르다는 의미는 문화적으로, 언어적인 관습, 생활 습관, 신관에 대한 견해, 곧 자연관, 우주관이 서로 다른 종교를 말하는 것이며, 이것은 집단이 다르다는 것을 의미한다. 그러나 이스라엘은 출애굽의 경험을 갖고 부족국가 시대를 거쳐 왕정시대를 보내는데, 비록 분열된 국가로 존재했지만, 이들의 기원을 제시하는 조상들에 대한 이야기들에 대한 넓은 공감대를 갖는 공통적인 내용들(Grundlage)을 갖고 있었고, 이것이 야웨를 믿는 공동체와 엘로힘을 믿는 공동체가 서로 융합할 수 있는 결정적인 동기가 된 것으로 본다. 더욱이 포로기 상황에서 이스라엘 조상들의 역사를 회고하면서 북이스라엘과 남유대라는 민족적 통합도 필요했을 것이다. 그래서 이스라엘에서 신명의 통합은 곧 종교적·사회적·민족적 통합이라고 해석할 수 있다.

제사문서(P)의 신학적 의도

왜 포로기 시대의 제사문서 P의 기자는 분명히 야웨(Y)를 알고 있었음에도 불구하고, 철저하게 엘로힘(E)만을 고집했을까? P의 기자는 두 신 사이에서 차별성을 시도하려고 한 것 같다. P의 기자가 야웨와 엘로힘의 속성과 내용을 알고 있었음에도 야웨를 철저히 배제한 의도는 무엇일까? 신명기는 거의 전체가 야웨-엘로힘을 결합해서 사용하고 있다. 이것은 신명기가 유일신을 강조하기 위해서 의도적으로 붙여 쓴 것이라고 볼 수 있다. 오경의 다른 책들에서는 독립적으로 서로 번갈아가며 사용되거나, 가끔씩만 결합되는 것에 비하면, 신명기는 매우 의도적으로 붙이고 있음을 볼 수 있다. 신명기가 요시야 왕 시대에 발견되었다는 가설과 제사문서 P가 포로기라는 시대적 배경을 반영하고 있다는 가설을 받아들인다면, P는 특히 D의 유일신론을 무시했거나, 아니면 P가 두 신의 이름을 결합시킨 것을 수용하지 않을 다른 의도가 있었을 것으로 추측한다.

이 견해로 가정해 본다면, P가 신명기에서 보여준 통합 야웨-엘로힘을 거부하고 거대한 우주와 자연과 인간을 창조한 존재론적인 엘로힘의 존재를 부각시킬 의도를 갖고 있었음이 분명하다. 창세기 5장의 족보와 9장에서 새 창조를 언급하는 곳에서도 엘로힘을 따로 분리시키고 있는 것은 그러한 목적(의도)의 연장이라고 볼 수 있다. P는 의도적으로 엘로힘의 존재를 부각시키고 있다. P는 9세기부터 '야웨'가 널리 통용되고 있었고, 예언자들의 문서들로부터 강하게 부각되고 있는 야웨를 알고 있음에도 불구하고, 엘로힘을 부각시키고 있다.

이러한 의문점들로부터 세 가지 의도를 추측해 볼 수 있다.

첫째는 P가 엘로힘을 야웨와 분리시켰으며, 결과적으로 엘로힘을 우주 창조, 세상 창조, 인간 창조에 이르는 최고의 존재자로 격상시켰다는 것이다. P는 포로기 상황에서 가나안의 최고 신의 존재인 엘티을 연상시키는 엘로힘을 부각시킴으로써 가나안 지역들과 고대 근동 세계의 종교들과 신들보다 우월적 지위를 보이고, 이스라엘 신의 위치를 대등 혹은 최고의 위치로 끌어올렸다.

둘째, 신명을 다르게 쓰는 집단 혹은 공동체를 상상해 볼 수 있겠다. 신명이 비슷한 단어나 발음도 아니고, 야웨와 엘로힘은 근원부터 서로 다른 종교적 존재로 출발했기 때문에, 두 신 사이에 긴장감, 곧 표현에 있어서 어느 한쪽이 사라지거나 폐기되지 못하고 둘은 계속해서 양립하며 혼용되어 왔다. 이것으로 이름을 다르게 믿고 있는 공동체가 존재했다고 가정할 수 있으며, 두 그룹 간에 포기할 수 없는 팽팽한 줄다리기로 해석할 수도 있을 것이다.

셋째, P는 유일신 사상을 거부하는 분리적인 입장인가 혹은 유일신 사상을 극복한 포괄주의 입장인가 하는 질문을 하게 된다. 이 같은 질문의 근거는 야웨(Y)가 주로 이방종교에 대한 강한 배척을 보이고 있기 때문에, 이와 차별하여 P는 오히려 이방종교들의 신화들을 포함하여 신들을 엘로힘이라는 우주 창조자 아래에 수용하려는 입장을 가지려는 의도를 보이고 있기 때문이다. 그것은 엘로힘이 이방종교들에 대해서 야웨처럼 드러내 놓고 강한 배척을 보이고 있지 않는 데서 볼 수 있다. 이런 가정을 한다면, P는 보다 수용적이고, 포괄적인 우주관과 세계관으로 다른 종교와 사상들을 통합시킴으로써 엘로힘의 위대함을 나타내고자 하였을 것이다. 물론 야웨도 함께 동반 상승하는 입장이 되는 것은 자연스러운 일이다. 창세기 2장부터 동반하여 사용되기 때문이다. P는 바알과 대결하는 야웨의 속성과 한계를 넘으려고 했을지 모른다. 곧 P의 의도는 야웨가 이방종교에 강한 거부를 보이는 태도로는 이방지역의 신들을 수용하고 포용할 수 없다는 한계를 보면서, 차별화를 선택한 것은 아닌지 하는 의문을 갖게 한다. 그것은 P가 오경의 전승들(J, E, D)과 8세기부터 포로기까지 예언서들의 문서에 나타나는 야웨의 배타적 태도에도 불구하고, 엘로힘은 그러한 모습들을 보이지 않거나 극히 자제하고 있다는 것을 엘로힘의 포용적 태도에서 볼 수 있다.

5. 결론

이상에서 오경과 예언서에 나타난 야웨와 엘로힘 신명의 사용을 통해서 그 속성과 특징 그리고 상황을 살펴보았다. 이 연구를 통해서 필자는 몇 가지 가정을 도출할 수 있었다.

첫째, 야웨와 엘로힘의 신명 사용은 단지 문학적 기술의 차원이 아니라, 종교적 기원이 다른 집단들 사이에 갈등과 긴장감 그리고 수용과 화합의 요인들이 반영되어 있음을 보았다.

둘째, 오경의 JEDP의 결합이 단지 문서 간의 기능적이고 기계적인 결합이 아니라 두 신들 간에 결합하는 데 오랜 세월이 걸렸으며 그러한 역사적·종교적 상황을 반영하고 있다.

셋째, 오경의 전승을 책임 맡았던 저자나 편집자 등은 개인의 자격이 아니라 그들이 속한 공동체, 크게 야웨를 믿는 공동체와 엘로힘을 믿는 공동체를 대표한 사람들로 본다. 따라서 임의로 혹은 개인적인 생각으로 편집하기보다는 두 신앙 공동체의 정서와 상황을 반영하고 있다고 본다.

넷째, 신명기의 유일신 주장은 대외적으로는 이방종교를 차단하는 것이 목적이지만, 이스라엘 내부에서는 신명 간의 통합, 곧 두 공동체 간의 통합과 타협을 이루어 내는 데 기여했다고 본다.

다섯째, 야웨와 엘로힘 두 신명의 통합은 사회적·민족적·종교적 통합을 이루어 내는 의미를 갖고 있다고 본다. 그 과정은 두 공동체 간의 만남과 대화의 결실이라고 생각된다.

여섯째, 포로기 상황에서 P 저자가 야웨주의자와 차별성을 의도적으로 가지려 했던 것이 배타성보다는 우주적인 큰 개념 속에서 고대 근동 지방의 다른 신들을 통합하고 수용하려 했던 의도를 가정해 볼 수 있다.

앞으로의 과제를 보면, 첫째, 오경 연구는 문학적 시각으로만 바라보는 제한적인 시각에서 벗어나 종교학적 관심과 함께 종교 간 대화적 관심의 눈으로 볼 필요가 있다는 것이다. 둘째, 지금까지 오경 연구는 오경 범주, 더 나아가 신명기 역사서 범위 안에서 바라보던 시각에서 한 걸음 더 나아가 예언서와 연결하고 구약이라는 전체 속에서 조망할 때 그 비밀을 조금 더 벗겨 낼 수 있을 것이다.

* 이 논문은 《신학사상》 제131호(2005년 12월호)에 게재되었다.

3장 야웨의 배우자이자 민중종교로서 아세라 여신

1. 서론

구약성서의 야웨 신과 가나안의 바알종교는 이스라엘 역사 속에서 밀고 당기면서 첨예한 대립각을 세웠다. 그런데 야웨와 바알 틈새에 바로 여신 '아세라Asherah'가 있음을 주목하게 된다.[1] 바알과 아세라는 구약의

1) 구약성서에서 아세라('asherah)는 모두 9권의 책에서 40회 등장한다. 그 가운데 18번은 여성단수 형태인 *'ăšērāh*(신명16:21; 사사 6:25, 26, 28, 30; 열왕기상 15:13; 16:33; 18:19; 열왕기하 13:6; 17:16; 18:4; 21:3,7; 23:4,6,7,15; 역대하 15:16)이며, 남성복수 형태는 19회로 그중 13회는 *'ăšērîm*(열왕기상 14:23; 열왕기하 17:10; 23:14; 역대하 14:2; 17:6; 24:18; 31:1; 33:19; 34:3, 4, 7; 이사야 17:8; 27:9), 6회는 어미 형태 *'ăšêrêhem*(출애굽기 34:13; 신명기 7:5), *'ăšêrêkā*(신명기 7:3; 열왕기상 14:15; 예레미야 17:2; 미가 5:13)로 나온다. 그리고 여성복수 형태인 *'ăšērôt*는 3회(사사기 3:7; 역대하 19:3; 33:3) 등장한다. 그리고 아세라와 관련된 동사들은 주로 '자르다' '불태우다' '심다' '세우다' '뽑아버리다' 등과 함께 사용되고 있다. 이때 남성복수인 *asherim*은 제단이나 이미지들과 관련되는 것으로 볼 때, 아세림은 대상물로 본다. 이 분류는 Judith M. Hadley,

신명기 역사서(신명기/여호수아서~열왕기하)와 역대기 역사서(역대기상·하) 전체에 흐르는 역사가의 입장에 따라 배척의 대상이 되었다. '유일신 숭배'와 '우상숭배 척결'에 대한 신명기적 인식은 고대 이스라엘 종교의 역사적 상황을 넘어서, 로마제국 이후 십자군 전쟁을 통한 중세 시대, 식민지 확장과 제국 시대 그리고 현대에 이르기까지 그리스도교 전체에 커다란 영향을 주어, 서구 그리스도교가 다른 종교들을 배척하고, 그들의 문화를 척결하는 데 이용하는 지배이념으로 확고하게 자리 잡았다. 물론 현대에도 미국을 중심으로 한 그리스도교 근본주의자들Christian fundamentalists은 전 세계를 지배하겠다는 확고한 신념을 갖고 있다. 그래서 성서학자, 신학자, 목회자, 평신도에 이르기까지 신명기적 사고에 따라 그 어떤 생각이나 검증도 없이 가나안 종교를 물질주의, 부도덕한 성, 풍요라는 단어들로 매도하고 있다.

필자는 아세라 여신에 대한 논의가 '야웨이즘Yahwism'과 관련이 있다고 보고, '야웨이즘'을 규정하면서 이 글을 시작하려고 한다. 우리는 구약성서에 나타나는 '야웨'에 대해서 창조를 이루신 위대한 분으로만 막연하게 보아서는 안 된다. 그것은 같은 야웨를 말하고 있더라도 지배계층이 고백하는 내용과 사회에서 소외된 민중이나 여성이 고백하는 내용이 전혀 다르고, 성서 저자가 기록할 때 자기의 어떤 의도를 반영하느냐에 따라 신의 메시지도 분명히 다르게 기록되어 있기 때문이다. 그래서 필자는 구약 안에 두 개의 야웨이즘 전승으로 구분하려고 한다.

첫째, '해방적 야웨이즘'(The Liberated Yahwism)은 이집트 탈출을 이끈 해방적 야웨 신을 믿는 모세집단과 가나안의 도시국가로부터 억압과

The Cult of Asherah in Ancient Israel and Judah (Cambridge: Cambridge Univ. Press, 2000), 54를 참고.

착취를 피해서 도망 나온 가나안 최고의 신 엘El을 믿는 토착 원주민 집단들이 초기 지파시대(기원전 1250-1050년경)에 팔레스타인 중앙고지대에 융합하면서 만들어진 신관과 이념이다. 이 시기에 야웨 신은 해방자로서 이 집단들에게 새로운 사회에 대한 희망과 비전을 가지고 살아갈 수 있는 힘이 되었다. 비록 중앙산악지대가 척박한 농업 환경이었지만, 이들은 계단식 농업을 통해서 땅을 개간하고, 집단 군락을 형성하였고 서로 유기적인 네트워크를 만들어 외부의 침입에 대비하고, 청동기 시대에서 철기 시대로 넘어가는 이행기에 농사부터 전쟁에 대비하는 물자들에 이르기까지 정보를 교류하였다.[2] 해방적 야웨이즘은 이집트를 탈출한 집단뿐만 아니라 가나안의 도시국가 군주제에서 억압받은 하층민들에게도 해방과 평등의 이념으로 융합할 수 있게 하는 정신적 초석이 되었다. 그리고 수평한 경제 구조를 통해 협동생산과 물물교환의 소비 구조를 이루면서 부족동맹 시대를 열었다. 해방적 야웨이즘은 지파시대 동안 수평적 구조를 가지면서, 가나안 도시국가들의 위협을 견디게 하는 정신적·신앙적 지주가 되었다. 이 해방적 야웨이즘은 기원전 8세기 왕정시대에 예언자들의 정의·평화 사상, 권력 부패에 대한 비판 의식, 제사장과 종교권력에 대한

2) 사회학적으로 접근한 구약개론서인 Anthony R. Ceresko, *Introduction to the Old Testament* (New York, Maryknoll : Orbis Books, 2001), Ch. 9 "The Conquest of Canaan", Ch. 10 "Israel in the Period of the Judges" 참고 Norman K. Gottwald, "Models of the Israelite Settlement in Cannan", Part 5 in *The Tribes of Yahweh* (Maryknoll, New York: Orbis Books, 1979)의 학설을 잇는 최근의 연구들이 나온다 Robert Gnuse, "Israelite Settlement of Canaan: A Peaceful Internal Process", *Biblical Theology Bulletin* 21 (1991), 56-66, 109-17; William G. Dever, "Ceramics, Ethnicity, and the Question of Israel's Origins." *Biblical Archaeologist* 58 (1995), 200-213; John J. McDermott, *What Are They Saying about the Formation of Israel?* (New York: Paulist Press, 1998); Paula McNutt, *Reconstructing the Society of Ancient Israel* (Louisville,Ky.: Westminster John Knox Press; London: SPCK, 1999).

비판 의식으로 나타난다.

둘째, 지파시대가 끝나고 다윗이 왕정국가를 세우면서 왕권 강화와 예루살렘을 보장하는 '지배적 야웨이즘'(The Ruling Yahwism)을 만들어 낸다. 곧 야웨가 다윗 가문의 영원한 세습 왕조를 보장하는 신학적 지배이념과 지배구조였다.[3] 사실, 나단이 실제로 계시를 받았는지, 아니면 다윗 왕권 강화를 위해서 만들어 냈는지 알 수 없다. 그런데 다윗 왕조 시대의 법과 지배이념과 지배구조는 약 이백 년 전에 이집트를 탈출하고 광야로 이끈 모세라는 카리스마적인 지도력의 권위에 소급시켜 전달하는 문학적 형식을 띤다.

왕 권력 중심에는 지파시대에 볼 수 없었던 군인 계급, 성직 계급, 행정 관료, 무역업자, 예언자 그룹, 서기관 그룹 등이 대두하였고, 이들은 남자들로 구성되었으며, 가부장적 권력을 만들었다. 솔로몬 왕도 성전 건축과 궁전 건축을 통해서 행정 관료를 중심으로 권력을 강화했다. 이들이 만들어 내는 지배적 야웨이즘은 야웨, 곧 신의 이름으로 모세, 왕, 제사장과 초기 예언자 등에게 계시하는 명령적 언어, 신화, 이야기, 시, 율법과 제도 등의 형태를 띠는 종교적인 형식을 빌어서, 결국 사회 상류층의 이익을 대변하는 정치적·종교적·사회적·문화적인 지배이념이 되었다. 이스라엘 백성들, 민중들, 여성들이 따르고 복종해야 할 의무와 책임을 갖도록 하는 지배이념인 것이다.

이러한 해방적 야웨이즘과 지배적 야웨이즘은 마치 서로 다른 유전자 구조가 얽혀 있듯이 이스라엘 역사 속에서 진행되는데, 이 논문은 거대한

3) 나단의 예언은 사무엘하 7:5-16, 다윗의 기도문은 사무엘하 7:18-29; Cross, F. M., *Canaanite Myth and Hebrew Epic* (Cambridge: Harvard University Press, 1973), "Davidic Kingship", 229-37, "The Judean Toyal Theology", 241-64.

두 주류에서 어떻게 아세라 여신 숭배가 명맥을 유지했는지,[4] 그 요인을 이스라엘 백성, 특히 민중과 여성의 시각에서 찾아보고자 한다. 구약 본문에는 아세라를 배척하고 불태우는 내용밖에 없지만, 아세라는 바알과 동등한 규모로 큰 주류를 이루었다.[5] 이 글은 고대 근동 지방에서 여신들의 위상과 성격을 살피고, 지금까지 아세라 연구사에서 다룬 쟁점들의 흐름을 살펴본 후, 고대 이스라엘 사회를 만들어간 가부장적 지배사회, 종교권력 등의 지배적 흐름과 아세라 여신 숭배를 연결지으려 한다.

2. 고대 근동 세계의 여신들과 아세라 여신의 기원

메소포타미아와 이집트의 여신들

구약성서에는 아세라가 오직 척결의 대상으로만 표현되고 있기 때문에 여신의 활동이나 본질적인 모습을 찾을 수 없다. 그런데 이스라엘 종교가 발전하면서, 메소포타미아와 팔레스타인 지역의 제의, 신화, 절기, 축제, 신적인 활동, 건축 등 제반에 걸쳐 직접 영향을 받고 있음으로 해서, 구약에 등장하는 아세라 여신을 이해하기 위해서는 고대 메소포타미아

---

4) 아세라에 관한 최근 저서들은 다음과 같다: Walter A. Maier, *'AŠERAH: Extrabiblical Evidence* (Atlanta: Scholars Press, 1986); Raphael Patai, *The Hebrew Goddess* (Detroit: Wayne State University, 1990); Bob Becking, Meindert Kijkstra, Marjo C.A. Korpel & Karel J.H. Vriezen, *Only One God? : Monotheism in Ancient Israel and the Veneration of the Goddess Asherah* (London: Sheffield Academic Press, 2001); William G. Dever, *Did God Have A Wife? Archaeology And Folk Religion In Ancient Israel* (Wm. B. Eerdmans Publishing Company 2005) Pettey, Richard J. *Asherah: Goddess of Israel* (New York: Peter Lang, 1990).

5) 열왕기상 18장 19절에서, 엘리야가 아합 왕에게 바알 예언자 450명과 아세라 예언자 400명을 소집시키는 데서 대등한 규모임을 볼 수 있다.

지역과 이집트, 페니키아, 시리아를 중심으로 널리 그리고 매우 활동적으로 퍼져있었던 여신들을 참고함으로써 같은 유형들을 찾아낼 수 있을 것이다.[6)]

'이쉬타르Ishtar'[7)] 여신은 고대 앗시리아와 바빌론 신화에서 대모신(the great mother goddess)으로 등장하는 최고 신으로, 하늘 신 아누Anu의 딸이자 달 신이기도 하다. 성sex과 전쟁을 관장하고, 악으로부터 남자를 보호하는 역할을 했으며, 자궁과 많은 젖가슴 상징은 모든 생명을 주는 자가 되고, 지상에서 출생과 죽음을 관장하였다. 하늘의 여왕으로 존경받았으며, 활과 화살통을 나르기도 하였다. 이쉬타르 여신은 남자 배우자에게 의존한 것이 아니라, 스스로 절대적으로 통치를 하여, 고대 바빌론 시대에는 만신들 가운데서 최고 위치를 차지했다. 이쉬타르의 남편 배우자 타무즈Tammuz는 유프라테스 강과 티그리스 강에서 세상이 시작했을 때, 이쉬타르와 함께 내려왔다. 이쉬타르 여신은 중동지역과 이집트에까지 널리 확산되었다. 아스타트Astarte 여신은 고대 이집트 8왕조에서 시작했으며, 일반적으로 풍요, 성, 전쟁과 관련한다. 우가릿에서도 숭배되었고, 유대지역에 와서는 아쉬토렛Ashtoreth으로 이름이 바뀌었고, 음력에 따른 여신이었다. 아티랏Athirat은 바빌론의 초기 왕정시대(기원전 1830-1531)에 등장하는데, "하늘 왕의 신부"로 그리고 "성적인 정력과 쾌락의 여왕"으로, 기원전 14세기경 서부 셈족 우가릿 만신의 최고 여신이자 엘의 배우자이며, "신들의 창조 여신"으로 숭배되었다.[8)] Shachar와 Shalim(CTA

---

6) James B. Pritchanrd, *Ancient Near Eastern Texts: Relating to the Old Testament* (New Jersey: Prinston University Press, 1955). 이 책의 수메르 신화, 우가릿 신화, 이집트 신화, 아카디아 신화에 여신들 이야기를 소개하고 있다.

7) Philip Wilkinson, "Ishtar", *Illustrated Dictionary of Mythology* (New York: DK, 1998), 24.

23)의 신화에는 아티랏의 성적인 특징들을 보여주고 있다. 그리고 청동기 중기와 말기 시대에 수많은 여성 상이 팔레스타인을 덮었다고 한다. 그래서 우가릿 자료들에 근거하여, 아티랏과 여신들 상을 관련시키고 있다. 더욱이 이집트 토판에는 벌거벗은 여신에 'Qudshu-Astarte-Anat'가 적혀 있다. 이것은 이집트 Qudshu 여신과 우가릿의 아티랏을 일치시킨 것이다.[9] 아티랏이 풍요의 특징을 갖고 있다고 보며, 우가릿의 만신이 이미 아스타트에서 풍요 여신을 가졌다는 추측이 가능하다.[10]

아스타롯/아스토렛Astaroth, Astoreth 여신은 기원전 1200~200년경까지 페니키아와 시돈 지방의 풍요의 여신으로 바알의 주主 여신이기도 하다.[11] 아스토렛은 사랑과 전쟁의 여신이다. 특히 여호수아 이후에 이스라엘 백성에게 그리고 솔로몬이 숭배했다. 솔로몬 왕이 들여온 이 여신의 숭배 대상물을 기원전 622년 요시야 왕이 파괴시켰다.[12] 아스타롯은 아스타트Astarte로 불렸으며, 고대 앗시리아의 이쉬타르Ishtar를 모델로 하였다. 아낫Anat은 바알의 누이이며, 기본적으로 풍요의 여신이다.[13] 아낫은 옷을 벗은 채로 젖가슴과 음부가 묘사되고, "신들의 어머니"로 불린다. 아낫은 젊고 공격적인 전사 여신이며, 라스 샴라Ras Shamra 석판에는 "모든

---

8) Judith M. Hadley, *The Cult of Asherah in Ancient Israel and Judah: Evidence for a Hebrew Goddess* (Cambridge: Cambridge Univ. Press, 2000), 38-40, 43-44.

9) Tilde Binger, *Asherah* (Sheffield: Sheffield Univ. Press, 1997), *JSOT Sup* 232. 56-57. 이집트 신화에서 Qudsu 여신을 낳은 여신은 서부 셈족 세계에 그 뿌리를 둔 여신이 분명하며, Qudsu는 아세라의 대안적 이름으로 이집트에서 널리 받아졌다는 것이다.

10) Hadley, 9.

11) Jordan, Michael, "Astoreth", *Encyclopedia of Gods* (New York, Facts On File, Inc. 1993), 29-30.

12) 사사기 2:13; 10:6, 사무엘상 7:3, 4; 12:10; 31:10; 열왕기상 11:5, 33; 열왕기하 23:13.

13) Jordan, Michael, "Anat", *Encyclopedia of Gods* (New York, Facts On File, Inc. 1993), 16-17.

신들의 하늘 여왕"으로 그려지고 있다.

이들의 공통된 특징은 여신이 메소포타미아 지역의 가부장적 배경 속에서도 남신에 종속적이기보다는 독립적이며, 여신 숭배가 광범위하게 퍼져 있었으며, 풍요와 성, 출산과 죽음을 관장하며, 따라서 생명과 깊이 관련돼 있다는 것이다. 이러한 여신의 특징은 사막 풍토에서 척박한 농업의 토지생산력, 임신과 출산 그리고 자녀 건강 그리고 죽음에 이르기까지 생명이 삶의 중심으로 자리 잡고 있는 데서 나오는 종교라고 할 수 있다.

아세라의 기원과 수입 경로

아세라(אשרה), 아낫과 아스다롯은 13세기 이전에 가나안 지역에서 섬기던 대표적인 3대 여신이었다. 페티R. J. Petty는 아세라를 서부 셈족의 모신mother goddess으로 우가릿 여신들(Astarte, Anat, Elat과 Qodesh), 비-우가릿 여신들(Ishtar, Ashratu/Asheratu, Atargatis, Isis)과 연관지어 보는데, 그의 견해로는 아세라가 우가릿과 고대 근동 세계에서 보이는 여신들의 성격이나 유형들의 특징들이 너무나 유사하여 구분이 안 될 정도라고 한다.[14] 그래서 후에 이스라엘 백성들도 불가피하게 유사한 특징들을 모두 담을 수밖에 없었을 것으로 본다.[15] 이것은 비록 아세라가 구약성서 안에 그 신적인 특징과 활동, 제사 등이 드러나지 않지만, 구약 외 자료들을 통해서 역추적할 수 있는 실마리가 될 수 있겠다.

그리고 엘-아마르나El-Amarna 문서에는 기원전 15세기경 아세라 이름이 아랏-아쉬르타Arad-Ashirta 혹은 에베드-아세라Ebed-Asherah가 등장하며, 레바논 지역에서는 아세라가 가나안 지역 최고신인 엘El 또는 바알 신의 배우

---

14) Petty, R. J., *Asherah: Goddess of Israel?* (1990), 21, 25.
15) *Ibid.*, 33.

자로 나온다. 아세라는 두로와 시돈, 도시들 가운데 하나인 우가릿의 최고 여신이었으며, 후기 철기 II 시기인 기원전 1000년대에 중요한 여신이었고, 해상 무역을 하는 팔레스타인의 우가릿 도시의 배경을 가졌다. 아세라는 가부장적 문화 속에서 여성성의 권위를 가진 것으로 보인다. 아세라는 바알을 고려하여 엘에게 조언을 하면서 중재자 역할과 비판적 역할을 한 것으로 보인다. 아세라는 70명의 아들을 둔 '모신'이었기에 "출산과 풍요"와 관련이 있다.[16] 아세라는 방어도 하고 진노를 보이기도 하고, 인간이 맹세를 어기면 심한 심판을 내리기도 했다.

하들리Judith M. Hadley는 이스라엘 백성들이 아세라를 우가릿을 대표하는 엘신보다는 가나안을 대표하는 바알과 연결시킴으로, 지역의 여신으로 토착신이라는 정체성을 갖게 했다고 주장한다.[17] 그래서 이스라엘 백성들이 가나안 지역에서 바알과 아세라를 받아들이는 것은 자연스러운 과정이었다고 보며, 이스라엘 왕정 기간으로 내려가면서 아세라가 야웨의 배우자로서 역할을 했을 가능성에 대한 주장들이 나오고 있다.

야마시타T. Yamashita는 1963년에 아세라가 이쉬타르Ishtar와는 구별되는 바빌론의 만신으로 후대의 Ašratum이었으며, 최고신의 배우자였다고 한다.[18] 리드W. L. Reed는 아세라와 관련된 제단, 지성소, 향, 우상 이미지들은 히브리 인들이 고안한 것이 아니라, 팔레스타인에 살았던 이웃 백성들로부터 채용한 것이며, 그 시기는 기원전 10세기부터 6세기로 본다.[19]

16) Wiggins, S. A., A *Reassessment of 'Asherah': A Study According to the Textual Sources of the First Two Millennia BCE* (AOAT, 235; Kevelaer: Butzon & Bercker; Neukirchen-Vluyn: Neukirchener Verlag, 1993), 130.

17) Hadley, *The Cult of Asherah*, 8.

18) T. Yamashita, *The Goddess Asherah*, (1963), Ch. 2. Hardley, *The Cult*, 13에서 재인용.

엥글J. R. Engle은 아세라 기둥 상 대부분이 유대에서 발견되며, 철기 시대로 기원전 9세기 초에서 시작하여 기원전 7세기 초까지 대중화되고, 기원전 6세기 초에 서서히 사라지는 것으로 추정한다.[20] 이상의 연구들을 보면, 고대 메소포타미아 지역의 여신들 가운데, 가나안 지역의 우가릿을 중심으로 한 아세라가 기원전 10세기경 이스라엘로 수입된 것으로 보인다.

고고학적 증거 : 야웨의 배우자로서 아세라

아세라 초기 연구[21]에서 구약성서는 신으로 '아세라'를 언급한 적이 없기 때문에, 단순히 여신의 이미지를 갖는 대상물, 가령 나무 기둥, 신성한 작은 숲grove[22]이나 성소[23]로 보았다. 그래서 아세라는 단순한 나무 기둥이지 여신이 아니었다고 여겼다. 최근에 킬Othmar Keel은 고대 메소포타미아와 이집트의 청동기, 철기 시대에 여신들과 나무, 식물, 달의 상관관계를 연구하여, 왜 아세라 여신에서 이러한 이미지들이 나왔는가를 밝혔다.[24]

하지만 1929년 우가릿의 국제교역 해안 도시인 라스 샤므라Ras Shamra가 발견되면서, 신으로서 아세라에 대한 것이 명백해졌다. 우가릿 여신

---

19) W. L. Reed, *The Asherah in the Old Testament* (Fort Worth, TA: Texas Christian University Press, 1949), 68.

20) J. R. Engle, *Pillar Figurines of Iron Age Israel and Asherah/Asherim* (1979), 21.

21) Reed, W. L., *The Asherah*, Ch. 3.

22) 사사기 6:25-30; 신명기 16:21; 출애굽기 34:13, 신명기 7:5, 12:3; 열왕기하 18:4; 23:14, 15; 역대하 14:2; 31:1; 미가 5:13.

23) 열왕기상 14:15, 23; 15:13; 16:33; 열왕기하 13:6; 17:10, 16; 21:3, 7; 23:6, 7; 역대하 15:16; 19:3; 24:18; 33:3, 19; 34:4,7.

24) Othmar Keel, *Goddesses and Trees, New Moon and Yahweh* (Sheffield: Sheffield Univ. Press, 1997), JSOT Sup 261, Ch. 2.

아티랏Athirat의 정체성이 밝혀지면서, 고대 근동에서 신이나 여성 신의 상징을 숭배하는 것이 그 신성이 나타내는 것과 일치한다는 것이다.[25] 이처럼 아세라도 여신과 여신의 상징 모두가 일치하는 것이다.[26] 대이J. Day는 열왕기하 23장 4절이 바알, 아세라 그리고 하늘의 모든 신을 언급하기 때문에, 아세라가 성소라기보다는 신의 상징으로 주장한다.[27] 파타이R. Patai는 아세라가 사사 시대에는 야웨의 제단으로 상징되다가 왕정시대에 이스라엘의 신이었다고 본다.[28] 대체로 우가릿 아티랏이 히브리 아세라로 되기까지 4, 5백여 년의 기간을 통해 이스라엘의 신으로 된 것으로 본다. 이 같은 견해는 아세라가 바알과 결합되다가 야웨와 결합된 자료에서 명백해졌다.

1967년 헤브론과 라기쉬 사이에 키르벳 엘-콤Khirbet el-Qom[29]에서 발견된 기원전 8세기로 추정되는 비문에는 "야훼와 그의 아세라로 우리야후Uriyahu를 축복한다"는 표현이 나온다.[30]

1. 'ryhw h'šr ktbh (Uriyahu〈qualification of Uryahu〉 his writing (or: inscription)

---

25) Hadley, 7.

26) *Ibid.*, 7.

27) Day, J., "Asherah in the Hebrew Bible and Northwest Semitic Literature", *Journal of Biblical Literature*, 105 (1986), 385-408, 401.

28) Patai R., *The Hebrew Goddess* (Detroit: Wayne State University Press, 1990), 38-41.

29) 1967년 윌리암 데버(William Dever)는 라기쉬, Tell Beit Mirsim과 헤브론 사이에 위치한 작은 키르벳 엘-콤에서 비문을 발견하였고, 이를 "Iron Age Epigraphic Material from the Area of Khirbet el-Qom", *HUCA* 40-41 (1969-70), 139-204에서 발표하였다.

30) Tilde Binger, *Aserah*, Ch. 5, "Asherah in Israel", 95-96 참조.

2. brk 'ryhw lyhwh (Blessed be Uryahu by Yahweh)

3. wh'wryh l'šrt (w)hwš 'lh (his light by Asherah, she who holds her hand over him)

4. lrpyh w (by his rpy, who)

그후 1975년 시나이 사막 쿤틸렛 아즈루드 Kuntillet 'Ajrud(Hebrew "Horvat Teman")[31]에서 발견된 같은 기원전 8세기 것으로 추정되는 도자기에 각인된 표현은 "나는 사마리아의 YHVH와 그의 아세라로 너를 축복한다" 혹은 "우리의 보호자와 그의 아세라로"라는 표현이 나온다.[32]

도자기 I

'mr.'···h..k. 'mr.lyhl··· (..h..says:say to yhl and to yw'šh and⟨to NN⟩)
Wlyw'śh.w···brkt. 'tkm. lyhwh.šmrn.wl'šrth (I bless you by the Yahweh of Samaria and by his Asherah)

도자기 II

'mr. 'mryw. 'mr.l'dny. h··· brktk.lyhwh. (I bless you by the Yahweh of Teman,)
tmn. wl'šrth.ybrk.wyšmrk.wyhy.'m. 'dny. (and by his Asherah, may

31) 이곳은 아카바만에서 가자에 이르는 무역로에 가까운 Kadesh Barnea에서 50킬로미터 떨어져 있다. Meshel, Z는 "Kutillet 'Ajrud: A Religious Centre from the Time of the Judean Monarchy on the Border of Sinai (Jerusalem: Israel Museum) (1978); "Did Yahweh Have a Concert", *BAR* 5, 2:24-35.

32) Tilde Binger, 102-3; Dever, W. G., "Asherah, Consort of Yahweh? New Evidence from Kuntillet 'Ajrud", *BASOR* 255 (1984), 21-37.

he bless you and keep you and be with [you], my lord.)

이 도자기들의 표현에 따르면, 야웨의 배우자로서 아세라가 동시에 숭배된 것을 볼 수 있다. 고대 메소포타미아와 이집트에 널리 퍼진 여신숭배가 북이스라엘과 남유대 모두에서 있었다. 그리고 유일신 사상이 기원전 7, 6세기의 포로기, 곧 이스라엘이 멸망해 가는 시점에 만들어진 것이라면, 아세라가 야웨의 배우자로서 최고 여신의 위치를 가진 것으로 보인다.

이상에서 이스라엘에서 아세라 여신에 대한 연구는 고대 근동 세계의 신들을 중심으로 접근할 수밖에 없는 한계를 갖고 있고, 구약성서에서는 신명기 역사가에 의한 아세라 본문으로 제한되고 있기 때문에 이스라엘 백성들이 여신 숭배를 왜 했는지를 근원적으로 접근하지 못하는 한계가 있다. 그래서 필자는 왜 이스라엘 백성들이 아세라 여신을 숭배했는지를 지배권력에서 소외된 민중과 여성의 입장에서 접근하려고 한다.

3. 지배적 야웨이즘과 가부장적 종교권력

이 장에서는 이스라엘 백성들이 아세라 여신을 숭배하게 된 근본적인 배경을 찾고자 한다. 필자는 왕정시대에 들어서면서 야웨 신의 해방적 이념은 쇠퇴하고, 반대로 정치세력과 가부장적 종교집단의 결합에 의해 지배적 야웨이즘이 확대되어 감에 따라, 소외된 민중들과 여성들이 여신 숭배에서 그 정서적 위안을 받았을 것이라는 가설을 세워 논의를 전개하고자 한다.

가부장 권력

이스라엘의 배경이 되는 메소포타미아 지역은 기원전 3천 년부터 남성의 지배가 보편적이었다. 앙드레 뷔르기에르의 『가족의 기원』을 보면, 이 당시 남자주인 '벨룸belum'은 "아내의 주인"이라는 뜻이었고, 토지의 소유자와 권위의 소유자가 된다. 남자는 조상에게 제사를 지내고, 가정을 지켜주는 신을 만족시키기 위하여 애를 쓰는 절대적인 수장이었다. 남자는 사실상 무제한적으로 자신의 권한을 행사하였다.[33] 기원전 2000년기로 내려와 가계의 족보는 토지에 대한 권한을 뜻하기도 한다.[34] 가족은 가부장적이었으며, 아버지의 권위와 부계 혈족에 기반하였고, 사실상 결혼은 남편이 된 남자가 여자를 소유하는 것이었다.[35] 그리고 신명기의 시형제 결혼법[36]과 동일한, 죽은 자의 남자 형제가 과부가 된 죽은 남자 형제의 아내와 결혼하여 그 재산을 물려받아야 하는 수혼법은 재산의 상속과 유산의 보전을 위한 것이었다.[37] 일부일처제가 엄격하게 행해지지 않았고, 축첩 제도가 존재하는 사회였지만, 그 사회가 합법적으로 간주한 결혼을 통해 낳은 자식만이 상속자가 될 수 있었다. 다른 자식들은 재산 상속에서 제외되었다.[38]

이스라엘의 가부장적 문화와 제도를 살펴보면 같은 배경을 보이고 있다. 창세기에서 아브라함 이야기(15-25장)의 핵심은 아들 선호 사상으

---

33) 앙드레 뷔르기에르, 『가족의 기원 1』(서울: 이학사, 2001), 161. 아내의 간통이 명백한 경우에는 남편이 부인의 생사여탈권을 가지고 있었다고 한다. 162.

34) *Ibid.*, 142. 재산의 권한과 상속이 부계 친족 관계에서 결정되었다. 양자를 들일 수 있는 것도 분명 집단의 강화를 목적으로 했다. *Ibid.*, 143.

35) *Ibid.*, 149.

36) 신명기 25:5-6.

37) *Ibid.*, 157.

38) *Ibid.*, 171.

로, 아브라함을 가부장 문화를 선도해 나가는 조상으로 묘사한다. 이삭이 에서와 야곱을 낳아서, 축복권을 둘러싼 형제간 갈등과 재산권도 맏아들을 중시하는 가부장 문화에서 나온다. 사막 기후에서 할례(창세기 17장)는 보건위생적인 측면도 있지만, 하느님과 남자 사이에 영원한 계약을 맺는 징표로 삼아 남자에게 가부장적 권한과 재산 상속과 유지를 하는 동시에 종교적 권한을 주는 지배이념이다.[39] 구약에 등장하는 인물들은 대부분 남자들(모세, 여호수아, 사사들, 사무엘 제사장, 사울, 다윗, 왕들, 예언자들)로 채워지고 그 역할도 종교적 권위나 정치적·군사적으로 중요한 인물들의 영웅 이야기로 전개되지만, 여자는 산모,[40] 출산이나 첩, 후궁으로 사회에서 그리 중요치 않은 존재로만 등장한다.

여기서 이스라엘의 일부일처제를 점검할 필요가 있다.

구약시대에 이스라엘 사회는 일부일처제[41]를 끌고 가면서도 첩 제도에 대한 정당성을 알리고, 이것이 신앙이라는 틀 안에서 여성을 지배하는 종교적 지배이념이 되고 있다. 대표적인 예가 창세기의 첫 조상이 되는 아브라함이 아기를 못 낳자, 첩인 하갈을 통해서 아기를 갖고, 다시 본부인 사라에게서 아들을 낳아 자손이 퍼져나간다는 이야기는 야웨와 아브라함을 통해 여성 지배를 종교적으로 정당화하는 지배이념이다. 곧 남성의 지배와 일부일처제를 통해 아들(남자)에게 재산의 보전과 그 상속이 이루어지는 것과, 아내 사라에 대한 정조 이데올로기를 보여주려는 의도가

39) 창세기 17:10-14.

40) 산모가 아들을 낳으면, 그 여자는 7일 동안 부정하며, 딸을 낳으면 두 주일 동안 부정한데, 모두 월경할 때와 같이 부정하다는 표현을 쓴다(레위기 12:2, 5). 그리고 정결 기간 동안 성소에 다닐 수 없도록 하고 있다.

41) R. 드보, 『구약시대의 생활풍속』, 이양구 역(서울: 대한그리스도교출판사, 1983), 55-58. 이스라엘 사회가 일부일처제와 첩을 두는 풍속이 있었음을 소개하고 있다.

담겨 있다. 아내는 엄격한 정조를 지켜 부부간에 의리를 지켜야 하고, 남편은 첩 제도를 유지시키면서 가족 안에서 합법적으로 성적인 쾌락을 즐기고 아들을 낳으며 재산권을 유지한다. 가족의 형식은 일부일처제이지만, 실제로 남자는 일부다처제인 것이다.

일부일처제를 유지하여 남자들은 권력과 지배력을 강화하고, 여자를 통제한다. 이스라엘 사회에서 초기부터 왕정시대에 이르기까지 첩 제도를 병행하는 일부일처제는 엄한 사회적·종교적 제재 속에서 여성에게 정신적 고통을 줄 수밖에 없는 제도이다.

이스라엘의 가부장 제도는 왕정시대로 내려가면서 정치권력, 종교권력으로 확대된다. 이 시기에 형성된 가부장적 법과 제도는 이스라엘의 초기 시대로 소급시켜, 모세가 야웨의 계시를 받아 모든 율법을 선포하는 형식으로 모세의 권위 속에 집어넣고 있다: "주께서 모세에게 말씀하셨다"는 표현이다.[42] 가부장적 지배 질서를 구축하고 보존하는 내용을 야웨의 계시라는 종교적 언어로 포장하여 권위를 갖도록 하고 있다. 이처럼 이스라엘에서 아세라 여신 숭배의 근본적인 배경에는 가부장 제도가 자리 잡고 있는 사회를 엿볼 수 있다.

왕조 지배권력

기원전 11세기 후반 다윗은 열두 부족들을 통일해 왕정국가 체제를 확립한다. 다윗은 사울 계열의 경쟁자들을 물리치고, 정치적 중립지대인 예루살렘을 수도로 정하고, 하느님의 궤를 옮겨놓음으로써 정치와 종교의 힘을 결합시켰다. 다윗은 왕권의 정당성과 그 지배이념을 확고하게

42) 출애굽기, 레위기, 신명기에 나오는 모든 종교적·사회적 법령들이 모세를 통해 전달된다.

하기 위하여 하느님의 궤를 예루살렘으로 옮겨 야웨이즘을 강화시켰다. 하느님은 예언자 나단을 통해 "하느님이 다윗을 이스라엘 통치자로 삼았고, 다윗 집안을 원수로부터 보호하고, 한 왕조로 삼고, 그의 왕위를 영원토록 튼튼하게 하겠다"[43]는 계시를 내린다. 이것은 다윗 왕권에 대한 도전을 막고, 왕권을 영원히 보장하겠다는 의도를 신의 계시 형식으로 왕에게 정치적·종교적 권위를 부여하고 있는 것이다. 모세 권위에 반대하는 인물들이 광야에서 심판이나 죽었다는 이야기[44]는 왕권에 대한 도전을 못하게 하는 장치도 될 수 있다. 토라는 정치·사회·경제의 제반 법을 담고 있을 뿐만 아니라, 종교의 제사법·의무·절기 등에 대한 의무와 책임을 강조하여 야웨이즘의 지배이념을 확고히 한다. 솔로몬 시대로 넘어가 제사장들을 왕 권력 주변 행정요직에 포진시키고, 성전과 궁전을 건축하면서 왕권과 종교권력을 확고히 한다. 솔로몬 이후 국가는 분열되는데, 북이스라엘은 왕권에 대한 정쟁 다툼이 끊임없이 일어나고, 남유대도 왕권력의 남용과 사회의 부패가 심해진다. 그럼에도 왕 권력과 지배층은 바빌론 제국의 침략을 받을 때까지 보호받고 유지되고 있다.

반면 백성들, 특히 민중과 여성은 왕정의 지배체제가 확고해질수록 경제적 불평등과 사회적 고통을 받고, 사회의 지도층으로부터 정치적 억압과 고통이 가중되는 것을 예언서에서 확연히 볼 수 있다. 예언자들은 사회정의를 회복하고, 경제적 착취를 비판하는 메시지를 전하면서 이집트를 탈출시킨 해방적 야웨의 모습을 회복시키려고 한다.

---

43) 사무엘하 7:5-16.

44) 민수기 3:4, 아론의 아들들이 주께 금지된 불을 드리다가 죽었다는 구절, 민수기 12장에 미리암이 악성 피부병에 걸리는 이야기, 민수기 14:23에서 "나를 멸시한 사람은, 어느 누구도 그 땅을 못 볼 것이다"는 표현, 민수기 16장에서 반역한 백성들 이백오십 명이 죽는다는 이야기 등은 하느님과 모세에게 거역하지 못하게 하는 효과가 있다.

이 왕정 기간 동안 민중과 여성은 아세라 여신을 섬겼고, 아세라 여신 숭배는 민중종교로서 자리 잡았다. 곧 야웨이즘이 왕권과 함께 가부장적 지배권력으로 사회 상류층에 확고히 자리 잡아 나갈 때, 소외된 민중과 여성은 아세라 여신에게서 정서적인 유대감을 가졌을 것으로 추정한다.

성sex 권력

고대 메소포타미아 의학서적에는 "법률" 문서들로 근친상간을 금지하고 있다. 어머니와 아들의 성관계, 의붓어머니와 아들, 남편과 의붓딸의 성관계. 이 모든 행위에는 화형이나 물에 빠뜨려 죽이는 형벌에서부터 추방에 이르기까지 다양한 처벌이 나온다.[45] 일부다처제 사회에서 성을 통제하는 내용이다.

구약 오경에도 성性의 통제와 관련한 내용들이 등장한다. 레위기 18장은 근친 성관계를 통제한다. 가족, 가까운 친족 안에서 몸을 범하지 못하도록 한다. 그리고 남자 간에 성교, 짐승과 교접하는 행위도 금하고 있다. 이러한 성행위를 하는 것은 가나안의 풍속이라 하였고,[46] 역겨운 짓이라고 하여 하느님과 관계를 끊어야 한다고 강력하게 금지하고 있다.[47] 남자가 정액이 나올 경우 이를 부정하다고 하고, 여자가 월경이 되면 이레 동안 불결하고, 그 기간에 눕는 자리도 부정하다고 한다.[48] 출산 때도 아들을 낳으면, 여자는 이레 동안 부정하며, 딸을 낳으면 두 주일 동안 월경 때처럼 부정하여 삼십 일, 육십육 일 동안 집 안에서 줄곧 머물러 있어야 한다는

---

45) 앙드레 뷔르기에르, 『가족의 역사 1』, 155.
46) 레위기 18:3.
47) 레위기 18:27.
48) 레위기 15:1-33.

율법을 세운다. 레위기에서 '부정하다'는 표현이 사막풍토에서 보건위생적으로 보호하기 위한 측면도 있어, 산모를 외부와 단절시켜 감염을 예방하는 측면도 있지만, 아들이냐 딸이냐에 따라 부정한 기간의 기준이 달리 적용되고 있다. 성을 통제하는 법들도 다른 율법들과 마찬가지로 야웨가 모세에게 하는 말씀의 형식 속에 있다. 아내의 간통을 밝히는 절차의 내용도 여성차별적이며, 아내의 간통에 대해 제사장이 쓴 물을 마시게 하여 고통을 주도록 했다.[49] 구약 전체적으로 성행위와 여성의 출산에까지 부정적 인식을 보이고 있다. 그리고 노아 홍수 신화인 창세기 9장 18~29절에서 노아가 포도주를 마시고 취하여, 벌거벗은 채로 누워 있었는데, 함이 아버지의 벌거벗은 몸을 보았다가 저주를 받게 되었다. 이것은 함이 가나안의 조상이 되는 내용으로, 타민족의 기원을 비하하고 있다.

종교적으로 성을 통제하는 것은 개인의 본능적 욕망을 억제시키면서, 죄의 윤리의식을 갖게 하는데, 동시에 개개인에 대한 사회적 통제가 가능해지는 차원이다. 주변 제국들이 왕의 절대적 권력으로 대규모 노예제 동원으로 강제적인 통제가 가능했다면, 이스라엘은 그 같은 국가노예제가 없는 상태에서 성을 통한 개개인의 통제를 갖도록 했다. 곧 종교적으로 성을 제약하는 것이 일종의 정치적인 권력이자 지배이념인 것이다. 이것의 종교적·사회적 규약을 어겼을 때 바로 제재를 가할 수 있기 때문이다.

신명기 사가가 바알과 아세라 여신을 성 문란의 원인 제공자로 몰아가는 것은 종교가 달라서 우상을 숭배하고 있기 때문이 아니라, 지배적 야웨이즘이 두 신을 쫓아냄으로써 정치적·사회적·종교적 통제를 가할 수 있는 근거가 되기 때문이다. 그렇게 함으로써 이스라엘의 민중과 여성이 바알

---

49) 민수기 5:11-31.

과 아세라 여신을 중심으로 가졌던 결속력 내지는 힘을 약하게 하고, 지배 질서에 순응하도록 하는 이념으로 작용했다고 할 수 있다.

종교권력

이스라엘 야웨이즘은 신, 제의, 절기, 공간, 제사장, 율법, 종교적 설화 등이 한데 어우러져 종교를 이룬다. 하지만 야웨이즘은 창조와 해방 그리고 역사를 알려주는 동시에, 인간에게 많은 제약과 구속을 가하고 있다. 신이라는 절대적인 존재가 피조물인 인간에게 가하는 정신적·사상적·윤리적인 통제부터 생명·죽음에 이르기까지 수많은 통제를 가한다. 이것은 신과 인간의 대화 구조를 통해서 인간의 마음에까지 깊숙이 파고들기 때문이다. 사실 다윗 시기로 보이는 최초의 인간인 아담과 하와 이야기도 많은 신학적인 주제를 담고 있음에도, 근본적으로 하느님이 인간의 마음을 꿰뚫어보는 것을 바탕으로 전개하고 있다. 카인-아벨 이야기, 노아 홍수, 아브라함, 이삭, 야곱, 요셉 설화, 모세가 전능한 종교적 힘이 생겨 이집트의 파라오를 물리치고 병사들이 바다에 휩쓸려 죽는 이야기, 홍해 바다를 건너는 기적과 광야에서도 모세 반대파들과 모세의 약속을 어긴 백성들이 야웨에 의해 죽임을 당하는 이야기, 여호수아의 가나안 정복시에도 종교적인 기적을 통해서 군사적 힘을 보여준다. 이후 지파시대에도 백성들이 주변 민족들에게 한시적으로 점령되고 다시 구출받는 것도 신명기 사가에 의해 가나안 종교, 곧 바알과 아세라 신을 섬긴 죄의 결과로 해석된다. 사울의 왕권도 사울이 자기 판단대로 제사를 드렸다는 죄로, 하느님의 영이 그를 떠났고, 결국 사울은 피폐해진 초라한 모습으로 다윗을 견제하는 것으로 전락한다. 다윗이 절대 왕권을 가졌으나, 밧세바와 정을 통한 것이 나단 예언자에 의해 탄로가 나는 것 역시 하느님의 개입으로 행해지고 있다. 이렇게 신이 인간의 마음뿐만 아니라, 모든 사건에 개입하는 것 자체가 신의 권력을 보여주는 것이고, 인간은 거기에 복종할 수밖에 없게 만들고 있다.

하느님을 모시는 법궤 주변에는 레위인을 중심으로 막강한 종교권력이 형성되고, 모세 권위 속에 십계명은 절대윤리로 자리매김한다. 특히 야웨 신의 질투심을 강조하여 다른 신들을 배척하게 하는 우상숭배 금지 조항은 가장 절대적인 사상으로 인간을 종교적으로 통제하는 최고의 수단이 된다. 물론 제국에 둘러싸인 작은 나라에 불과한 이스라엘이 정신적으로, 곧 종교적으로 독립할 수 있고, 구심력을 가질 수 있는 유일한 대안이 되는 상황에서, 유일신 강조와 우상숭배 금지 조항에 대해 그 당시 상황에서는 매우 긍정적인 평가를 내릴 수 있다.

그리고 일상생활, 사회적인 규약, 종교적 절기와 규례 등이 모두 야웨의 말로 선포됨으로써 모든 개인과 사회 구성원 전체가 이 의무와 책임을 감당해야만 했다. 이러한 종교적인 통제로 이스라엘은 다윗-솔로몬 왕정시기에 들어서면서 제사장들이 현실 정치와 행정조직에 참여하여 거대한 종교권력을 형성하게 되고, 남자 중심의 가부장적 종교 지배이념을 만들고 있다.

결국 다윗 이후 가부장적 야웨이즘의 종교권력은 민중과 여성을 억압하는 요인이 되었다. 물론 율법 안에는 고아와 과부, 이방인 등 사회적 약자에 대한 배려, 십일조를 통한 가난한 사람에 대한 재분배, 안식년 법을 통한 경제적 채무자의 구제 등 사회적 보호를 강구한다. 하지만 근본적으로 왕권과 거대한 가부장적 종교 지배이념이 주류를 이루어가는 분위기에서 사회적 약자에 대한 배려는 매우 약소한 조치에 불과한 것으로 여겨진다. 이처럼 지배적 야웨이즘이 사회와 정치·종교 권력의 핵심으로 제도화하면서, 그 권력에서 소외된 민중과 여성은 아세라 여신 숭배를 통해 위로를 받았을 것으로 추측된다.

4. 지배적 야웨이즘에서 소외된 민중종교 아세라 여신

신명기 역사가의 지배적 야웨이즘

구약성서의 신명기 역사서와 역대기 역사서는 바알과 아세라 척결을 가장 강하게 외치고 있다. 따라서 신명기 사가의 관점과 의도를 살펴보지 않을 수 없다.

요시야 왕 때 발견된 율법문서는 종교개혁을 일으키는 동력이 되었고, 그 율법 정신은 신명기 역사가가 역사 서술을 펼쳐나가는 기본 패러다임으로 자리 잡는다. 신명기 사가는 두 번의 편집(요시야 왕과 포로기)을 통해 신명기 틀에 따라 육백여 년의 역사를 회고하는데, 특히 국가적 멸망을 가져온 그 원인을, 배교에 두고 서술해 나간다.

신명기서가 강조하는 바는 유일신 사상과 우상숭배 금지, 하느님께 순종하면 축복을 받지만 불순종을 하면 징벌을 받는다는 단선적인 사고이다. 신명기 사가의 이러한 공식은 출애굽기 34장 13절에서 잘 나타난다: "그러니 너희는 그들의 제단을 허물고, 그들의 석상을 부수고, 그들의 아세라 목상을 찍어 버려라." J와 E 자료에서는 발견되지 않는 이 공식은 신명기와 역대기 역사가에 의해 확장된다.[50] 그러면 왜 신명기 사가와 역대기 사가가 이 파괴 공식을 채택했는가? 그 이유는 이방 제의를 파괴하

---

50) 신명기 7:5; 12:3; 사사기 6:25 이하; 열왕기하 18:4 이하; 23:13; 역대하 13:1; 15:16 이하; 출애굽기 34:14.

는 것이 순수함의 상징이 되는 것이라고 보았기 때문이다.[51] 신명기 사가는 이 공식에 기초하여 왕조실록을 참고하지만, 왕들이 우상을 섬겼느냐 안 섬겼느냐에 따라 왕들을 평가하고 있다. 신명기 사가는 유대와 이스라엘 모든 왕의 역사를 신명기 정신에 따라 서술하고 있다.

1) 북이스라엘

솔로몬에게 반기를 들고 권력을 차지한 여로보암 앞에 아히야 예언자가 나타나, 솔로몬이 시돈의 여신 아스다롯과 모압 신 그모스와 암몬 신 밀곰에게 절하여 솔로몬 이후에 두 왕국으로 분열될 것을 예언한다.[52] 하지만 아히야가 여로보암에게 거는 희망도 대단히 비관적으로 나타나고, 결국 여로보암은 신명기 사가에 의해 강력한 비판을 받는다.[53]

엘리야 예언자는 아합왕(기원전 873-852)에게 엘리야 예언자가 아합에게 바알 제사장 450명과 아세라 제사장 400명을 소집할 것을 요청하는데, 이때 바알 제사장들만 모두 죽는다. 곧 아세라 제사장들의 운명에 대해서는 언급이 없다. 엘리야가 그들을 찾지도 않고, 다시 불러 모았다는 이야기도 없다. 아세라 제사장들은 모두 살아남았다는 이야기이다. 이에 대해 파타이는 첫째, 아세라 제사장들이 계속해서 여신을 섬기는 데 방해받지 않았다는 가설과 둘째, 바알은 야웨의 위험스런 경쟁자인 반면에, 아세라 여신은 야웨의 불가피하고, 필수적이고, 혹은 인내심 있는 여성 파트너로 간주되었기 때문에 살아남았다는 가설을 주장한다.[54]

---

51) 사사기 6:25-30; 열왕기하 18:4-7.
52) 열왕기상 11:31-33.
53) 열왕기상 12:25-13:10.
54) Raphael Patai, "The Goddess Asherah", 33-53, 43.

엘리사 예언자를 후광으로 예후가 등장하여 아합왕의 황후 이세벨과 왕가 친족들을 살해하면서, 바알 숭배자들도 숙청한다. 그러나 여기서도 아세라 숭배자들은 언급이 없다. 강력한 반 바알주의자들인 엘리야와 엘리사 예언자들이 등장했음에도 아세라 숭배자들이 살아남았다는 것은 아세라 여신이 해방적 예언 정신의 맥락과 교감이 있음을 추측하게 한다. 파타이는 이에 대해 기원전 798년 이후에도 아세라 상들이 사마리아(=북이스라엘)에서 손상받지 않았다는 것은 아세라 숭배가 계속되었다는 것이라고 주장한다.[55] 이것은 북이스라엘이 앗시리아 제국에 의해 멸망(기원전 722)될 때까지 아세라가 야웨와 함께 민중종교로 합법적으로 숭배되었음을 알리는 것이다. 동시에 야웨이즘이 아직 유일신으로 자리 잡지 못했음도 가정할 수 있다.

2) 남유대

솔로몬의 아들 르호보암 왕은 아세라 목상을 만들고 여신을 숭배했다.[56] 여호사밧 왕(기원전 870-846) 시대에도 아세라는 숭배되었다. 그러나 히스기야 왕(727-698)은 종교개혁을 통해 전통적인 가나안 종교와 아세라 제사 대상물, 산당과 기둥들을 제거하거나 파괴하였다. 하지만 히스기야의 아들인 므나세 왕 때에 와서 바알과 아세라가 다시 복구되었다가, 요시야 왕(639-609)이 율법서(신명기 12-26장)의 발견을 계기로 과감한 종교개혁을 단행하여, 바알과 아세라 상들을 불태우고 없앴다. 요시야의 종교개혁으로 볼 때, 남유대도 솔로몬 이후 6세기까지 아세라 숭배가 존재했음을 본다.

---

55) *Ibid.*, 43.

56) 열왕기상 14:21-24.

이상 두 국가가 지속했던 사백여 년의 역사 안에서 아세라 숭배가 계속되었음을 보았다. 하지만 신명기 사가의 관점은 남유대가 멸망한 원인을 이스라엘 백성들이 야웨를 저버린, 곧 이방종교를 숭배한 관점으로만 역사를 서술하고 있다는 데서 문제를 제기하지 않을 수 없다. 물론 당시 제정일치가 된 사회에서 이 같은 배교의 시각으로만 역사를 바라보는 한계를 인해할 수 있다. 하지만 국가의 흥망성쇠는 정치적·경제적·사회적·국제적 요인들이 복합적으로 작용한다. 전쟁이나 국지전 등이 일어나는 것은 근본적으로 영토 확장, 물이나 식량자원 그리고 농업용지 확보, 교통로와 무역로 확보, 노예 등 인력자원 확보, 신무기 확보와 경제적 우위를 통한 타민족과 국가를 지배, 내부 사회의 갈등을 전쟁으로 외연화하는 경우 등 다양한 요인들이 작용하며, 철저히 민족적·국가적·경제적 실익에 의해 전쟁을 일으킨다. 이러한 기본적인 상식은 당시에도 알고 있는 사실들이다.

그럼에도 신명기 사가가 다른 종교를 믿었다고 타민족의 지배를 받게 되었다는 역사의식은 종합적으로 볼 수 있는 역사관이 없었거나 의도적으로 외면한 것인지는 모르지만, 종교적 관점에서만 서술했다는 것은 신명기 사가의 시각에 근본적인 문제점을 제기해야 한다. 신명기 사가가 멸망과 포로기의 시기에 기득권 입장에서 이러한 사회적 부패와 기득권 계층들의 잘못을 은폐하고, 그 모든 국가적 책임을 종교적 배교로만 몰아가는 것은 아닌지도 따져봐야 할 것이다. 또한 신명기 사가가 지배적·가부장적 야웨이즘을 존속시키기 위해서, 멸망의 책임을 야웨와 지배 사회가 아니라 아세라 여신에게 돌리려고 희생제물로 삼은 것으로도 해석해 볼 수 있을 것이다. 곧 민중과 여성의 민간신앙으로 전승되던 정신적 지주이며 토대가 되는 바알과 아세라를 퇴출시킴으로써, 민중과 여성의 정신적 종교적 힘을 약화시키고, 상대적으로 가부장적 야웨이즘의 지배권을 높이는 계기가 되었을 것이다. 곧 야웨이즘의 지배체제를 유지하기 위해서는 아세라 여신이 걸림돌이었던 것이다. 그렇기에 신명기 사가의 '우상숭배 금지'는 단순히 다른 종교에 대한 금지가 아니라, 정치권력과 종교권력이라는 지배이념의 의도가 담긴 것으로 바라보아야 한다.[57)]

신명기 사가는 이렇듯 단선적인 사고를 갖고 이스라엘 역사를 기술하였다. 물론 국가적 위기와 멸망이라는 상황에서 유대 백성들을 종교공동체로 묶어세우려는 시도에서 바알과 아세라를 배척하는 것은 하나의 방법이 될 수 있었겠지만, 신명기 사가의 역사관은 지배적 야웨이즘을 형성하는 데도 큰 기여를 했다.

민중종교로서 아세라 여신

종교권력과 사회에서 소외된 민중과 여성이 마음을 둘 곳이 민중종교는 아니었을까?

고대 메소포타미아와 이집트에 이르는 지리적 환경이나 종교적 풍토에서 최고 신들은 배우자로서 여신이 있었음은 앞에서 보았으며, 그 지역이 넓게 분포되어 있는 것으로 보아 여신이 대중적이었을 것으로 본다. 특별히 여신은 사막 기후에서 생산력과 풍요를 가져다주는 절대 필요한 신이다. 흔히 가나안 종교를 풍요와 섹스로 무시하거나 배척하는 경향이다. 하지만 인간은 물론, 가축과 식물에 이르기까지 생산력과 풍요를 기대하지 않을 수 없고, 그것은 곧 번식과 관계되기 때문에 성을 매개로 해야만 한다. 따라서 여신은 이러한 임신, 출산, 양육, 동물의 수태, 식물의 성장 등 생명과 관련하여 매우 자연스러운 것이다. 더욱이 임신과 출산 시 산모

---

57) Eun-Kyu, Kim, "The Prohibition of Idolatry and the Rejection of Empire", *Interreligious Insight*, Vol.3. No.3 (2005), 41-48.

와 영아 사망률이 높은 상황에서 여신에 대한 의존도는 더욱 높을 수밖에 없었을 것이다.

이스라엘 백성들은 우선 앗시리아 제국의 이쉬타르 여신을 선택하지 않고 토착 신 아세라를 선택함으로써 제국의 신을 거부하였다.[58] 그 시기는 철기 시대로 아세라 여신 숭배는 기원전 9세기 초에서 시작하여 기원전 7세기 초까지 대중화되고, 기원전 6세기 초에 서서히 사라졌던 것으로 추정된다.[59] 아세라 숭배는 북이스라엘과 남유대 모두에서 발견되며, 성서 외 비문들에서 아세라 여신이 야웨와 한 쌍을 이룬 것과, 아세라 여신의 기둥들이 곳곳에 많이 세워졌다는 것은 야웨와 적대적인 경쟁의 영향이 아니었음을 보여주고 있다.[60] 이렇게 보면 왕정 시기에 아세라 숭배가 충분히 행해지고 받아들여졌다는 것을 알 수 있다.

올얀S. M. Olyan은 아세라가 본래 야웨 제단에 대해 이방적이지도 않고, 가나안에서 들어와 북이스라엘과 남유대 모두에서 야웨 제단에 합법적으로 있었던 것으로 보아 국가 종교이면서 대중 종교라고까지 주장한다.[61] 그리고 아세라와 바알에 대해서 반대한 것은 신명기적인 논법의 결과라는 것이다.[62] 그리고 그는 "야웨이스트들을 구분하여 보수적인 집단(신명기사가들)이 아세라를 반대했지만, 다른 보수적인 집단들(엘리야/엘리사 집단)은 그렇게 하지 않았다"[63]고 하여 보수 집단을 분류하였는데 이는 적

---

58) Judith Hadley, 8.

59) J. R. Engle, *Pillar Figurines of Iron Age Israel and Asherah/Asherim* (1979), 17, 21.

60) Engle, 102.

61) S. M. Olyan, *Asherah and the Cult of Yahweh in Israel* (SBLMS, 34; Atlanta: Scholars Press, 1988), 13-14.

62) *Ibid.*

63) Olyan, 3.

절하다.

구약성서에서 아세라가 모두 40회 중에 신명기 역사서와 역대기 역사서에서 36회 등장하는 것과는 달리, 예언문학에서는 4회만 언급되는데,[64] 이 구절들 역시 신명기적 영향의 구절들로 본다. 그렇다면 예언자들이 신명기적인 영향을 받은 주제들 말고, 아세라를 적극적으로 반대한 예언자가 없었다는 것이다.[65] 엘리야/엘리사 설화, 예후 이야기, 아모스와 호세아의 신탁들에서도 아세라에 대해 침묵하고 있다. 아모스서를 제외하고, 이들은 반 바알적이지만, 아세라에 대해서는 결코 언급하고 있지 않는다. 예언자들이 우상숭배에 대해서 강하게 비판했다면, 아세라에게도 강하게 비난해야 하는데 침묵하고 있다는 것이 매우 이상할 정도이다. 그렇기에 예언자들이 어떤 기준과 판단을 가졌다는 것으로 해석할 수 있다. 이것은 예언자들이 민중과 여성이 지배적 야웨이즘과 종교권력에 소외되어 있음을 알았고, 이들이 믿는 아세라 여신에 대해서 비난하기보다는 같은 정서를 공유했을 것으로 생각된다. 예언자들이 적극적으로 지지하지는 않았지만, 비난하지 않음으로써, 여신 숭배를 용인하는 방식인 것이다.

다윗의 왕정체제를 유지시키는 것으로 전락한 지배적 야웨이즘이 민중과 여성을 사회와 종교 안에서 소외시켰고, 결국 소외된 사람들은 야웨의 배우자로서 최고 신의 위치를 갖는 아세라 여신에 의지하였던 것이다. 우가릿 신화에서 아티랏 여신이 엘의 배우자로서 모든 신에게 생명을 주는 어머니 같은 존재였듯이, 아세라도 지배권력으로부터 소외된 이스라엘의 민중과 여성에게 생명과 관련한 임신, 출산, 양육 등 모성과 여성성을

---

64) 이사야 17:8; 27:9; 미가 5:13; 예레미야 17:2.

65) Hardley, 17.

가진 존재로 그 역할을 했을 것이다. 또한 아세라 제단도 야웨 제단과 동등하게 제사, 주술, 제사장, 절기 등 제반 여건들을 갖추고 공식적으로 행해졌을 것이다. 그리고 히스기야의 종교개혁 때까지도 가나안 여신 아세라를 계속 섬겼다는 것은 아세라가 이스라엘 민중에게 믿음의 대상이었다고 생각할 수 있다.[66]

이후 요시야 왕의 종교개혁 시에 바알 제단을 치면서, 야웨가 유일신 종교로 가기 위해 어쩔 수 없이 아세라 여신도 함께 배척한 것으로 추정된다.

5. 결론

지금까지 구약시대 동안 아세라 여신이 야웨와 함께 숭배되어 온 흐름을 추적해 보았다. 그 결과 다음과 같은 몇 가지 내용을 밝혀낼 수 있었다.

첫째, 구약성서에서 등장하고 고백되는 야웨는 다 같은 야웨가 아니다. 모세가 이집트를 탈출하여 만난 가나안 군주제에서 도망 나온 원주민들과 같은 정체성을 가진 '해방적 야웨이즘'과, 이스라엘 왕정시대에 왕을 비롯한 지배계층이 만들어 내는 통치 이데올로기로서 '지배적 야웨이즘'이 서로 얽혀 있다.

둘째, 지배적 야웨이즘이 주류를 이룰 때, 여기서 소외된 대중들, 곧 민중과 여성은 당시에 여신을 자연스럽게 믿는 지중해권 풍토에서 앗시리아 제국의 여신이 아니라, 가나안 지역의 토착신으로서 아세라 여신을

66) 노세영. 박종수, 『고대근동의 역사와 종교』(서울: 대한그리스도교서회, 2000), 268.

믿었다. 아세라 여신은 북이스라엘과 남유대 전 지역에 합법적으로 숭배되었으며, 야웨의 배우자로서 최고 신으로 존재했다.

셋째, 열왕기에서 엘리야와 엘리사 예언자가 바알 제사장을 집단으로 죽이는 사건이 있을 때도, 아세라 제사장들은 살아남았다. 예언자들이 사회 상류층과 야웨 제사장들의 부정과 부패를 조목조목 날카롭게 비판하면서도, 아세라 제사장과 그 숭배자들을 비판하지 않은 것은 아세라 여신이 민중과 여성, 곧 사회적으로 소외된 약자의 대변자 역할을 했기 때문에 같은 민중적 정서를 가졌던 것으로 볼 수 있다. 이것은 아세라 여신이 해방적 가치로 존재했기 때문에 살아남은 것으로 본다.

넷째, 포로기 전후에 유일신으로 통합되어 가는 과정은 단순히 신들의 배척이 아니라, 지배권력의 사회적·종교적 통제이자 권력의 문제로 보아야 한다.

다섯째, 신명기 역사가의 유일신 사상과 우상숭배 금지라는 단선적인 역사관에 더 이상 갇혀서는 안 되며, 바알과 아세라를 물질 풍요와 성 타락의 대명사처럼 바라보는 기계적인 관점도 반드시 극복되어 새롭게 조명해야 할 것이다.

이스라엘 초기 역사부터 야웨와 엘신은 공존하면서 국가가 형성될 때 지배적 종교로 변모하였고 육백여 년이 흐른 포로기 멸망에 가까워서야 두 신이 합쳐져 유일신이 되었다. 이 전기간에 걸쳐 사회와 권력에서 소외되고, 억압을 받고, 빼앗기던 민중과 여인들은 아세라 여신에게 기대며, 사막기후에서 임신과 출산과 양육 등 생명과 관련한 가장 근본적인 생존의 문제부터, 소외된 마음들을 모성성에서 찾고 기대었던 것으로 보인다. 하지만 신명기 역사가는 이스라엘 멸망의 근본 원인을 배교, 곧 백성들이 야웨를 배반하고 다른 종교를 가진 것으로 보고, 육백여 년의 역사를

'우상숭배 금지'에 초점을 맞추어 기술하였다. 여기에 바알과 아세라 그리고 다른 신들은 철저히 배제되어 밀려났다.

이 같은 멸망기 시점의 역사관과 종교관이 신명기 역사가가 주변 제국들을 고려하였다면, 제국의 종교와 문화를 거부하는 저항의식의 표현으로 볼 수 있으며, 다른 한편 국가가 멸망한 상태에서 야웨 종교만을 인정하여 강한 정신적 구심점을 세우려고 했던 의도를 엿볼 수 있다. 아세라 여신이 담당했던 기능과 역할에 대해 단 한 단어도, 단 한 줄의 묘사도 하지 않은 채, 단지 '찍고, 불태우고, 없애는' 배척의 대상으로만 기술하는 신명기 사가의 의도로 야웨 주도권을 강하게 하려 했던 배타적인 신관을 형성하였다고 볼 수 있다. 신명기 역사의 서술이 이스라엘을 왕들의 통치 순서로 내려간 것만 보아도, 그가 지배적 역사관을 가졌다는 것을 볼 수 있으며, 따라서 민중과 여성들이 섬겼던 아세라 여신을 배척의 대상으로 삼았다는 것은 지배적 역사관과 밀접하게 연결된다고 하겠다.

이러한 야웨 중심적이고 지배적인 역사의식으로 채워진 신명기 역사관을 토대로, 그리스도교가 국가 종교로 인정받은 이후 오늘날까지 힘있는 그리스도교 국가들은 세계를 그리스도교 제국으로 지배하고 확장하는 논리의 종교적 이데올로기로 이 역사관을 활용하며 식민지 지배를 정당화하였고, 토착 종교와 문화들을 파괴하는 데 이용했다. 또한 현재에도 신명기 역사관은 종교 간 갈등을 일으키는 주된 원인을 제공하고 있다.

* 이 논문은 《종교연구》 제51집(2008년 6월호)에 게재되었다.

III부

구약성서와 종교 간 대화

1장

그리스도교의 정경 선언은 약이었는가 독이었는가?

—지배적 그리스도교와 민중 유대교의 비교

1. 서론

종교 간 대화를 위한 다양한 접근들이 나오고 있다. 이에 필자는 성서학에서는 어떻게 종교 간 대화에 접근할 수 있을까를 고민하였고 이에 대한 하나의 고리로 '정경正經'을 택했다. 그리스도교의 정경 선언은 그리스도교의 사상을 넓혀 주었는가, 아니면 반대로 제한했는가? 그리스도교가 형성되는 초기 시대에 로마제국으로부터 박해를 받다가, 4세기 초에 국가종교로 합법화된 후 지금까지 그리스도교는 서양 제국들의 편에서 자신의 역사를 걸어왔다. 서유럽의 신학은 그동안 적극적으로든 잠재적으로든 그리스도교 제국들을 위한 논리를 정당화하고, 종교권력을 강화하는 지배 이데올로기로 이용되어 왔다. 또한 그에 대한 반대급부로 정경은 세속권력과 교회권력으로부터 보호받지 않았을까? 그리스도교가 지배이념을 만들어 내고 유지하고 주도권을 갖게 된 이상, '하느님 나라'의 확장과'우상숭배 철폐'와 같은 내용은 로마제국의 확장 이념과 유럽 식민지 확장 이념에 맞아떨어졌다. 그래서 성서는 다른 신념이나 종교사상을 받아들여서는 안 되었고, 그러할 필요도 없었다. 이렇게 정경 선언이 성서를 보호하는 훌륭한 방패막이를 했고, 결국 아시아·아프리카·남미·유럽 내의 유대교와 이슬람 등 다른 종교, 토착 문화들을 무너뜨리고 없애는 첨병의 이념적 역할을 한 것은 이미 밝혀진 내용이다.

반면 유대교는 기원전 6세기 바빌론 포로기, 기원전 2세기 때 마카비 혁명, 기원후 1, 2세기에 연이어서 유대전쟁과 바르 코흐바 전쟁을 등을 통해 로마제국에 저항하였다. 하지만 결과는 크나큰 패배였다. 그 결과 유대인들은 로마제국으로부터 정치적 통제를 받았고, 4세기 그리스도교가 승리한 이후에는 그리스도교로부터 차별과 소외를 받았다. 그 후 이슬람으로부터의 학살과 십자군 전쟁, 15세기 스페인에서 추방과 학살, 18세기 동유럽에서 학살, 2차 세계대전 때 나치에 의한 무자비한 학살을 경험했다. 이렇듯 유대인들은 히브리 시대부터 중세, 근세, 2차 세계대전까지 인종적·종교적·사회적 약자로 살아왔다.

이 글에서 '지배적' 그리스도교라는 용어와 '민중' 유대교라는 이념적 용어를 쓴 것은 이 같은 역사적 맥락을 보면서 두 종교의 특징을 대비시켜 보려는 의도이다. 모세라는 한 인물에게서 기원하여 예수 이후 갈라진 다음 2천여 년이라는 기나긴 세월 동안 하나는 최상위의 지배종교로 성장했고, 다른 하나는 최하위의 민중종교로 역할을 했다. 그 격차는 실로 엄청나다.

두 종교의 특징을 이루는 중심에 '정경'을 이루는 경전들이 있었다. 필자는 이 글에서 정경의 역할이 두 종교를 어떻게 버티게 하였고, 정경이 지배적 위치에 있을 때 어떤 모습을 띠었으며, 정경이 피지배적 위치에 있을 때 어떤 모습으로 갔는가를 알아보고자 한다.

그동안 정경에 대하여 그리스도교 입장에서는 호의적으로 혹은 호교론적으로 많이 다루어져 왔기 때다. 그렇기에 이 글에서는 유대교적 시각으로 접근하려고 한다. 이러한 질문과 의문점들을 던지면서, '성경'과 '정경'은 그리스도교와 그 권위의 요체라고 보고, 이 주제를 그리스도교보다는 유대교 입장에서 조명해 보고자 한다. "내 종교만 아는 사람은 내 종교를 모른다"는 말을 되새긴다. 이 말이 이 글을 전개하는 밑바탕이다.

한국에서 유대교 연구는 거의 전무한 실정이나, 최근 최인식 교수가 쓴 유대교를 잘 이해할 수 있는 책을 낸 것은 고무적이다.[1)]

유대교에서 보는 정경

정경의 정의에 대하여 일반적으로 이스라엘의 과거의 책들에 대한 선별, 편집의 과정을 "정경화Canonization", 또는 "성경 정경의 형성"이라고 부른다. 그리스어로 "정경canon"은 "곧바른 자", "막대", 그래서 "규율", "기준", "표준"을 의미한다. 구약 정경은 Torah(Law), Nebiim(Prophets: Former and Latter)과 Kethubim(Writings or Hagiography)로 그 가운데 토라가 가장 높은 평가를 받으며, 마지막 것은 그리스도교 시대에 오면서 유동적이었다. 기원후 2세기에 그리스도교 성서에 대해서 "신앙의 규율"을 의미하였고, 4세기 콘스탄티노플 황제가 그리스도교를 승인한 이후에 교부들이 그리스도교의 정경을 권위 있는 책들로 확정지으면서, 신적인 영감을 받아 기록된 것이며, 이것을 교회의 신성한 책들(구약과 신약)로 확정지었다. 이것이 정경의 일반적인 개념 정의이다.

---

1) 최인식, 『유대교 산책』(부천: 예루살렘 아카데미, 2008). 한국에서 유대교 연구는 미흡한 실정이나, 이 책은 유대교의 전체를 소개하는 글로 매우 유용하다.

유대인 학자 러셀D. S. Russell은 구약의 정경에 대해서, "기원후 90년 얌니야 회의에서 학자들이 정경의 거룩한 법전에 대한 논의를 하였지만, 이 세 문서들이 불확실하게 남았다. 이 책들에서 '권위 있는 경전'을 세우는 것은 유동적이었다. 초대 교회가 사용한 칠십인 역도 히브리어 경전에서는 발견되지 않는 자료들도 포함하고 있어서, 얌니야 회의가 결정한 것에 대하여 만족스럽지 못하다"[2]고 하여 정경 과정에 대한 비판적 시각을 말하고 있다. 즉 얌니야 회의가 얼마만큼의 권위를 갖고 있는 것인지 잘 모르며, 그 회의 이후에도 여전히 최종 형태로 확정되지 않았다는 것이다.

역시 유대인 학자인 샤이 코헨Shaye J. D. Cohen도 당시의 정황에 대하여, "정통 입장(유대교)에서 이교도(그리스도교)들이 경전들을 신성하다거나 신성하지 않다고 다룬 것을 보면, 거북하다"[3]고 말한다. 이는 신흥 종교인 그리스도교가 정통 유대교의 문헌들에 대하여 제단한 것에 대한 불쾌감을 표현한 것으로 보인다. 그 이유로 그는 "정경으로 배제된 모든 다른 작품이 이교적인 것은 아니었다. 이들은 단지 '이등급' 내지는 유대인 작품들로 보는 '외경'(벤 시라, 솔로몬 지혜서, 마카비서, 유딧, 토비트 등)의 범주 안에 있는 것이었다"[4]고 말한다. 유대인들은 분명히 "정경"이라는 단어를 쓰지 않았으며, 필로, 요세푸스, 신약성서가 그리스어로 "경전", "신성한 경전들", "신성한 책들"이라는 말로 사용하였다.[5]

---

2) D. S. Russell, *From Early Judaism To Early Church* (London: SCM Press Ltd, 1986), 30-31.

3) Shaye J. D. Cohen, *From the Maccabees to the Mishnah* (Philadelphia: The Westminster Press, 1989), 175.

4) *Ibid.*

5) *Ibid.*, 176. 요세푸스는 유대교 역사에서, 아담과 이브 역사로부터 기원후 66년 전쟁까지,

반면 그리스도교 구약학자인 차일즈B. S. Childs는 초기 그리스도교의 정경이 이 문헌들을 유대교의 과거의 전승들로 간주하기보다 그 자체의 권위를 주장하는 하느님의 말씀으로 받아들였고, 교회의 예배의식을 통해서 정경이 이해되었기에, 성서와 그 저자(하느님)와 수신자(교회) 사이에 역동적인 관계를 수립하였다는 평가를 한다.[6)]

정경에 대한 유대 학자와 그리스도교 학자의 입장이 차이가 나는 것은 히브리 시대의 문헌들과 종교적 전통들을 놓고 유대교가 정통이냐, 당시 신흥종교인 그리스도교가 정통이냐라는 정통의 문제에서 바라보기 때문이다. 여기에는 유대인이 그리스도를 십자가에 달리게 했다는 것과 구원관의 차이가 근본적으로 전제되기 때문에 상이한 종교 노선으로 갈렸다. 근원적으로 보면, 유대 학자들은 유대교 전통이 히브리 시대부터 지성적인 전통에 따라서 현재 상황에 맞게 여러 사상을 받아들이고, 스스로 변화하면서 진화했기 때문에 '정경'이라는 용어에 거부감을 가졌다. 종교개혁 때 마틴 루터는 이 외경들을 구약에서 빼내어, "외경"이라는 타이틀로 따로 구분하여 편집했다. 가톨릭과 성공회는 이 책들을 사용하며, "제2정경deuteronomical canon"이라고 했지만, 개신교는 정경이라는 이름을 함께 쓰

정경 책들과 비정경 책들을 구분하고 있지 않다. 그는 성서 자료들이 거의 끝나가는 시점에도 어떠한 암시도 하지 않는다. 곧 요세푸스는 정경 개념을 갖고 있지 않았다. 쿰란(Qumran)의 유대인들도 정경에 대한 분명한 의식을 더더욱 갖지 않았다. 그들은 토라, 예언서, 시편을 정경으로 간주했고, 이 책들은 그들의 문학에서 인용되고 해석되는 방식으로 보여주었다. 그들이 "성서(Bible)"이라는 개념을 가졌었는지 어떠한 암시도 없다. 동굴에는 성서와 비성서 책들의 단편들이 많았고, 그들 가운데 어느 기록된 문서가 정경인지 아닌지를 구분하는 것은 물리적으로 불가능했다. 단지 기록할 자료, 쓰는 기술, 보존할 방식 들이 중요했다. 이렇게 유대인들이 "정경"이라는 단어를 사용하지 않았고, 쿰란에서도 성서적 정경이 발견되지 않고, 요세푸스의 주요 작품에도 없었다.

6) B. S. Childs,, *Introduction to the Old Testament as Scripture*, 『구약 정경 개론』(서울: 대한그리스도교출판사, 1987), 36.

는 것을 거절하였다.

2. 유대교의 역사적 전개와 경전들

고대 유대교의 초기~헬레니즘 시대

그리스도교와 유대교가 같은 기원을 갖고 있는 히브리 성서의 고대 이스라엘은 바빌론, 이집트라는 제국 국가들에 둘러싸여 있고, 사막과 지중해라는 피할 수 없는 지정학적 위치로, 생존기반 자체가 방어적일 수 밖에 없었다. 다윗 왕조 때 잠시 국가적 독립을 한 이후(기원전 1000년), 분열된 북이스라엘(기원전 722년 멸망)과 남유대(기원전 587년 멸망)는 제국들의 속국이었으며, 바빌론 포로기(기원전 587-538) 때 재난을 겪으면서 국가는 멸망했다. 페르시아 시대를 겪고, 알렉산더 대제(기원전 356-323)의 통치를 잠시 받은 후, 그의 사후에 프톨레미와 셀루코스로 분열되었다. 이 시기부터 예수의 출생 사이의 기간은 고대 역사에서 가장 눈에 띄는 시기로, 이 시기를 헬레니즘이라고 하며, 동·서의 문명을 가져다주었으며, 자연스럽게 문화적·종교적 혼합주의를 보냈다. 유대인들도 헬레니즘 문명권에서 다양한 문화와 종교들을 경험했다.[7] 한편에서는 유대인들이 헬라화를 주도하면서 히브리어에서 그리스어를 배우고, 헬레니즘적 개혁을 시도했다.[8] 하지만 다른 한편에서는 헬라화에 반대하는 움직임이 있

7) D. S. Russell, 4. 헬레니즘 수면 아래에는 고대 종교들인 바빌론, 페르시아 종교들이 계속해서 큰 힘을 보여주었다. 이 시기에 동양의 "지혜"가 물밀듯 흘러들어 왔다. 수준 높은 신비주의, 마술, 점성술, 천문, 우주론, 인류학, 종말론 등이 들어와 유대인들의 삶과 사고에 영향을 주었다.

8) Russell, 4. 재인용. *Hellenistic Civilisation and the Jews*, 1961, 71.

어서 전쟁을 통해 로마제국에 저항하는 독립운동이 일어났다.

기원전 168년 유대 마카비가 반란을 일으켜 잠시 국가를 세웠지만, 안티오쿠스 4세에 의해 유대교는 금지되었고, 139년 유대인들은 로마로부터 추방되었다. 그리고 기원전 63년 로마가 예루살렘을 점령했고, 유대인들의 로마제국에 대한 저항은 계속되어 기원후 66~70년 유대전쟁을 치렀지만, 예루살렘 성전이 파괴되고, 수많은 사상자와 노예가 발생하였다. 그로부터 한 세기가 지나기도 전에 다시 132~135년 바르 코흐바Bar Kokhba가 로마에 반대하여 전쟁을 이끌었으나 역시 참패했다. 계속된 패배였지만 조그마한 약속민족이 거대한 로마제국에 이길 수 없다는 것을 알면서도, 세 차례에 걸쳐 거센 저항을 했다는 것만으로도 역사적 의의가 크다. 이 같은 대참패로 유대교와 유대인은 정치적 박해를 받았으며, 랍비들은 장기적인 유대 공동체 회복 운동으로 유대교를 내면화하면서 버티어 내는 힘을 키웠다.

헬레니즘이 강한 힘으로 지중해 지역을 뒤덮었지만, 유대교는 그리스도교의 출현 옆에서 변화하면서 생존했고, 야웨와의 계약과 조상들의 율법을 지켜냈다. 유대인은 로마제국에 대한 저항을 통해 종교적 민족적 자의식을 찾았고, 율법을 지키면서 헬레니즘으로부터 정체성을 잃지 않았으며, 민족의 어려운 운명들을 종교적 내면생활로 버티어 냈다.[9)]

이 시기에 유대교 자료들과 경전들은 히브리어 성서를 이집트에 사는 그리스어로 말하는 유대인을 위해 그리스어로 번역한 70인역The Septuagint(LXX)이 나와 초기 유대교와 초기 그리스도교에 기여했다. 시편과 잠언서가 대략 기원전 200~250년경, 역대기서가 기원전 4세기 중엽, 제2스

---

9) Karl Heussi, *Kompendium der Kirchengeschite*, 『세계 교회사』, 손규태 역(병천: 한국신학연구소, 2004), 37.

갸랴서(9-14)도 헬레니즘 시대를 반영하고, 룻기, 전도서, 에스델과 다니엘서도 기원전 165년경으로 본다. 책들이 홍수처럼 나왔는데, 이후 초기 그리스도교 시대에 이 책들을 '정경'과 '정경 밖extra-canonical'로 구분하여, 외경Apocrypha[10])이라고 불렀다. 이들 대부분은 팔레스타인에서 나왔으며, 히브리어와 아람어로 쓰였고, 벤 시라만 그리스어와 다른 번역들로 살아남았다. 또한 위경은 외경보다 더 정체성과 기준을 찾기가 어려운 책들로 기원전 200~기원후 100년 사이에 팔레스타인과 더 넓은 디아스포라 유대인들에서 유대교와 유대-그리스도교가 쓴 책들을 말한다. 러셀은 "외경과 위경 모두가 그 시대의 많은 사람에게 하느님의 율법에 대한 깊은 헌신과 개인적 연민에 근거한 힘차고 복잡한 경전"[11])이었다고 평가한다. 유대교는 다양한 문헌들을 받아들이면서 정체성을 잃지 않았으며, 서로 연대하고, 많은 종교적·정치적 그룹과 많은 대중을 가진 다양한 종교 공동체였다.

기원후1세기~4세기 : 두 번의 전쟁과 로마제국의 그리스도교 승인

초기 유대교 시대에, 유대교와 초기 그리스도교 문헌들은 쿰란에서 발견된 사해사본(기원전 150-기원후 68), 알렉산드리아의 유대인 필로 작품(기원전 20-기원후 50), 요세푸스(기원후 37-100), 랍비 문서들-미쉬나, 타르굼 혹은 아람어 경전 주석들, Nag Hammadi(콥틱, 기원후 1-4세기), 대부분의 영지주의, 신약 외경과 위경 등이 있다.

---

10) 로마가톨릭과 성공회는 제이 정경문서들로 에스드라1, 토빗, 유딧, 에스더 추가본, 솔로몬 지혜서, 집회서(벤시라), 바룩1, 예레미야 편지들, 수산나, 벨과 용, 마카비상, 하 등을 드는데, 이들 모두가 예수가 오기 전 2세기경의 것으로 본다.

11) Russell, *From Early Judaism To Early Church*, 22.

기원후 70년 이후 팔레스타인에서 디아스포라에 이르는 그리스도교와 유대교는 로마제국으로부터 소외와 격리를 강요받았고, 312년 콘스탄틴 대제가 그리스도교를 승인하고 국가 종교로 승격시킨 이후 유대인들은 그리스도교로부터 종교적 적대감과 파괴적인 폭력이 증가했으며 박해를 받았다.[12)]

하지만 이 시기에 어느 정도 종교적 자유가 허용되었다는 견해도 나온다. 유딧 리우 학자는 로마제국의 확대로 도시가 커지고, 시장도 커졌고 사회도 다원주의로 발전하였다고 주장한다.[13)] 회당이 서고, 랍비 학교가 생겨 경전들을 연구할 수 있었다고 한다.[14)] 유대교의 종교예식도 가능하였다. 곧 유대교가 기본적으로 요구하는 안식일, 할례, 축제들, 성적인 정결 의무, 그 밖에 많은 기본적인 율법 실천 등이 가능했다.[15)] 그러나 근본적으로 합법화된 그리스도교의 박해가 더했다.[16)] 4~5세기는 유대

---

12) Judith Liew, John North and Tessa Rajak, *The Jews Among Pagans and Christians* (London: Routledge, 1992), 5-6, 104. 4세기의 종교사에 보면, 지역 그리스도교인들이 이교도 성전들을 공격한 것의 증거들이 있는데, 그러한 공격들은 이미 콘스탄틴(324-337) 하에서 시작되었고, 콘스탄티누스(337-361) 하에서도 계속되었다. 콘스탄티누스 때 시리아에 Arethusa에서는 Mark 주교가 이교도에 대하여 더 세심한 주의를 갖고 개종을 독려하고, 거대한 성전을 파괴하였다. 380년경 전후로 그리스도교 군대가 유대교에 비슷한 규모의 공격을 하여 갈등을 일으켰다. 그리스도교 황제들은 합법적인 방법으로 유대교를 금지시키거나 유대인들을 그리스도교로 개종시키기 위하여 공격하였다.

13) *Ibid.*, 6.

14) *Ibid.*, 11-12.

15) *Ibid.*, 13.

16) *Ibid.*, 101. 고대 마케도니아에 Srobi에 잘 알려진 회당이 있었고, 초기 3세기 중엽으로 유대 공동체가 있었지만, 이 회당은 4세기 말엽에 그리스도교 바실리카로 대치되면서 파괴되었다. 시리아에 Apamea 대도시에도 4세기의 바닥이 모자이크로 된 회당이 발견되었고, 안디옥 북쪽에도 유대 공동체가 살았던 흔적이 있다. 하지만 5세기 그리스도교 교회가 회당 자리에 세워졌고, 6세기에는 더 확장되었다. 요르단의 Gerasa에도 모자이크의 4, 5세기의 회당이 발견되었는데, 530년에 그리스도교 교회가 들어섰다. 이렇게 유대교

교와 그리스도교의 경쟁의 시기이었고, 7세기에 이슬람이 등장한 이후에는 그리스도교와 이슬람 사이에서 어려움들을 겪었다.17)

7세기 : 이슬람 시대와 십자군과 중세 시대~현대

서로마제국은 게르만족에 의해 476년 멸망했고, 동로마 비잔틴 제국은 유럽의 그리스도교 국가들을 불러들여 11세기 말부터 13세기 말까지 8차에 걸쳐 예루살렘을 탈환하는 십자군 전쟁을 일으켰다. 13세기에 오스만 투르크 제국이 유럽과 소아시아 지역에서 주도권을 갖기 시작했고, 마침내 1453년 비잔틴 제국의 수도인 콘스탄티노플을 점령하여 로마제국은 역사에서 사라졌다. 이로써 지중해권의 이집트와 팔레스타인 지역, 흑해와 동유럽은 이슬람권이 되었다.

이 시기에 유대교는 로마제국이 전쟁을 통해서 영토를 확장함에 따라 그리스도교도 유럽 전역으로 흩어져 퍼져나갔고, 세속권력을 차지한 그리스도교는 유대교를 비롯한 이교도들에게 멸시와 박해를 가했다. 또한 7세기에 이슬람이 시작되고 이들도 영토 확장과 함께 세력이 커졌다. 이에 그리스도교는 11세기 말부터 시작된 십자군 전쟁으로 예루살렘 성지 탈환이라는 명목 하에 이슬람과 유대인을 학살하였고, 15세기 스페인에서도 유대인에 대한 박해가 극에 달하면서 처형과 추방이 계속되었다. 이때 유대인들은 포르투갈과 동유럽으로 많이 흩어졌다. 13세기 가톨릭의 교황 그레고리 9세는 이교도들에 대한 종교재판을 시작하여 19세기 초까지

회당과 이교도 성전, 그리고 교회들이 공존하기도 하고, 서로 다른 신앙 때문에 갈등을 겪기도 한 것으로 보인다.

17) Jacob Neusner, *The Emergence of Judaism*, 96. 야곱 누스너는 그리스도교는 그리스도를 죽인 유대인을 비난했고, 이슬람은 유대인을 치욕과 경멸로 취급했다고 말한다.

박해와 고문, 처형으로 수십만 명을 죽이거나 화형을 시켰다. 유대인들은 1, 2차 세계대전을 치르면서 러시아, 독일, 동유럽 국가들로부터 인종적인 냉대와 종교적 수모를 당했고, 변란이 생길 때마다 학살들을 겪었으며, 독일 나치로부터 육백만 명이 넘는 희생자를 냈다.

7세기부터 오늘에 이르기까지 유대인은 그리스도교와 이슬람과의 경쟁과 전쟁에서 중간에 끼여 희생을 거듭했다. 가톨릭은 이슬람교도와 유대인을 불신하고, 이슬람도 유대인에게 자유와 안정감을 주고는 있지만, 가톨릭교도를 불신하고 있어, 가톨릭이나 이슬람 어느 한쪽의 힘이 지배할 때, 그 공통분모에 있는 유대인은 항상 희생을 감수해야 했다.

이렇게 서로 불신하고 있는 세 종교를 보면, 역설적으로 모두 한 분 유일한 하느님(유일신)에서 기원했다. 이들은 신학이나 윤리의 많은 문제들에 대해서도 일치했다. 그리스도교는 모세와 예언자들을 인식하고 구약으로서 토라를 수용했고, 이슬람은 예언자 무하마드가 완성했던 계시를 주장하면서 유대인과 그리스도교인 모두를 책(성서)의 백성으로 알아보았다. 유대교는 콘스탄틴 황제의 칼을 휘두른 그리스도교에게 굴복하였으며, 무하마드의 날카로운 칼을 버티는 데 어려움을 겪었다.[18] 이러한 일련의 역사적 흐름을 보면, 유대인들은 긴 역사 기간 동안 민중적 위치에서 불안하고 고통스러운 삶을 살아온 것을 볼 수 있다.

---

18) Jacob Neusner, *The Emergence of Judaism*, 96.

3. 진화해 온 유대교 경전들과 그 해석들

할라카Halakah 해석

1) 할라카

성서 자체는 크게 두 범주로 나뉜다. 하나는 도덕과 질서들에 관한 '율법들'이고, 다른 하나는 유대 종교 공동체가 하느님과의 관계 속에서 어떤 특별한 역할을 했는지를 역사적 관점에서 다룬 '이야기들'이다. 그리고 시편과 지혜문학이 있다. 율법들을 해석한 것을 할라카로, 이야기를 해석한 것을 하가다로 구분한다. 할라카는 문자 그대로 "간다" 또는 "길"이라는 뜻으로, 성서 계명을 구술 율법Oral Torah의 결정에 따라 실천하는 길을 의미한다. 율법에 관해 질문하는 형식과 다양한 반응, 개인적인 질문이나 결정에 대한 답변들의 형식을 보면,

> "랍비 A가 무엇 무엇을 말한다. 랍비 B는 동의하지 않는데, 할라카hala-kah는 …이다."[19]

할라카는 구술 토라에서 잠정적이며 범주가 정해져 있지 않는 다양성을 특징으로 한다. 성서는 계명을 주면서, "너희는 살인하지 말라"라는 명령식의 표현을 한다. 하지만 할라카는 살인의 주제에 관해서 이전의 의견들과 새로운 질문들과 토론을 하면서 어렵게 질문과 답을 한다. 그래서 하얌 마코비는 "할라카가 단순히 성서 계명들에 대한 랍비의 생각을 뜻한다고 말하는 것은 잘못일 수 있다. 왜냐하면 할라카 용어에는 성서의

19) Hyam Maccoby, *Early Rabbinic Writings* (Cambridge: Cambridge University Press, 1988), 18.

계명들이 다루지 못하는 인간의 가치라는 중요한 영역들이 있기 때문이다. 즉 '율법의 문자를 넘어서는' 고차원의 도덕 영역을 다루기 때문이다"[20]고 하여 할라카의 가치를 높이 평가하고 있다. 이것을 보면 유대교는 율법을 일방적으로 강요한 것이 아니라, 다양한 의견을 제시하고, 의식의 세계로 설득하여 실천하도록 이끄는 것을 볼 수 있다.

하얌 마코비는 할라카의 권위에 대해서, "율법적인 힘에서 나오는 것이 아닌데, 그 이유는 소수의 의견들이 넘쳐나고 있기 때문이다. 할라카는 금지하고 허용하는 것에 관한 토론들과 결정들로 구성되어 있다. 그래서 어떤 의미에서는 신적으로 영감을 받은 주장들처럼 정경적인 권위를 갖고 있지 못하지만, 할라카적 결정의 권위는 사회적 합의의 결정들에서 나오기 때문에 이것은 단지 사회적인 의무가 아니라, 합법적인 결정들에 복종하도록 하는 종교적인 의무가 된다. 그래서 랍비들의 결정들에는 소수의 의견들이 넘치게 담고 있다. 이것이 새로운 결정을 위한 기반이 된다"[21]고 말했다. 할라카의 합법성과 권위는 위로부터 오는 것이 아니고 소수들의 다양한 의견을 표출할 수 있도록 열어둠으로써, 유대 공동체 안에서 사회적·종교적 합의를 이끌어 냈다는 데 의의가 있다고 하겠다. 그들은 역사적 재난과 어려움 속에서도 종교법들에 대해 민주적인 토론으로 사회적·종교적 합의를 이끌어 냈고, 스스로 지켜 나가는 것을 볼 수 있다.

2) 미쉬나Mishnah

토라Torah는 구술oral과 기록written으로 전승되어 내려갔는데 미쉬나는 전자에 해당한다.[22] 그리스도교의 출현으로 나온 성서는 1차 멸망(기

20) *Ibid.*
21) *Ibid.*, 20.

원후 70년)의 산물이었고, 랍비 문학은 2차 멸망(135년)의 산물이었다. 미쉬나는 이렇게 두 세기에 걸친 두 번의 전쟁을 기록함은 물론이고 율법과 종교, 철학과 사회에 대한 이론을 표현하기 위한 것으로, 역사의 의미와 그 사건들과 그들의 의미들을 설명하기 위한 메시지로 표현한 것이다.[23) 미쉬나의 체계는 이스라엘의 운명을 이스라엘의 역사들—사무엘, 열왕기서, 역대기—의 역사적 전통에서 그려내고 있다. 유대인 학자 야곱 누스너는 미쉬나의 직접적인 배경이 되는 1, 2세기를 다음과 같이 비교하여 말한다: "1세기 때는 정치인들과, 일반인들, 거룩한 남자들, 영웅들이 등장하여 상당한 희망과 용기를 가졌고, 백성들이 전쟁으로 싸우면서 구체적인 행동을 보였다. 그러나 2세기는 낙담과 좌절의 시대였다. 소수의 사람들이 미쉬나를 통해 꿈과 계획을 만들었고, 이스라엘의 현자들이 책을 썼다. 유대 민족이 행동하는 것에서 상상하는 시스템으로 전환한 것이다. 가늘어진 희망의 거미줄과 같은 실로 현실을 짜면서 마음으로 무엇인가를 만들기 시작했다. 그것이 철학이었고, 내적인 재구성이었다. 그러면서 절망을 이겨 내고, 유토피아를 꿈꾸며 '지금 여기'(here and now)에서 꿈들을 구성하는 율법을 만들었다."[24)

2세기에 국가적인 재난에서 살아남은 랍비들은 모든 유대교 관습과 전통을 모아서 율법과 맞추어 보는 작업을 활발히 진행했다. 회당의 행정이나 희생제사들과 관련한 율법들은 살아남은 제사장들이 존속시켰고,

---

22) Jacob Neusner, *Ancient Israel after Catastrophe* (Charlottesville: University Press of Virginia, 1983), 3. 유대교의 근본 신화는 모세가 시나이 산에 올라갔을 때, 하느님이 그에게 두개의 토라를 계시했는데, 곧 모세의 "전체 한 권으로 된 토라"를 하나는 글로 된 문서로, 또 다른 하나는 말로 기억된 것으로 주었다고 한다.

23) *Ibid.*, 16.

24) *Ibid.*, 8.

사회정의에 관한 율법들은 사사들이 기여를 하였다. 이때 모아진 수집물들은 이전의 수집물들을 포함시키고 대치시켰다. 구술 토라에 대한 중앙의 보관소를 만들고, 그 시대에 살아 있는 율법, 변화하는 환경과 새로운 질문들에 맞추어 이스라엘의 과거 시간을 넘어서 더 많은 이해를 갖는 율법으로 성장시켜 나온 산물이 미쉬나였고, 유대교의 정경 작품이 되었다.[25] 토라와 미쉬나가 모두 모세의 시나이 산을 언급하지만, 미쉬나는 1, 2세기의 랍비들이 재난을 이겨 내고 유대 공동체를 통합하기 위해, 지역마다 각기 전승되던 구술 토라를 재정비하여 그 시대에 맞는 공통적인 가치들과 의식으로 엮어 낸 것이다.[26] 미쉬나의 정경성은 위로부터가 아니라 아래로부터 정경화된 것에 큰 의의가 있다. 미쉬나는 구술 토라를 공식적으로 요약하여 채택한 것을 '모든 이스라엘'이 결정한 것이었다.[27]

미쉬나의 내용은 농업, 월력의 거룩한 때와 절기, 가정생활에서 의무들, 시민법과 제도, 성전 희생제사에서 행동, 정결한 음식과 법 등을 담고 있다.[28] 미쉬나는 여기서 우리가 해야 하고 하지 말아야 할 것들이라는 개인적인 일들로부터, 유대교 상황에서 세계관에 이르기까지 삶의 방법을 체계적이고 질서 있게 언급하고 있다.

미쉬나는 이러한 율법들을 달과 해가 지구를 계속해서 돌듯이 인내를 갖고 회복하는 영원한 패턴들을 표현하고 있다. 곧 씨를 뿌리고 땅을 갈고

---

25) Hyam Maccoby, *Early Rabbinic Writings*, 5.

26) *Ibid.*, 6. 미쉬나가 모세 시대를 언급하고 있지만, 그 시대에는 있지도 않은 것이 나온다 (가령 Purim 축제). 이것은 모세 시대로부터 900년이나 흐른 후의 정황을 반영한 것이다. 하누카 축제도 기원전 2세기 하스모니아 시대의 것인데, 미쉬나에 언급되고 있다.

27) *Ibid.*

28) Jacob Neusner, *Ancient Israel after Catastrophe* (Charlottesville: University Press of Virginia, 1983), 2.

수확을 하는 일과, 태어나고 결혼하고 죽는 일, 가족과 집, 일과 휴식, 새벽과 황혼 위에 율법을 세우는 패턴이다. 이것이 '지금 여기'를 뜻하는 것이다. 야곱 누스너는 "미쉬나는 영원한 현재를 말하고, 계속되는 현재의 시제를 사용하고 일들이 어떻게 되는지를 묘사한다. 곧 재난에 대한 지성적인 반응들을 미쉬나가 표현한 것이다. 미쉬나에서 모든 것은 변한다(everything has changed)"[29]고 그 의의를 설명한다. 랍비들이 역사의식을 갖고 상황화contextualization시킨 것이다.

그렇다면 미쉬나의 정확한 목적은 무엇인가? 두 번의 국가적 재난에 따라 유대인의 삶의 행동을 위한 실제적인 안내가 미쉬나에게 요구되었다.[30] 그래서 미쉬나는 유대 국가를 멈추어 버린 세계에 살게 하려는 안내서가 아니라, 비록 나라는 없지만 유대 국가를 기능하기 위해 조각들을 모아서 재구성을 하여 유대 공동체의 궁극적인 회복을 향한 실천적인 청사진을 제시하고 있다.[31] 그래서 미쉬나는 패배한 백성들의 정신 속에 들어가 유대인을 보호하고, 로마제국은 일시적이며, 유대인들은 자신의 율법을 갖고 위대한 정치 조직의 유산들을 계속해서 기억시키는 것이었다.[32] 미쉬나는 그 시대의 현실 정치에 관해서는 직접적으로 언급하지 않고, 묵시적 희망들을 갖으면서 긴 역사를 내다보고 있다. 곧 과거를 현재화시켜 기억하면서, 미래를 바라보게 하고 있다. 유대교에서 정치와 종교는 매우 밀접하게 얽혀 있다. 유대교는 이집트에서 자유를 얻은 이후로 정치적 해방을 대종교적 주제로 삼았다. 그러나 미쉬나는 본문의 표면에

29) *Ibid.*, 17.
30) *Ibid.*, 33.
31) *Ibid.*, 33.
32) *Ibid.*, 34.

서 그 자신의 목적들을 말하지 않으면서도 그 이상의 것을 보여준다.[33] 이것은 로마제국 하에서 정치적 박해를 고려하지 않을 수 없기에, 과거의 문헌들을 회상한 것이라고 생각된다.

이렇게 유대인들은 직접적인 정치 투쟁의 방식에서, 미쉬나를 통해서 정신적인 내면의 지혜를 선택한 것이다. 1세기에 이스라엘은 종말의 시간을 언급했지만, 2세기에 이스라엘은 영원함을 세웠다. 유대인의 유산은 율법을 세우고, 그것으로 치리하고 묘사하는 방식을 보여준 것이다. 따라서 율법의 메시지는 단순히 과거를 의무와 복종의 개념이 아니라, 질서를 말하고, 앞을 내다보며, 세계를 보는 역사화된 율법으로 승화시켰다. 미쉬나가 1, 2세기의 좌절을 이겨 내고, 꿈과 비전과 희망을 현실에서 찾도록 한 것은 매우 적절한 진화였다. 미쉬나의 할라카 율법은 과거를 통한 현재의 질문에 대해 대답을 한 것이다. 이스라엘의 삶은 성전 없이도, 팔레스타인 땅 밖에서도 회복을 기대했고, 그것을 신앙의 삶으로 표현했다. 야곱 누스너는 "두 차례의 전쟁을 치르며 성전 없이도 거룩함을 어떻게 표현할 수 있을까? 그 대답이 미쉬나에서 하느님의 백성의 거룩한 '행동'으로 강조되고, 그래서 미쉬나는 좌절이 아니고 희망을 말하면서 재구성과 회복의 문서로 나아갔다"[34]고 설명한다. 이스라엘이 희망했던 세계를 묘사한 미쉬나는 세상을 재창조하기 위해서 규칙들을 회복하고 보존하였다. 동시에 이스라엘이 '지금 여기'(here and now)를 강조함으로써, 현재에서 거룩함을 지키는 것이었고, 그것을 구원으로 본 것이다. 미쉬나는 고대의 토라를 현재화시킴으로써, 현재의 좌절을 극복하고, 미래를 내다보게 하는 희망적인 메시지로 만든 경전이었다.

---

33) *Ibid.*

34) Jacob Neusner, *The Emergence of Judaism*, 8.

3) 탈무드Talmud

유대인이 맞은 세 번째 위기는 4세기 로마제국 치하에서 그리스도교의 박해였다. 그리스도교와 유대교는 1세기부터 삼백여 년 간 경쟁을 해왔다. 그리스도교가 합법화되고 국가 종교가 되자 세속권력을 갖고 유대인들에게 정치적·종교적 박해를 가하였다. 하지만 4, 5세기 랍비 기록에 수많은 유대인이 개종했다는 기록이 없는 것으로 보아, 유대인들은 로마제국에서 그리스도교의 승리의 도전에서 살아남았다.[35] 유대인들은 그리스도교를 받아들이지 않고 토라로 충성을 보였다. 1, 2세기의 전쟁들의 패배의 결과로 미쉬나가 나왔다면, 탈무드는 4세기부터 시작된 로마제국의 그리스도교로부터 박해받으면서 나왔다. 탈무드에는 이스라엘 역사의 세계관과 철학을 표현하면서, 역사에서 유대교의 회복과 완성을 향한 의미와 질서의 문제들에 대답을 하는 이야기들이 담겼다. 유대인은 무엇 때문에 기다려야 하는가? 메시아 주제는 토라에서는 등장하지 않기 때문에, 미쉬나에서도 소홀히 다루었다. 그런데 그리스도교가 승리하면서, 유대교도 메시아에 대한 교리가 요구되었다. 첫 번째 탈무드가 그 교리를 담았고, 유대교의 세계관을 이끌었다.[36] 탈무드는 미쉬나에 대한 주석의 형식을 취하였으며, 2백여 년 뒤인 600년에 두 번째 주석서가 바빌론에서 완성되었다.

하가다Haggadah 해석

하가다는 성서의 율법이 아닌 이야기들에 대한 숙고와 체계화이다. 하얌 마코비는 하가다에 대해 다음과 같이 정의한다: "성서는 토라를 세계

35) *Ibid.*, 17.
36) *Ibid.*, 11.

역사의 상황 안에 집어넣고, '마지막 날'의 클라이맥스를 향해 움직이면서, 이스라엘 백성을 연극의 배우들로 이끌어 가는 경향이 있다. 하가다는 구술 토라에서 다양한 주제들을 담고 있는 민담과 이야기들을 이 연극에 담아 그 시대의 삶에 적용시켜 구술적인 자료로 연중 계속해서 쌓아간 것이다."[37]

하가다는 문자 그대로 "말하다"(아람어로 'aggadah)이다. 특별한 의미로 하가다는 출애굽기 13장 8절과 연관지어 매년 유월절 때 이집트에서 탈출한 이야기를 말하는 것으로, 하느님께 감사를 드리는 의미를 담고 있다. 모든 종교가 이야기들을 담고 있고, 신학자들도 추상적인 용어로 그 이야기의 의미를 설명한다. 랍비 유대교가 이야기를 말하는 의도는 추상적인 내용들이나 신학이 아니라, 이야기와 신학 사이에, 계약과 하느님 나라와 같은 내용들 속에서 체계적인 발전을 보여준다.[38] 하가다는 사실 할라카의 실천을 위한 합리성을 제공한다. 할라카가 가정학교에서 가르침을 위한 주요 자료라면, 하가다는 회당에서 가르치는 주요 자료로, 열정과 감정과 하느님 약속의 성취 그리고 더 나은 세상이 올 것이라는 희망을 보여주는데, 이것을 하느님이 이스라엘을 이집트에서 구출하고 역사 속에서 그의 주요한 도구로 선택했다는 구조와 일치시키고 있다.[39] 할라카 자료들은 강의 노트와 교훈 기록들을 보여주는 학문적인 성격을 띠는 반면, 하가다 문서는 주로 유대교의 절기에 맞추어 설교적인 자료로 표현되고 있다.

하가다는 매우 풍부하고 훌륭한 종교적 가치들을 담고 있는 방대한

---

37) *Ibid.*, 19.

38) *Ibid.*

39) *Ibid.*

문학으로, 대중적인 교훈을 의미하기도 하며, 하느님의 신비들을 명상의 차원에서 불러일으키기도 한다.[40] 여기서 하가다의 권위가 나온다. 이 속에서도 의견의 충돌이 생기지만, 모든 하가다적인 의견은 시적이고 상상을 불러일으킨다. 한 시인이 자기와 의견이 다른 시인에 대해서 논리적인 해설로 강하게 맞서지 않는다. 반대되는 분명한 대립이 있다고 하더라도, 반대되는 사람을 없애는 것이 아니라 상호 교류하고 합의를 도출하도록 하는 시적인 사고의 대화적인 특징을 띤다.[41]

가령, 창세기 1장 2절에 "하느님의 영이 수면 위를 덮는다"고 했을 때, '영'은 무엇인가? 영은 문자 그대로 '바람'이다. '하느님의 영'이다. '하느님의 영은 아담이다' 등의 해석들이 나올 수 있다. 그래서 하가다는 역사적이고 시대적이며, 신학적이거나 인류학적이며, 민속학적인 해설들이 나올 수 있다. 이렇게 하가다는 지적인 능력을 요구하는 것이 아니라, 시적인 상상력을 요구한다.

하얌 마코비는 유대교와 그리스도교를 비교한다: "그리스도교가 '신학'이라고 하는 기능과 관련지어 하가다의 본질을 보면 잘못 이해할 수 있다. 그리스도교에서는 중심이 구원에 있기 때문에 신학과 신조creed의 체계화를 향한 돌진이 있다. 그리스도교 신앙의 길에서는 구원이 중요하며, 그래서 신조 역시 중요한 결정이다. 그런데 유대교는 구원에 관한 그러한 걱정이 아니다. 유대교가 계약을 구원의 보증으로 보는 경향이 있지만, 유대교는 이를 신념의 태도로 요구하지 않는다. 유대교가 강조하는 것은 구원을 성취하는 것이 아니라, 토라가 청사진을 제시한 사회를 유지하고 향상시킴

40) William Scott Green (ed.), *Approaches to Ancient Judaism: Theory and Practice* (Scholars Press, 1978), 34.

41) Jacob Neusner, *The Emergence of Judaism*, 21.

으로써 계약을 실천하는 것이다."[42] 이상에서 보았듯이 하가다는 토라의 이야기와 민담을, 비록 상대방과 의견이 다르다고 하더라도 설득하려 하지 않고, 자기 시대에 시적이고 자유로운 상상력을 통해 새로운 해석을 하도록 대화적인 방법을 열어주고 있다. 바로 여기에 민중종교로서 유대교의 생명력이 있다고 본다. 그리스도교가 교리체계에 갇혀서 한 치라도 벗어나면 이단이라고 몰아붙이고 종교재판을 하며, 그리스도교 신앙 안에서도 조금만 달라도 서로 갈라지고, 교단이 새로 생기는 것과는 크게 차이가 있다. 필자가 보기에 그리스도교는 권력과 교리를 지키기 위해서 사고가 경직되었으며, 유대교는 흩어진 백성들과 사고를 지키기 위해서 유연함을 선택한 것이라고 본다.

1) 미드라쉬Midrash 해석

르네 블로흐Renee Bloch는 미드라쉬의 특징[43]을 다음과 같이 설명하고 있다: "미드라쉬의 출발은 성서이며, 거룩한 책에서 기록된 계시의 신앙을 전제로 한다. 미드라쉬는 학문적인 장르는 아니며, 대중적이며 교훈적이

---

42) *Ibid.*, 22.

43) Renee Bloch, "Midrash", 29-73, in William Scott Green (ed.), *Approaches to Ancient Judaism: Theory and Practice*, 29-30. 히브리어 성서 - *mdrs*는 역대기하 13:22과 24:27에서 두 번 등장. 비정경 문서인 시락 51:23에서 사용되었다. 한편 동사인 *drs*는 세속적이든 종교적이든 자주 사용되는데, 사람의 정체성(사무엘하 11:3), 잃어버린 것을 찾는 것(신명기 22:2), 사람의 죄를 묻는 것(욥기 10:6). 종교적 의미로는, 제의 장소, 하느님을 찾고, 예배와 개인 기도로 하느님의 응답을 찾는 것(아모스 5:5; 역대하 1:5; 신명기 12:5; 시편 34:5; 69:33; 105:4 등)을 볼 수 있다. 이 의미들은 포로기 이후 시대에 사용된 것으로 하느님의 응답을 찾는 것으로 본다. *drs*는 넓은 의미로 토라를 연구하는 것으로, 전체 신의 계시를 삶의 표준으로 인식하는 것을 말한다. 어쨌든 어근이 되는 *daras*는 포로기 이후 시대의 용어이며, *midras*는 교훈과 교화를 목적으로 역사서(역대기)에서 사용되었다. 랍비 문학에서 *daras*는 는 "교리적 선언이나 설교"를 의미하는데, '공부한다'는 의미와 '설명한다'는 두 가지 의미를 갖는다.

다. 이것은 거룩한 본문이 회당에서 읽혀질 때, 더 잘 이해되도록 시도된 해설을 말한다. 랍비들의 관심은 '왜?'라는 표현으로 의문을 제기하고 그에 대한 해설들을 다룬 것으로, 미드라쉬 주석은 현재를 바탕으로 본문들에 대한 연구를 하는데, 그 목적은 이론적인 것이 아니라, 실천을 위한 것으로 종교적 삶과 신앙을 위한 지침들을 정의 내린다."[44]

이렇게 과거의 본문을 현재화시키는 것은 경전이 하느님의 백성과 그의 구성원들 각자에게 살아 있는 말씀으로 들려주며, 메시지의 모든 새로운 이해들과 적용들, 그리고 모든 새로운 상황에 대해서 결정적으로 열려 있다.[45] 유대교는 현재의 삶에서 출발하기 때문에 과거의 경전들을 현재화시키는 것을 목표로 하며, 그 내용과 형식은 매우 자유롭게 하여 현재의 공동체 구성원들에게 지적 호기심과 신앙적 성숙을 높이는 방향으로 나아가도록 이끌어주는 것이 미드라쉬의 특징이며, 유대교 경전의 특징이다. 미드라쉬 장르도 진화evolution를 하는데, 그 기원은 성서의 양식이나 삶에서 나오며, 후대에 외경이나 랍비 문학에서 진화하여 연결시키고 있다.[46] 랍비들은 그 진화의 양식의 모델들을 히브리 성서 안에서 찾아 자연스럽게 진보적으로 기억하게 한다. 이런 현상은 바빌론 포로기 이후 공동체에서 나타난다. 곧 성서가 현재 공동체 삶의 한 부분이 되었고, 랍비들은 계속해서 반복하여 읽고, 가르침의 목적을 깨닫고, 명상과 기도를 하면서 백성들을 양육하였다.

---

44) *Ibid.*, 31-32.
45) *Ibid.*, 33.
46) *Ibid.*, 37.

2) 구약성서 안의 미드라쉬적 해석의 흔적들

대부분 그리스도교의 구약학계에서는 구약 본문들의 병행 구절들이 나오면, 일반적으로 어느 것이 원 저자의 글인가에 치중하고, 문학적인 양식들을 비교하는 방식으로 단순하게 결론을 짓는다. 하지만 구약시대부터 오랫동안 체득되어 온 유대인들의 미드라쉬적인 해석들은 구약 안에 많은 곳에서 등장한다. 그러면 미드라쉬적인 해석은 어떤 것을 말하는 것일까?

구약성서 안의 그 흔적들을 찾아보면, 이사야는 아모스에게 묻고, 예레미야가 호세아의 영향을 받고, 에스겔은 성결법전과 관련하여 아모스, 호세아, 이사야, 특히 예레미야를 이용했다. 이러한 재해석은 포로기 이후 문학에서 두드러지게 나타난다. 이 시기 작품들의 저자들은, 새로운 내용을 만들기보다는, 이전의 원 자료들을 발전시키고, 풍부하게 만들고, 순서를 바꾸는 역할을 하면서 현재화시켰다. 그들은 이렇게 옛 자료들을 자기 시대에 필요한 것과 문제들에 반응하면서 매우 자유롭게very freely 사용했고, 이 옛 본문들에 대해서 새로운 의미와 적용을 하는 데 주저하지 않았다.[47] 예언자들은 이전의 경전들, 특히 오경의 지식을 현재 공동체 삶의 중심으로 세우고, 현실의 문제들을 해결하기 위해서 과거의 본문들을 새롭게 해석하는 데 사용했던 것이다.

여기서 블로호가 예시하는 성서의 미드라쉬 사례들을 살펴보기로 하자:[48]

1. 역사서 장르

역대기서 - 역대기 역사가는 오경과 사무엘서, 열왕기, 특히 P의 족보

47) *Ibid.*,

48) *Ibid.*, 38-41.

등에 크게 의존하면서, 역사적 사건들facts에 분명한 관심을 보였다. 역대기 역사가는 이스라엘 역사의 중심에 다윗의 통치를 얹어놓았고, 모세가 오경 안에서 그려진 공동체의 위치에 다윗을 두었다. 그리고 과거의 자료들을 취하면서, 자신의 변호적인 목적들에 따라 재작업을 했다.

2. 예언서 장르

(1) 에스겔 16장 - 3, 28, 29절의 알레고리적 구절들은 바빌론 포로기의 역사적 암시들을 하는 것으로, 호세아나 예레미야에서 취한 것으로 본다. 그 단어들은 신명기와 예레미야와 연결되고, 제사문서(P)와도 접촉을 한 것으로 보인다. 미드라쉬의 근본적인 방법들은 과거의 거룩한 문서들 속에 있는 종교적 내용과 숙고를 현재화contemporiza-tion시켜 현재 상황에 대해서 실천적인 목적과 연결시키고 있다. 바빌론 포로기의 재난을 겪으면서, 백성들이 신앙이 없음을 지적하고, 이 사건에 비추어 신학적 사고를 더욱 깊게 하고 향상시키는 것을 목표로 하였고, 그것은 신명기와 예레미야서를 중심으로 더욱 안정되고 더욱 발전된 형식을 보여주었다.

(2) 제3이사야 60~62장 - 여기는 학개서와 즈가리야서의 포로기 이후 시대를 반영한 것으로 바로 앞 포로기의 제2이사야 40~55장과는 다른 상황이다. 하지만 제3이사야는 제2이사야로부터 많은 부분 차용하면서 연결시키고 있는데, 서로 다른 역사적 배경과 전망을 보인다. 제2이사야의 '종의 노래'도 우주적인 메시지와, 죽음과 박해를 견디는 모습들은 고통과 죽음을 넘어 승리를 기대하게 하는데, 60~62장은 민족적 전망을 더욱 견고히 하고 있다.

3. 지혜문학 장르

(1) 잠언 1~9장 - 토라의 사상을 지혜문학 안에 위치시킨 것이고, 이것은 새로운 역사적 상황에 일치시키는 것이다. 잠언 1~9장은 신명기, 예레미야와 이사야(56-66장)에 기초하는데, 이 자료들을 통합시켜 완전히 새로운 자료를 만든 것이다. 구약의 지혜문학은 미드라쉬적 주석의 모델을 보여준다.[49]

(2) 아가서 - 아가서는 알레고리적 의미들 때문에 논의가 많이 되는데, 여기에 등장하는 낱말들은 왕, 양, 포도원, 정원, 레바논, 밤 등으로 서정적이다. 이들은 이미 호세아, 예레미야와 제3이사야에서 발전된 내용으로, 과거의 사건들을 연극화하고 재해석하여, 느헤미야 시대 이후에 열망을 보여주는 의도가 담긴 것으로 본다.

(3) 전도서 24장 - 이것은 잠언 8장 22~33절과 특별히 연결되는데, 24장 전체가 성서적 회고를 담고 있다. 지혜가 '가장 높으신 분'(지고자至高者, the Most High)의 입에서 나오고, 하늘을 찬양하고, 거주할 땅을 찾고, 이스라엘에 정착하고, 성전에서 예전적 업무를 보고, 마침내 모세의 율법과 동일시하는 계시를 준다.

(4) 시편 78 - 미드라쉬적 장르인 이 시편은 역사적 시편으로, 이스라엘 역사 전체를 묘사하면서, 왜 유대를 선택하고 에브라임을 거절했는지를 설명한다. 이 시편은 소위 궁중 시편들(2, 45, 72, 110)과 유사해 보인다.

이것을 보면, 미드라쉬 해석 자체가 또 하나의 성서 본문이 된 것이다.

---

49) *Ibid.*, 38.

바로 여기에 창조성이 있다. 과거의 본문이 현재의 변화된 상황에서 새롭게 재해석되어 새로운 본문이 된 것이다. 이처럼 히브리 성서 전통 안에서도 창조적인 진화의 과정들을 수없이 거치면서 본문이 완성되어 가는 것을 본다. 블로호는 성서 비평을 인정하지만, 축소 해석에 대해서 비판을 하면서, 미드라쉬 장르와 방법들을 연구하는 것이 신약이나 구약의 주석을 위해서 매우 중요함을 강조한다: "성서 비평의 발달로 성서는 더 이상 정적인 사상이 아니었으며, 고고학과 역사 비평의 발달로 고대 근동 세계들 그리고 성서 외 자료들에 배경들을 갖고 있음을 밝혀냈다. 그런데 문학비평은 자료들의 시대에 따라 구분하고 분류하는데, 이러한 것이 지나치게 비본질적이고 지나치게 추측을 하는 경향을 띠고 있다. 따라서 본문들을 그들의 삶의 자리(Sitz im Leben)로 되돌리려는 시도가 필요하다. 성서 자료가 전달하는 계시와 자료 자체의 계속되는 진전과 깊이와 숙고라는 살아 있는 전통들의 준거틀을 보아야 하는 것이다."[50]

블로호의 견해를 보면서, 그리스도교의 역사 비평 방법에 대한 근본적인 문제 제기를 하게 된다. 즉 단순하게 원문에 접근하기 위하여 편집들의 흔적을 추적하는 방법이 아니라, 후대 공동체가 어떤 역사적·사회적 상황에 처했고, 그에 따라서 원문을 어떻게 변형시켜 현재의 상황에 적용시키려 했는가라는 그 동기들을 보아야 할 것이다.

3) 기타 미드라쉬 자료들[51]

---

50) *Ibid.*, 49.

51) Guenter Stemberger, *Vom Umgang der Rabbinen mit der Bibel* (Munchen: Verlag C. H. Beck oHG, 2002), 이수민 역, 『미드라쉬 입문』(서울: 바오로딸, 2008), 332-338 참조.

바티칸의 『시프레』와 『레위기 랍바』, 『창세기 랍바』는 10세기, 11세기 작품들이며, 아람어 성서 번역, 곧 성서 원문에 미드라쉬의 설명을 덧붙인 『팔레스티나 타르굼』, 『네오피티 타르굼』에는 더 풍부한 미드라쉬의 구절들이 삽입되었다. 11세기 초반에는 미드라쉬 모음집이 유럽에도 번져나갔다. 프랑스 나르본에서는 『창세기 랍바』를 바탕으로 『베레쉬트 랍바티』로 창세기에 대한 방대한 저서가 나왔다. 『민수기 랍바』의 첫 부분과 『아가드 미드라쉬』도 여기서 나왔다. 토비아 벤 엘리에제르는 불가리아 카스톨아에 살았고, 1097년에 모세오경과 메길로트의 주해를 썼다. 1107년 『레카흐 토브』(값진 교훈)를 더 확장된 개정본으로 간행하였다. 『알쿠트 쉽오니』는 12~13세기에 작성된 50여 편의 미드라쉬이다. 이탈리아 톨레도에서는 『베레쉬트 주타』(작은 창세기)가 나왔다. 아랍 세계의 유대교가 편찬한 미드라쉬의 본 고장은 예멘이다. 『미드라쉬 하가돌』은 모세오경만 다루고 있는데, 각 장은 다가올 구원과 이스라엘로의 귀환을 기원하며 끝난다. 이 작품은 예멘에서 많은 사랑을 받아 집집마다 한 권씩 두고 온 가족이 읽거나 공부하였다고 전한다. 중세 유대인들의 설화 전통은 미드라쉬 전승을 살리면서도 낯선 이야기들을 많이 보충하여 채웠다. 극도의 곤궁 속에서도 십계명을 준수할 것을 설명하는 『십계명에 관한 미드라쉬』도 있다. 이처럼 11~15세기에 많은 미드라쉬들이 나온 배경에는 십자군 전쟁 시기와 맞물려 있음이 특징이며, 유럽으로 퍼져나간 디아스포라 유대인들이 각자 자기의 지역적·사회적 상황에서 새롭게 해석해 나가는 진화의 발전들을 볼 수 있다. 유대교 공동체는 이렇게 전쟁과 난국, 그리스도교의 박해 속에서 오히려 다채로운 문학양식들과 창조적인 재해석을 하면서, 지혜롭게 극복해 나간 것이다.

4) 타르굼Targum

성서의 한 부분들을 아람어로 번역한 타르굼도 랍비 문학에 속하며, 랍비 전통으로 전승되다가 최종 형태가 되기 전까지 많은 개작들revisions이 있었다. 타르굼의 원래 상황은 회당이었으며, 토라와 예언서, 안식일과 축제들을 읽고, 해석자에 의해 아람어로 번역되었다.[52] 러셀은 "타르굼이 이사야 53장에 가장 관심을 갖는데, 고난받는 종과 메시아를 일치시키고 있어서, 구약 예언자의 원래 의도와 가장 다르게 해설하고 있다. 여기서 메시아는 다윗 메시아를 말하며 그가 고통을 견디고 줄여 나가고 있다"[53]고 한다. 성서에 대한 타르굼의 근본 입장은 미드라쉬와 같고, 방법론이나 본문 이해도 미드라쉬와 같지만, 다른 점은 타르굼이 성서 구절에 더 밀접하며, 랍비들의 이름이나 다른 해석은 없으며, 전례에서 읽혀진 것으로 본다.[54]

5) 창세기 랍바Genesis Rabbah

기원후 400년경 작품으로, 그때는 로마제국이 그리스도교 통치로 넘어가던 시기이다. 창세기 랍바는 창세기를 주석하는데, 아브라함, 이삭, 야곱 등의 가족 역사를 변경하여 이스라엘의 율법 역사와 구원 역사에 집어넣는다. 유대 백성은 그의 노예와 구출, 예루살렘 성전, 포로와 구원이라는 이스라엘의 신성한 역사에 초점을 모은다. 내용들은 어린이들에게 미래를 향한 암시들을 제시하고 있다. 성서 해석 방법의 스펙트럼이 다양함을 볼 수 있다. 그 한 예를 보자:[55]

---

52) Hyam Maccoby, *Early Rabbinic Writings*, 29.

53) D. S. Russell, *From Early Judaism To Early Church*, 43.

54) Guenter Stemberger, 『미드라쉬 입문』, 38.

창세기 1:26 (창세기 랍바 8:1-10)

하느님께서 말씀하셨다 … "사람을 만들자" (창세기 1:26)

(1) 랍비 요하난이 시작한다. "뒤에서도(아호르), 앞에서도(케뎀) 당신은 나를 형성하시고…"(시편 139:5). 그는 인간은 두 세계를 향유한다고 말한다. "종말(아호르)과 태초(케뎀)에 당신은 나를 형성하시고"라고 했기 때문이다.

(2) 랍비 이르미아 벤 레아자르가 말하였다. 찬양받으실 거룩한 분이 첫 인간을 창조하실 때, 양성공유인으로 창조하셨다. 이는 (성서에서) "그분께서는 남자와 여자로 그들을 창조하셨다"라고 했기 때문이다.

(3) 랍비 스무엘 바르 나흐마니가 말하였다. 찬양받으실 거룩한 분이 첫 인간을 창조하실 때, 그를 둘로 따로보게 만드셨다. 하느님은 그를 창조하시고 그를 톱으로 둘로 쪼개시어 등 하나는 이쪽으로 또 등 하나는 저쪽으로 놓으셨다.

(4) 어떤 이가 그에게 맞서 반박하였다. (성서에서는) "그의 갈빗대 하나를 빼내시고"(창세기 2:21)라고 했기 때문이다.

(5) 랍비 탄후마가 랍비 브나야의 이름으로, 랍비 베레키야가 랍비 레아자르 이름으로 말하였다. 하느님께서 그를 형태 없는 모습으로 창조하셨다. 그리고 그는 세상의 한 끝에서 다른 끝까지 닿게 누워 있었다. 성서에서 "당신의 눈은 '형태 없는 내 모습'을 보셨고"(시편 139:16)라 했기 때문이다.

---

55) *Ibid.*, 148.

(6) 랍비 예호슈아가 랍비 느헤미야의 이름으로 말하였다. (하느님은) 그를 온 세상에 꽉 차게 창조하셨다. 동쪽에서 서쪽까지였음을 어떻게 알 수 있을까? "뒤에서도(아호르) 동쪽에서도(케뎀) 당신은 나를 형성하셨다"(시편 139:5)라고 했기 때문이다. 북쪽에서 남쪽까지였음을 어떻게 알 수 있을까? "(하느님께서 인간을 창조하실 때) 하늘 끝에서 땅 끝까지"(신명기 4:32)라고 했기 때문이다.

랍비들이 언급한 해설을 보면 서로 다른 견해들을 자유롭게 표현하는 것을 볼 수 있다. 랍비들은 성서의 문자가 전하는 글자에 제한받지 않고, 자유로운 상상력과 해석을 하였던 것이다. 그리스도교에서, 구약학계에서 과연 이 같은 자유로운 해석이 가능할까? 그리스도교에서 성서 해설이나 주석은 글자의 의미를 벗어나지 않고, 객관적인 사실을 전하는 역할로 그치고 만다. 조금만 상상력을 동원하여 다른 해석이나 의미를 표현하면 이단이라든가 성서적이지 않다, 교리에 위배된다, 혹은 본문의 계시를 부정하는 것이라는 힘의 논리로 의식의 자유로움을 속박하는 경우가 대부분이다.

6) 레위기 랍바Leviticus Rabbah

450년경 완성된 것으로, 이스라엘이 어떻게 현재 상황에서 구원을 받을 수 있는가? 그것은 거룩해지는 것이고, 공동체가 거룩해지는 것이다. 레위기가 사회적 죄를 정화하고 구원받는 것을 말한다. 레위기 랍바는 역사의 종말에서 구원은 '지금 여기'를 깨끗한 장소로 만든다는 의도를 담고 있다.

유대교는 어떻게 생존이 가능했는가?

로마제국과 그리스도교의 지배 하에서 유대교인은 정치적·종교적 시련을 견디어 내야만 했다. 흩어진 디아스포라 유대인들은 인종차별도 겪어야 했고, 이슬람의 등장으로 유대교의 입지는 그리스도교 사이에 샌드위치가 되어 더욱 약화될 수밖에 없었다. 이러한 역사적·정치적·종교적 상황들이 유대교를 민중종교로 만들었고, 민중 유대교는 살아남기 위하여, 정치적 투쟁보다는 정신적 내면이라는 길을 택했다. 그것은 지성의 전통intellectual tradition을 이으면서, 다양한 사상과 철학들을 만날 수밖에 없는 현실에서, 한편으로는 히브리의 본래적인 토라의 정신을 이어가고, 다른 한편으로는 새로운 사상들을 받아들였다. 그것은 토라와 유대문헌들에 대한 자유로운 해석이라는 방식을 열어주어, 현재 상황에서 역동성과 활력을 가질 수 있게 하였다. 유대교인은 물리적으로 제약받는 상황에서도, 정신적으로 자유로움을 지키며 시련들을 극복해 나갈 수 있었던 것이다.

야곱 누스너는 유대인이 역사적으로 견디어 온 조건들에 대하여, "유대인은 소수로서 다수의 문화에서 견디어야 했다. 그리스도교는 그리스도를 죽인 유대인을 비난했고, 이슬람은 유대인을 치욕과 경멸로 취급했다. 유대인들은 세속 속에서 자신의 운명을 어디에서고 위탁할 곳이 없었다. 그것은 그리스도교가 4세기 콘스탄틴 시대에 승리를 즐겼고, 유럽 국가들로 퍼져나갔고, 7세기에 이슬람은 중동지역과 이집트, 북아프리카, 스페인 대부분을 점령한 거대한 사건들을 보면서, 어떤 목적으로 하느님은 이 같은 거대한 사건들을 만들었는가? 유대교는 두 경쟁하는 종교들의 전조를 설명해야만 했다"[56]고 표현한다. 이것은 유대교인이 그리스도교 제국과 이슬람 제국이라는 두 틈바구니에서 소수자로서, 민중으로서 생존해 왔음을 언급하는 내용이다.

그는 계속해서 "유대교는 종속과 인내라는 조건 속에서 마음으로 받아들이도록 매일 삶의 사실들의 체계를 강화하는 데 기여했고, 정치에 강요받는 상황에서 이스라엘의 내면생활에 가치의 중심을 두었다. 그 가치란 조정하고 타협하고 최상의 것을 만드는 것으로, 이웃을 사랑하고, 다른 사람을 용서하고, 약자를 돕는 가치들을 높임으로써, 정치적 환경을 견디고 적응하는 가치의 교리로 재창조하였다"[57]라고 역사적 시련을 견디어 내는 방식과 의미를 말한다.

야곱 누스너는 유대교가 자신의 힘을 내면생활과 외부 환경을 결합시켰기 때문에 그리스도교 국가와 이슬람의 도전들을 견디어 낼 수 있었던 것이 바로 이 때문이라고 주장한다.[58] 이것은 감성과 정치의 결합이었던 것이다. 유대교는 종속에 대해서는 수용하는 조건을 창조해 냈지만 그들의 위치는 인내를 해야 했다는 것이다. 이것이 마지막 날에 메시아를 기다리게 하는 기다림과 인내로 버티게 하는 힘이 됐다고 본다.

이렇게 민중종교로서 생존한 유대교는 비록 소수자이고 차별과 박해를 받아도 강한 신앙으로 버티도록 도왔다. 그래서 바빌론 포로기와 귀환(기원전 6세기 중반 상황)의 이야기들을 재작업하였고, 새롭게 끌어올렸다. 그것은 이야기가 진실을 증명한 것처럼 이스라엘의 조건을 요구했다. 오경, 미쉬나, 탈무드 그리고 이와 관련된 문서들을 세우면서 랍비적 체계가 질문에 대답을 하였던 것이다. 현재 거룩한 삶의 방식을 지키는 것이 결국에는 구원으로 이끈다는 것이다. 그 메시지는 이스라엘의 죄 때문에 포로

---

56) Jacob Neusner, *The Emergence of Judaism*, 95-98.

57) *Ibid.*

58) *Ibid.*, 96.

로 잡혔고, 그들이 회개를 하면 하느님이 응답한다는 것이었다. 이스라엘의 정치적·사회적·종교적으로 소외된 위치는 하느님에게 이스라엘을 진실하게 세움으로써 극복해야 한다는 것이 유대교의 신앙이자 철학이었다고 할 수 있다.

4. 성장이 멈춘 그리스도교 정경

왜 정경인가?

정경은 본문이 전승되어 갈 때, 어느 시점에서 종결closure을 선언하고, 더 이상 본문에 가감을 하지 않는 것을 말한다. 원본original text이 있었다면, 굳이 정경을 선포할 필요는 없었을 것이다. 원저자가 신의 계시를 받아 기록한 것이라면, 그 자체가 정경이고, 그것만큼 종교적 권위를 갖는 것은 없을 것이기 때문이다.

그런데 그리스도교의 문서만이 정경이 있는 것이 아니라, 권위 있는 모든 문서에도 정경이 있다. 라틴 신학자인 아르헨티나의 세베리노 크로아토J. Severino Croatto는 정경에 대해서, "문서들의 '정경'은 종교, 철학, 역사, 정치 혹은 우리가 갖고 있는 것 어떤 것에서든 있다. 베다, 코란, 성서, 신화 책들처럼, 플라톤, 토마스 아퀴나스, 마르크스의 권위 있는 문서들도 정경이다. 정경이 없는 종교 문헌들은 없을 정도이다"[59]라고 말했다. 이렇게 여러 권위 있는 원저작은 모두 정경적 권위를 갖고 있다고 하며, 유독 그리스도교 경전만을 정경으로 하는 것에 대해서 재고할 필요를 제기한

---

59) J. Severino Croatto, *Biblical Hermeneutics* (Maryknoll: Orbis Books, 1987), 43.

다. 정경은 독창성을 전제로 하는데, 문학서적들에만 해당하는 것이 아니라, 그 지평을 더 넓혀 보면, 인간의 모든 예술적 창작 활동(미술, 음악, 건축 등)이 창작 활동을 한다. 하지만 진정한 독창성은 얼마큼일까? 유대인 학자 샤이 코헨은 정경과 모방의 관계를 다음과 같이 언급한다. "모든 예술적 창조는 모방과 본래적인 것의 산물이다. 모든 화가, 작가, 조각가, 작곡가는 그들이 자신의 본래성을 주장한다 해도, 이전의 전임자들을 모방하는 것이다. 옛 스타일에 한계가 도달하면 더 이상 모방되거나 발전될 수 없어 새로운 것으로 대치되며, 그때 옛 방식을 의식적으로 거부할 것인지를 결정지을 것이다. 분명한 것은 예술가들이나 작품들은 그들의 장르가 어떤 것이 가장 최상의 것인지를 안다. 그들은 '고전'을 생각하면서 연구하고 모방한다. 바로 이것이 '정경적'인 것이다."[60] 코헨은 정경 역시 그 시대의 사조에 영향을 받고 있으며, 그 사조가 쇠퇴하면, 새로운 사조가 등장하는데, 그래서 독창성은 모방을 전제로 한다는 것을 강조하고 있다. 그는 포로기 이후 제2성전 시기에 유대 문화는 거의 독특한 것이 없었다고 한다. 그리스 세계에서도, 그레코-로마 시대에도 모방의 예술은 개인적인 변덕이 아니었다. 가르치는 데 수사적 방법들을 사용했고, 시도 과거의 위대한 작가들을 모방했으며, 저자들의 작품들도 연구되고 모방되고 보존되었다는 것이다.[61] 곧 유대 문화가 주변 문화에 영향을 많이 받았다는 것을 말하는 것이며, 정경이라고 특수하게 취급하지만 보편적으로 볼 수도 있음을 주장하는 것이다. 실제로 히브리 성서는 메소포타미아와 이집

---

60) Shaye J. D. Cohen, *From the Maccabees to the Mishnah*, 177. 그는 19세기 프랑스의 인상주의는 재래식의 화풍에 반기를 들고 나왔다. 음악도 고전주의에서 낭만주의로 간다고 사례를 든다.

61) *Ibid.*

트, 가나안의 종교, 신화, 제의, 축제 절기, 법 등에 많은 영향을 받았음은 성서고고학, 성서문학, 이스라엘 역사, 언어 등의 분야에서 이미 밝혔다. 그래서 성서의 정경 역시 하느님의 독창적인 계시였다기보다는, 당시의 종교문화를 배경으로 오랜 시간을 보내면서 형성되었기에 정경이라는 것을 절대화하기보다는 당시의 필요한 시대적 상황이었다는 것으로 인식하면 좋을 듯하다.

정경과 해석의 관계에 대해서, 동양학자인 신영복 교수는 동양의 고전들이 춘추전국시대에 제자백가라 하여 많은 저작이 쏟아져 나왔지만, 공자 이후에는 해설의 역사로 바뀌었는데, 그 이후 지배이념이 되었음을 지적한다.[62] 크로아토도 "정경을 만드는 것은 '종결, 마감closure'이라고 하였다. 정경으로 모두 종결한 이후에는 해석의 기나긴 과정으로 진행된다. 그런데 정경화가 계속 진행되어 온 흐름에서 어느 순간을 '잘라서' 정경으로 결정하느냐에 의문을 제기한다."[63] 크로아토가 정경에 대해서 문제를 제기하는 것은 정경(종결)이 되는 순간 다른 문헌들이 들어오지 못하며, 해석의 과정으로 바뀐다는 점을 지적한 것이다. 정경이라고 어느 한 시대의 한순간을 "종료"시킨다는 것은 앞으로 오는 세계를 막는 결과를 낳기 때문이다.

이렇게 '정경'은 모든 문학과 예술에서 보편성을 띠며, 본문이 다른 사상들이나 철학이 들어오는 것을 막기 위한 보호의 차원이었지만, 본문이 종결됨으로써 성장이 멈춘다는 것으로 정의할 수 있겠다. 물론 그리스도교의 문서는 이러한 일반 문서들과 달리 하느님의 계시로 이루어진 문서라는 특수성을 강조하는 것은 분명히 인정한다.

---

62) 신영복, 『강의』(서울: 돌베게, 2004), 91.

63) J. Severino Croatto, *Biblical Hermeneutics*, 43.

초기 그리스도교도 정경을 선포하기까지 내부에서 많은 토론과 연구들을 한 것에 대해서는 최고로 존중하며 그 결과들을 인정한다. 그 시대에 그렇게 결정할 수밖에 없는 역사적·종교적·사상적·철학적·교리적 이유들이 복합적으로 관계를 가졌기 때문이다. 그는 정경이 되기까지는 오랜 시간이 걸렸고, 정경이 선포되면서 그 본문은 굳게 확립되고, 그래서 어떠한 종류의 변화들에 대해서도 열지 않으며(다만 학자들이 본문을 바로 잡을 때만 도입된다), 공동체가 "권위"를 갖고 인정하는 것이라고 정의한다.[64]

코헨은 정경에 대해서 개방적 입장을 보이는데, 유대교를 포함한 모든 문학적인 문화들은 감동받거나, 연구하거나, 모방하고, 권위로 간주되어 "정경적"으로 보는 견해를 갖는다.[65] 또한 "정경화"라는 현상은 유대교나 고전에만 제한받지 않는데, 정경적 유대 본문들은 고대부터 현대까지 기록되어 왔으며, 유대교가 살아 있는 문화로 남아 있는 한 계속해서 쓰일 것이라고 한다.[66] 곧 정경화는 과거 사건의 기록이 아니라, 계속 진행되는 과정을 말하는 것이다. 그리고 그 선택의 자유도 주는데, "유대 공동체는 한 공동체가 권위를 갖고 정경이 되는 책을 선택하면, 다른 지역 공동체는 다른 정경들을 다른 관점으로 채택한다. 요세푸스와 랍비의 Tanak(토라, 예언서, 성문서)이 그러하며, 쿰란의 유대인들, 묵시적 선견자들, 디아스포라의 유대인의 책들이 그래서 다른 것이다."[67] 이것을 보면, 비록 본문의 기원이 같다고 하더라도, 후대의 공동체 성격에 따라 다른 선택들이 있었으며, 지역에 따라 다른 선택들을 인정하는 것을 볼 수 있다. 그리스도

64) Shaye J. D. Cohen, *From the Maccabees to the Mishnah*, 177.

65) *Ibid.*, 181.

66) *Ibid.*, 182.

67) *Ibid.*, 192.

교의 정경이 하나의 문서, 하나의 교리체계 안으로, 전 세계적으로 똑같이 끌어들여 사용하는 방식과는 완전히 다른 것을 볼 수 있다.

정경과 그리스도교 역사

'정경'은 어느 한 시기에 본문의 최종 형태를 확정지으며 종결을 짓는 것을 말한다. 그래서 다른 본문들이 들어올 수 없는 것을 말한다. 반면 '정경화'는 본문들이 계속해서 전승되어 가면서, 거듭하여 재작업되고, 재해석되고, 삭제되거나 새로운 본문들이 추가되는 연속 과정을 말한다.

구약의 정경화 과정은 오랫동안 지속되었다. 오경도 소위 문서가설로 말하는 J, E, D, P 문서들이 다윗-솔로몬 시대부터 시작하여 약 1백 년의 간격을 두고 결합하여, 622년 요시야 왕 때 신명기 문서의 일부가 발견되고, 포로기 때 제사문서가 오경 전체의 편집에 역할을 하는 등의 정경화 과정을 거치면서 어느 정도 최종 형태를 보였는데 이때를 정경의 시점으로 볼 것인지? 기원전 3세기 중반에 헬라어로 번역되었고, 기원전 2세기 초 벤 시라Ben Sira에 의해 완결되었을 때로 보아야 할지? 예언서의 경우도 기원전 8세기부터 시작하여 기원전 3세기에 정경화하고, 기원전 165년 다니엘서가 정경화되었을 때로 보는지? 성문서의 경우도 기원후 1세기까지로 늦추어 보고 있다. 이렇게 구약의 정경화 과정은 1천 년 넘게 지속했고 기원후 1세기 말 얌니야 회의에 가서야 그 진화 과정이 멈춘 시점을 정경으로 보는지? 이렇게 그 시대를 정하기에 따라서 본문들도 달라진다. 그 오랜 기간 동안 구약은 당시의 앗시리아, 바빌론, 페르시아, 로마제국 그리고 이집트의 종교, 신화, 사상, 지혜, 제사, 절기, 법, 심지어 신의 성격과 특성까지도 수용하며 성장과 발전하면서 구약의 작품들을 폭넓게 확대하는 데 기여하였다. 거꾸로 생각해 보자. 만약 구약문서들이 정경화 과정을 거치지 않고, 기원전 1200년경의 모세 시대에 멈추어 버렸고, 주변의 사상과 종교와 철학과 지혜들을 받아들이지 않았다면 야웨 종교는 어떻게 되었을까? 아마도 유치한 내용으로 인해 일찌감치 사라졌을지 모른다.

한편 기원후 90년, 얌니야 회의Council of Jamnia에서 구약을 정경으로 선포한 것에 대해서 그동안 그리스도교적인 시각으로는 대체로 긍정적으로 평가해 왔으나, 유대교적인 시각으로 보면, 유대교의 랍비들이 주도했으며, 신성한 책들에 대한 "결정적인" 정경을 세웠다는 것이다. 그 이유는 여러 가지 있겠으나, 결정적인 것은 유대교 랍비들이 신흥종교인 그리스도교인들이 구약 문서들을 기독론적으로 보는 당시의 그리스도교 문학들에 반대를 하여 그리스도교인들을 지원하지 않기 위한 것이었다는 주장이다. 구약학자인 차일즈도 얌니야 회의에 대해서 부정적 견해를 밝힌다: "얌니야 회의에서 히브리 정경의 마지막 부분이 확정되었다는 주장 역시 매우 빈약한 가능성을 지닌 증거에 그 근거를 두고 있다. 얌니야 회의에 대해서는 알려진 것이 거의 없으며, 정경의 완결에 대한 근거도 분명하지 않다."[68] 이렇게 정경의 시기를 포로기 이후 초기 단계의 1차 완성으로 볼 것인지, 기원후 1세기 말경의 불분명한 얌니야 회의의 결정을 최종 단계로 볼 것인지에 따라 본문들의 완성이 다른 것이 사실이다.

차일즈는 오랜 기간 전승들을 거치는 정경화 과정에 대해서, "가장 본질적인 것은 권위 있는 문헌들과 그 문헌들을 중시하고 보존하였던 공동체 사이의 상호작용이다. 정경화 과정의 핵심은 권위적인 전통을 최초의 계시사건들에 참여하지 못하였던 세대에게 합당한 형태로 전달하고

---

68) B. S. Childs, 『구약 정경 개론』, 38.

정리하는 데 있었다"[69]라고 그 의미를 부여했다. 그는 같은 '정경' 용어를 쓰더라도 유대교와 그리스도교가 차이가 있는데, "유대인들에게는 넓은 범위의 정경이 현자들의 지성적인 전승이었으며, 그리스도교인들에게는 예수 그리스도의 복음이었다"[70]고 그 범위를 말하고 있다. 샌더스도 "정경화 과정의 핵심은 이스라엘의 주체성 추구에 있으며, 정경은 권위 있는 전통을 받아들인 이스라엘의 반응과 응답을 포함하는 것임"[71]을 강조했다. 정경을 놓고 그리스도교와 유대교의 서로 다른 입장을 볼 수 있다.

16세기 문예부흥과 종교개혁 시기는 성서의 우위성(the primacy of the Bible)에 대한 개신교의 강력한 주장과 교회적 권위(ecclesiastical authority)에 대한 로마 가톨릭의 주장 사이에 날카로운 양극화가 쟁점이 되었던 때였다. 종교개혁 시기는 교회권력으로부터 성서를 분리하려 했던 때였다. 16세기 캘빈 계통의 신학자들은 교회의 역할을 극소화하면서, 캘빈의 autopistis 개념, 즉 하느님만이 홀로 훌륭한 증인이시다는 개념에 고착되면서 그의 후계자들로 하여금 축자영감설을 고취시켰다.[72] 하지만 이것은 다시 성서의 정경에 고착하는 결과를 가져왔다.

개신교와 가톨릭 사이의 이러한 논쟁은 17세기 전체를 통하여 매우 중요한 역할, 결국 역사 비평적 고찰의 기반을 마련하였고, 1차 세계대전 후에는 개신교 내에서 신앙고백적 신학의 부흥은 대체로 16세기 종교개혁자들의 입장과 유사한 하느님 말씀의 우위성에 대한 새로운 강조를 초래하였다. 개신교 신학자들은 하느님의 전적인 주도권을 주장하는 동시

---

69) *Ibid.*, 51, 58.
70) *Ibid.*, 64.
71) *Ibid.*, 52.
72) *Ibid.*, 37.

에, 성서의 형성의 역사적 과정을 간과하지 않는 여러 가지 다른 형태의 견해들을 제시하였다. 종교개혁 이후부터 20세기 초까지 유럽 그리스도교 제국주의 국가들은 본격적으로 식민지 확보의 경쟁으로 들어가며, 아프리카·아시아·남미를 거의 장악하며 무력으로 점령하여 수탈해 간다. 이 시기에 정경의 강조가 식민지 확장 이념과 어떤 관계가 있는지는 교회사의 연구 과제로 남겨야 할 것 같다. 하느님 나라의 선교는 식민지 확장과 동일시하여, 이들 지역의 선교가 토착 종교와 문화를 마귀·악·사탄으로 규정하여 없애는 신념이 되었으며, 이것은 비단 선교사에게뿐만 아니라 유럽 군인들에게도 훌륭한 정신무장이 되었다. 특별히 찬송가 가사에 위의 내용들과 군대적 표현들이 많다. 이것은 아시아·아프리카·남미 지역에 대한 무시와 경멸이며, 점령군과 선교사들의 지배이념이 되었다. 유럽 그리스도교는 정경을 확고히 함으로써 지배이념으로 활용할 수 있었기에, 유럽 교회들이 배타적인 입장에서 정경을 유지하는 것은 당연했다.

정경과 역사 비평 방법

19세기 말부터 역사 비평 방법은 정경의 본문 문헌을 연구해 왔고 이것은 성서 학문의 발전에 큰 기여를 하였다. 역사 비평 방법론은 본문 비평을 통해서 본문 전승을 찾기 위하여, 마소라 본문을 복구시키는 데 기여하였다. 이것은 마소라 사본, 고대의 헬라 사본, 사마리아 사본, 쿰란 사본 등과 같은 많은 본문 전승들에 비추어 정경적인 구약성서를 회복시키는 연구 작업이었다.[73] 그 외에도 다양한 비평 방법들(편집 비평, 자료 비평,

73) *Ibid.*, 92. 구약 본문들의 유동성의 시기는 기원전 300년부터 기원후 100년까지로 간주하며, 이 시기에 부분적으로 재구성되었다. 현재의 마소라 본문은 정경 확정 이전의 시기까지 거슬러 올라가는 초기의 원 마소라 본문에서 발전하였다.

정경 비평, 사회학적 비평, 수사학 비평, 여성학적 비평, 탈식민지 비평 등)이 등장하면서 본문을 보는 시각이 다양하게 열렸다.[74] 또한 고고학과 종교학은 이스라엘 종교를 고대 근동 지방에서 바라보게 하는 지평을 열어주었다. 하지만 역사 비평 방법은 본문의 기원과 저자, 편집자, 성서 안이든 밖이든 병행구조 등의 관심에 머물러 있다. 따라서 유대인 입장에서 보았을 때는 그리스도교 시각으로 보는 구약 해석이 토라가 예언서와 지혜서에서, 또한 예언서가 예언서 안에서, 토라와 예언서가 시편과 지혜문학에서 어떻게 진화했는가라는 시각이 거의 부재하지 않았나 하는 생각을 하게 한다. 그것은 그리스도교 시각에서 구약 해석이 이들로부터 병행구조들을 찾았으나, 그것이 시대가 지나면서 서로 다른 공동체들에게 어떻게 전달되고 설득을 했느냐라는 해석이 부족한 것으로 보인다.

정경 비평 학자인 샌더스가 정경화 과정을 강조했다면[75], 차일즈는 정경의 최종 편집에 관심을 가진 것에서 차이를 본인다. 또한 역사 비평 방법은 원문의 회복에만 관심을 가져 결국 정경을 강화하는 것에만 목표를 둔 것이 아닌가라는 생각을 하게 된다. 물론 이것은 그리스도교라는 범주에 있기 때문에 벗어나기가 쉽지가 않은 태생적 한계를 갖고 있다. 현대의 과학화되고 지능화되는 연구 방법들도 역시 정경 문서를 풀어헤쳤다가 다시 복원하는 학문적 기술만 발달되는 것이 아닌가?[76]

---

74) Steven R. Haynes & Steven L. McKenzie, *To each Its own meaning: An Introduction to Biblical Criticism and Their Applications* (Wesminster : John Knox Press, 1997), 김은규 역, 『성서 비평 방법론과 그 적용』(서울: 대한그리스도교서회, 2007).

75) James A. Sanders, *Canon and Community* (Philadelphia: Fortress Press, 1984); *Torah and Canon* (Philadelphia: Fortress Press, 1972).

76) 예를 들면, 신명기의 편집가설도 D1, D2가 주류를 이루다가 3, 4, 5차로 계속 나간다. 오경 문서가설(J, E, D, P)도 J1, J2, E1, E2, P1, P2 로 계속 나간다. 물론 이것은 편집시기를 구분하기 위한 것이라고 보는데, 이에 맞는 서로 다른 공동체적 정황에 대한 연구

역사 비평 방법은 '최초의 본문'이든 '최종 형태'의 본문을 찾는 데 중심을 두지만, 기원후 1세기 말의 구약본문 정경과 4세기의 신약본문 정경이라는 정경의 범주 안에 갇혀 있다. 그 이후에 그리스도교가 '정경'을 통해서 제국의 지배이념(주로, 유일신, 우상숭배, 예수 구원, 하느님 나라, 땅끝까지 복음 전도, 선과 악 등의 주제들)이 되고, 타민족과 종교들을 제압하는 수단이 되는지에 대해서는 일언반구도 없다. 역사적으로 성서 시대 이후 교회사 시대로 넘어갔기 때문에 성서학자들이 무관심한 것이다. 필자는 역사 비평의 분석 방법은 최대한 인정하지만, 단지 호교론적인 시각이 아닌, 유대교·이슬람·정교회 등의 종교사와 세계사라는 흐름 속에서 인식하지 못한다면, 그리스도교는 과거에 교회권력을 남용했듯이 반성적인 성찰 없이 우위성과 절대성만을 강화시키는 논리로 계속 나아갈 것이라고 생각한다.

차일즈는 그의 책 『정경 비평 개론』에서 정경의 '최종 형태'에 강조점을 두고 거룩한 본문의 완성으로 시종일관 보지만, 필자는 '최종 형태'가 다른 사고와 단절되고 배타성을 가져왔고, 신앙적 사고의 경직성을 가져왔다고 비판하고 싶다. 비록 여러 사상과 철학이 유입된다 하더라도 자체에서 걸름망의 기능과 역할을 가졌더라면, 그리스도교가 다른 종교들에 대해서 더욱 유연할 수 있었고, 공격적이지 않고 비폭력적이며, 전쟁을 일으키지 않았을 것이고 식민지 수탈을 하지 않았을 것이라는 추측을 해본다(불교는 배타적이지 않았기에, 수많은 경전이 있음에도 그 중심을 흐트러뜨리지 않았다). 하지만 필자는 그리스도교가 정경이라는 차단막에 의존하며 안일하게(?) 교회권력과 세속권력을 향유하여 왔기에, 고대의 사고 틀에

는 부족하지 않는가라는 생각을 하게 된다.

스스로 갇혀 버리는 결과를 초래하였다고 본다. 필자가 보기에 본문은 변화하는 상황들 속에서 계속 진화하고 발전하고 달라지는 새로운 해석들이 나올 때, 새로운 공동체에게 적합할 것이고, 그 전승이 유지될 수 있는 저력이 생긴다고 본다.

정경의 권위를 지나치게 강조하다 보면, 성서무오설을 강조하게 되고, 교회권력으로 상대 종교인들에게 공격적이고 파괴적이기까지도 할 수 있다. 곧 성서 중심주의가 아니라, 성서 권위의 해체를 통한 유연함과 개방적인 정신으로 새롭게 건설해 나가야 할 것이다. 하지만 불행히도 정경으로 선포된 순간, 일체의 사상과 철학·문화·역사의 수용이 거절되었으며, 그 생동감과 유연함은 끝났고, 오직 로마제국의 국가 종교라는 지배적 위치에서 해석해야만 하는 입장이 되어 버렸다(니케아 신경과 사도신경도 이 관점에서 비판적으로 재고찰해야 할 것이다). 정경은 초기 그리스도교 시대의 의미와는 전혀 다르게 로마제국의 세속권력과 결합한 이후에 교회권력이 지배 이데올로기를 만들어 내는 강한 도구가 되었다.

지배적 그리스도교의 정경과 민중 유대교의 정경

디아스포라(나라 없이 흩어져 사는) 유대 민중들이 히브리 성서 시대부터 중세 십자군 시대를 거치고, 근세·현대까지 차별과 박해, 추방과 학살의 고통들을 겪으면서도, 그들의 경전들이 어떻게 진화하고 발전해 왔는지를 보았다. 하지만 우리는 그들이 자신들이 처한 민족적·인종적·종교적·지정학적·역사적 상황 속에서 각 시대에 맞는 다양하고 창의적인 경전들을 만들어 냄으로써, 민중 유대교의 내면적인 잠재력과 저력으로 고통의 세월을 이겨 낼 수 있었음을 보았다. 곧 지성의 전통을 열어두어 한편으로는 토라의 영성을 시대에 맞게 재해석하여 계승하고, 다른 한편으로는 팔레스타인과 디아스포라 유대인들이 여러 지역에서 새로운 사상과 문화에 적응할 수 있도록 사상을 열어두었다. 유대인들에게 있어서 정경은 그리스도교식의 폐쇄된 문자에 갇히는 것이 아니라, 개방된 지적 전통의 유산을 이어받아 현재의 삶을 이겨내도록 하는 계속해서 진화하는 경전들을 뜻하는 것이었다.

이렇게 민중 유대교는 히브리 성서 시대부터 지정학적 고립과 위기와 고통을 경험하면서, 종교적 힘으로 그것들을 이겨 내기 위한 지혜의 전통이 그 밑바탕을 이루고 있다. 디아스포라 유대인들이 2천 년 역사에서 모두 계급적 의미의 민중으로 살아왔다고는 볼 수 없다. 항상 지혜를 바탕으로 살아가니까 지식계급들과 전문기술자들이 많았고, 따라서 이들의 생활은 보통 사람들보다 높은 수준을 유지할 수 있었다. 하지만 어디서나 외국인이라는 소수자로 살고, 인종적·종교적 배타성이 지배사회로부터 격리되고 소외시키는 결과를 가져왔고, 이것은 그리스도교나 이슬람 지배사회에서 언제나 정치적·종교적 탄압과 박해의 타깃이 되어 왔다. 그리고 그 속에서 민중으로 살 수밖에 없는 유대인들은 그리스도교와 이슬람으로부터 개종의 압력을 이겨 내면서 자신들의 유대교를 고집하며 그 속에서 공동체의 희망을 찾으며 생존해 왔다.

그러나 오늘날 현대 이스라엘이 팔레스타인을 정치·군사·경제로 억압하는 유대인과 유대교가 아닌, 적어도 2차 세계대전 때 유대인 대량학살을 경험했던 시기까지를 민중신학적 관점에서 유대교를 재조명할 필요가 있다. 유대교가 민중종교로서 견디어 낼 때, 가정을 중심으로 하여 외부의 핍박을 차단하는 모습으로 지내왔다는 것은 깊은 역사적 아픔이 담겨 있는 것이다. 또한 회당에서 랍비들이 다양하게 가르치는 것은 해석의 자유를 가졌고, 어려운 시련들 속에서 정신적 자유함을 누릴 수 있는 터전이 되었다.

유대교 입장에서 보면, 신흥종교요 이교인 그리스도교가 고대 히브리 성서를 똑같이 계승하면서, 그리스도를 메시아로 고백하는 종교가 출현한 것이다. 그리스도교는 그리스도의 진리를 지키고 전파하는 강력한 내적인 추동력을 지녔고, 그것이 다른 유사한 책들과 사상에 감염되고 변질되는 것을 막기 위하여 정경을 선포하고 지키려는 동기가 있었다. 이 역시 로마제국으로부터 박해를 받던 시기에는 내적인 구심력을 가졌으나, 제국의 종교가 되었을 때는 교회권력과 그 궤를 함께하며 지배이념으로 바뀌어갔다. 로마제국의 황제들이 단순한 개인적 개종에서라기보다는, 그리스도교에서 지배와 통치이념을 발견하고, 로마제국을 확장시키는 데 가장 적절한 이념을 발견한 것이라고 본다. 그것은 '로마 지배하의 평화'(Pax Romana)와 '그리스도 지배하의 평화'(Pax Christ)라는 이념이 맞아떨어진 것이었다. 예수는 인류의 구원자였던 분이지만, 교회권력과 세속권력이 결합하여 절대권력이 된 상태에서는 이교도들에게 개종을 강요하고, 박해와 추방과 전쟁을 일으키는 지배적 이념의 구실을 감당할 적임자였던 것이다. 예수의 이름으로 폭력과 전쟁을 일으키고 정당화한 것이 역사 속에서 수없이 행해졌다는 것은 앞에서 언급했다.

따라서 로마제국과 교황 권력은 구약과 신약의 정경은 일점일획도 고칠 필요성도 없었고, 고쳐서도 안 되는 정치적 계산과 교회적 계산이 손을 잡도록 한 것이라고 추정한다. 앞서 언급한 히브리 성서 안에 유일신과 우상숭배 금지 같은 개념들은 배타성과 이분법 사고를 강화하는 가장 쉬운 통치의 지배이념이자 힘이 되었다. 이를 바탕으로 백성을 지배할 수 있으며, 이교 민족과 국가를 정복하는 가장 좋은 명분이 되었고, 백성들을 종교적인 동기로 동원할 수 있는 최상의 근거가 된 것이다. 곧 정경이

로마제국~중세 시대~식민지 시대~자본주의 시대로 내려오면서 가장 유용한 정치권력과 종교권력의 지배 수단으로 전락한 것이라고 본다.

초기 그리스도교는 정경을 채택함으로써, 고대의 구약문서와 신약문서들을 온전하게 보존할 수 있게 된 긍정적인 측면이 있었다. 그러나 정경 선언은 초대 교회 지도자들이 단지 이러한 문서들을 그대로 지켜야만 한다는 수동적이고 방어적인 협소한 태도에서 사상적·종교적·문화적·철학적 봉쇄를 불러왔다. 그 결과 4세기 이후의 정경과 그리스도교는 외형적으로는 엄청나게 성장했지만, '권력자인 동시에 권력의 노예'로 전락했다. 이것이 지난 그리스도교 역사 2천 년의 역사이다.

정경화의 새로운 시작

21세기는 대화문명의 시대라고 한다. 하지만 지구촌의 갈등 가운데 종교분쟁은 여전히 비방과 폭력과 전쟁을 불러일으키고 있다. 그 중심에 그리스도교와 이슬람과 유대교가 있다. 팔레스타인의 아브라함-모세-예언자들에서 나온 뿌리가 같은 세 종교들이 성숙하지 못하게, 여전히 자기 것만을 진리라고 고집하며, 서로 배타성을 보이면서 지난 2천여 년의 세월을 싸움과 갈등으로 보내 왔다. 이것을 해결할 방법은 없을까? 종교들 간의 싸움이라는 수치스러운 유산을 계속해서 다음 후손들에게, 그것도 다음 천 년, 2천 년을 또 다시 갈등과 전쟁으로 보내게 할 것인가? 진리라는 이름으로 세 종교는 평화를 말하지만, 세계 역사는 세 종교 때문에 평화를 이룬 때가 거의 없었다. 세 종교들이 자기의 진리들을 내려놓고 포기할 수는 없을까? 신의 계시라는 것이 인간을 박해하고 폭력과 전쟁을 정당화시켜 온 근저에는 결국 인간의 이기심이 깔려 있지 않았는가?

제국들은 영토 확장, 노예 확보, 자원 수탈을 계속 영위하기 위해서

신의 이름과 계시를 끌어들였고 정당화시켰다. 그리스도교에서 예수는 영원한 생명을 가져다주는 구원자이지만, 십자군 시대에 이슬람교도들과 유대인들에게 예수는 학살과 전쟁의 상징으로 공포의 대상이었다. 이슬람의 지하드 역시 그리스도교도들에게는 공포의 대상이 되고 있다. 현대 이스라엘은 과거의 억압받은 민중의 위치에서 이제는 억압자의 위치가 되어 팔레스타인의 아랍인들을 무차별 학살하고 있다. 이런 상황에서 세 종교가 없어지면 지구상에 평화가 올까? 하는 생각도 해본다. 결국 '한분 하느님'이라는 공통분모로 올라가며, 이것은 하느님이 책임질 수밖에 없다. 하느님이 위대한 창조를 보여주셨지만, 2천여 년 동안 자신으로 인해, 자신의 아들로 인해, 자신의 예언자로 인해 서로 싸움을 일으키게 한 하느님 자신이 책임을 져야 할 것이다. 물론 하느님을 자기편에 세워서 타민족, 타종교를 억압한 인간의 이기심이 더 근본이다. 그것을 기록하고 있는, 정경으로 못 박은 경전들을 한 꺼풀씩 벗겨냄으로써 절대적 권위를 한 단계씩 내려놓는 과정들이 필요하다. 사실은 종교권력, 세속권력이 경전들, 정경들을 포장하고, 자기들의 무한한 이기심을 채워온 것이 아닌가?

정경이 아무리 순수하고 진리로 가득하다고 하더라도, 그것을 사회와 역사 속에서 실천해 내지 못하고, 거꾸로 진리의 이름으로 박해하고 억압하고 전쟁을 일으키는 도구가 된다면, 그것은 더 이상 정경이 아닌 것이다. 우리가 정경을 지키고 경전들을 읽고 보존하는 것은 평화를 이루기 위한 것이며, 사후 세계를 보장하는 구원보다 더 중요한 것은 현실 세계의 평화이기 때문이다.

변화하는 상황들 속에서 재해석하고 새롭게 쓰는 정경화 작업을 다시 시작해야 할 것이다. 세 종교가 자기 종교의 입장에서만 보는 것이 아니라, 인류 역사에서 잘못을 저질러온 것을 철저히 반성하면서, 세 종교가 모여서 경전들을 새롭게 써 나가야 한다. 과거의 문자와 사상에 갇혀서 갈등과 폭력을 일으키는 정경의 권위에 대해서 용기 있게 새로운 도전을 하고, 평화의 미래를 향한 새롭게 쓰는 정경들을 만들어 가야 한다. 샤이 코헨은 "정경이 모든 것을 차단시켰다…. 정경은 태초의 시작이 아니며, 따라서 끝도 아니다. 정경은 계속되는 여정의 한 순간이다. '정경에 영감을 불어넣는 것'을 말하는 것은 새로운 해석적 행동이다. 해석적 과정은 멈출 수 없다"77)고 말한다.

초대 그리스도교는 세속권력의 권위와 함께 정경의 선포를 통해 하느님의 계시를 그 속에 가두어 버렸고, 그 이후 교회권력은 새로운 계시들을 필요로 하지 않았다. 모든 기득권을 유지하고 있으니 더 이상 계시들이 필요하지 않았던 것이다. 그러나 하느님의 계시는 인류 역사 속에서 소외된 자, 가난한 자, 억압받은 민중들에게 용기와 희망을 주며 계속해서 역사해 왔다. 히브리 성서에서 모세에서 제사장 사무엘, 다윗. 솔로몬 왕에서 예언자들로 이어졌던 것은 그 역할들을 제대로 감당하지 못할 때, 새로운 인물들을 내세워 계시의 역사가 바뀌어 갔음을 볼 수 있다.

민중 유대교는 지난 2천여 년을 떠돌면서 수모와 박해·차별·학살을 겪으면서, 정경이라는 틀 안에 그들의 사고를 가두지 않고, 끊임없이 새롭게 해석하는 정경화 작업을 하였고, 그 결과물로 새로운 경전들이 나왔고, 이것을 가정에서 회당에서 지켰기에 인내하고 버티어 낼 수 있었음을 본다. 부분적인 해석이 필요할 때는 부분적으로 수정하고 첨가하며, 더 큰 틀의 새로운 해석이 필요할 때는 과감한 수정과 첨가를 함으로써 그 시대 시대마다 주어지는 상황들을 견디어 냈다. 이러한 지성적인 전통의 역사

---

77) Shaye J. D. Cohen, *From the Maccabees to the Mishnah*, 47-48.

적 교훈을 과거로 종결지으면 안 되며, 오늘 지구화의 신자유주의 상황, 지구적 제국, 생태-환경적 위기, 지구촌 남쪽의 경제적 곤란과 빈곤, 여성 문제, 종교 간 갈등, 한반도의 분단과 통일이라는 오늘의 상황에서, 정경의 경계선을 자유롭게 넘나들며, 때로는 부분적으로, 때로는 크게 개작과 해석적 과정을 시도해 나가는 정경화는 계속되어야 할 것이다. 이때 본문들 간에 "상호-본문성inter-textuality", "경전들 간에 상호성inter-scriptures"이라는 대화와 상호침투intra-faith의 밀도 있는 관계를 갖으며, 정경화 과정을 만들어 나갈 때, 정경 역시 퇴색하지 않고, 역동성과 활력을 가질 수 있으리라 생각한다.

5. 결론

정경은 종결짓는 것이다. 그 종결은 현재와 미래를 가로막는 차단벽이 되면서 배타성을 띠게 된다. 중국의 유교가 공자 이후 정경이 된 이후, 지배 종교로 내려왔고, 조선시대 육백 년 동안 성리학 역시 정경에 갇혀 지배 이데올로기를 만들고 강요하는 역할을 해왔던 동서양의 역사적 경험들을 볼 때, 이렇게 정경 자체에 종교권력이 덧씌워지고, 세속권력과 연동 작용을 하게 되면, 정경은 강한 지배 이데올로기가 되어 박해와 학살과 전쟁을 일으킬 수 있는 초강력 힘을 갖게 되었다. 물론 모든 갈등과 분쟁의 근원을 정경으로 몰아갈 수는 없다. 인간의 탐욕과 이기심이 그러한 문제들을 일으키고 있으며, 종교적인 언어와 내용은 이데올로기로 사용되기 때문이다.

역사적으로 종교가 누구를 대변해 왔느냐가 가장 중요하다고 본다.

아이러니한 것은 그리스도교가 예언자들의 사회정의 의식, 민중과 함께 한 예수의 모습이 정경 안에 담겨 있음에도, 그리스도교는 로마제국, 유럽 제국주의 국가들의 충성스런 노예가 되어 지배 이데올로기로 탈바꿈했다. 그리고 그리스도교는 다른 사상들의 유입을 스스로 차단함으로써, 정화하는 기능을 상실하였고, '예수' 이미지는 로마제국 시대, 십자군 전쟁과 유럽의 식민지 정복 그리고 미국의 세계 지배에서 정복과 약탈과 죽임의 상징으로 부각되었다. 반면 민중 유대교는 사상과 문화의 유입을 경전에 수용하면서, 그들의 고난을 이겨 낼 수 있었다.

오늘의 한국 그리스도교는 2천 년 전 예수가 보았던 유대교, 바울이 보았던 유대교의 시각에 갇혀서 한 발자국도 나오지 못했다. 예수가 바리새인들을 비판했던 수준에 고착되어 있다. 아니, 오히려 한국 그리스도교가 바리새주의로 변질했으며, 유대교는 자유로운 사상과 해석으로 인해 세계의 모든 분야에서 창조적으로 앞서가고 있다. 유대교의 회당과 가정 교육은 단지 토라를 읽고 암송하는 단순한 암기교육이 아니었다. 그 밑바닥의 원동력은 랍비들의 다양한 해석이 창의성을 열어줌으로써 상상력을 높이고, 어려운 시련들을 견디어 나가게 하는 내적인 영성inner spirituality의 힘이 된 것이다.

그리스도교의 역사적인 회고를 볼 때, 성서의 정경이 최초의 의도와는 다르게, 결과적으로 약의 역할보다는 독으로서 세계 민족들을 지배하기 위한 수단으로 전락하였다고 감히 말하고 싶다. 여기에 성직 계급은 참다운 종교의 본질과 가치를 찾기보다는, 폐쇄적인 교리와 종교권력과 정치권력의 힘으로 백성들을 박해하고 전쟁에 동원하는 수단으로 삼았다.

현대 미국은 한 국가가 전 세계를 군사적·정치적·경제적·문화적으로 지배하는 제국이 되었다. 이러한 지배이념을 지지해 주는 종교적 이념이 바로 그리스도교이고, '하느님 나라' 사상이다. 신학도 이에 직·간접으로 동조하거나 더욱 적극적으로 펼쳐 나가고 있다. 이러한 현실에서 '정경'에 대한 집착은 더욱 거세질 것이다. 오늘날 이스라엘이 팔레스타인 지역에 정착한 이후, 미국과 서유럽 그리스도교 국가들의 강력한 지원을 받아 팔레스타인 정착민을 향하여 무차별 미사일과 대포로 공격하여 학살을 하는 것은 그들이 2천여 년 동안 겪어온 민중종교로서의 모습과는 정반대되는 아이러니를 보여주고 있다.

앞으로의 과제는 한국 신학에서 그리스도교 정경을 어떻게 풀어나갈 것인가이다.

정경으로 묶어놓은 초대 그리스도교 시대의 족쇄는 이제 벗겨야 한다. 성서는 새롭게 각색되고 쓰일 필요가 있다. 이것은 개인적 판단이 아니라, 이성적이고 보편타당한 그리고 사회적·공동체적 신뢰감이 있는 집단들이 그 역사적 상황을 이해하고, 그 작업을 해나가야 할 것이다. 단순히 교단과 교리의 권력에 갇혀 그것을 정당화시키는 논리로 재구성하는 것은 또 다른 지배와 통제를 만드는 것이며 사회적·종교적 죄라고 본다. 지난 1천칠백여 년 간 보여준 그리스도교의 모습에서 벗어나 새로운 정경화 작업으로 오늘의 신자유주의, 지구적 제국, 생태환경의 위기, 국가 간 경제적 격차 심화, 여성 문제, 종교 갈등, 한반도 분단과 통일 등의 지구촌 문제들을 해결해 나가는 데 유연성을 가짐으로써, 그리스도교 내부에 고질적으로 묶여 있는 과제들을 풀어갈 역동성과 활력을 가져야 할 것이다

* 이 글은 2009년 2월 18일, 대화문화아카데미에서 개최된 〈성서의 역설적 쟁점 연구모임〉에서 발표한 논문을 일부 수정하여 실었다.

2장 생명과 생태사상

창세기 1장의 —노장사상과 불교적 이해

1. 서론

인간은 동서고금을 떠나 누구나 광대한 우주와 자연의 아름다운 모습과 규칙 그리고 생명과 생태 질서에 맞추어 살고 그 근원과 진리를 생각하고 느끼며 살아간다. 언어와 개념 그리고 표현들에 있어서 각각의 문화적인 환경에서 다르게 나타나고 차이가 있지만, 시간과 공간을 뛰어넘어 인간은 근본적으로 공통된 곳을 지향하고 있다. 필자는 여기서 자연의 생명과 생태사상에 대한 근본을 창세기 1장에서 찾으며, 이를 지금까지의 전통적인 성서해석 방법에서 탈피해 노장사상과 불교적 이해를 갖고 전개하고자 한다. 구약 연구에서 창세기 1장의 본문과 고대 근동 세계의 메소포타미아와 이집트의 유사한 창조신화는 활발하게 연구되어 왔지만, 고대 근동 지역이라는 지역성과 역사성에서 빠져나와, 비록 다른 문자와 개념이고 직접 주고받은 영향은 없지만, 고대 중국과 불교에서는 어떻게 이해하고 있는지 그 영역을 넓혀 봄으로 해서, 우주와 자연 그리고 인간의 관계를 생명과 자연 생태학적으로 접근하고자 한다.

종교는 종교들 안에서

필자는 성서신학이 서구신학의 전유물(?)처럼 되어 있는 경향에 반하여[1], 어떻게 아시아적인 해석과 종교 간의 대화가 가능할까를 고민하면서, 전통적인 역사 비평과 문학 비평에 근거한 성서 해석 방법론을 기반으로 하면서도 뛰어넘을 수 있는 방향을 모색하고자 한다.[2] 그것은 고대 히브리인들이 깨달은 진리와 아시아에서 노·장자의 사상, 그리고 불교에서 말하는 진리가 서로 전혀 다른 별개의 것들이 아니라, 인간이 우주 안에 포함된 존재로서 세계 그리고 자연 안에 살면서 삶의 실존 문제들을 풀어나가는 공통된 내용들이라는 것이다. 그래서 이러한 시도는 성서와는 전혀 다른 역사적·문화적·종교적 배경을 두고 있는 철학사상과 종교들 간의 대화를 전제로 가능하기 때문에, 기존의 해석 방법의 틀을 벗어나 '종교는 종교들 안에서' 바라보는 해석학적 접근을 시도하고자 한다. 그것은 종교 간의 영성과 진리 추구에 대한 자세, 우주와 자연을 바라보는 눈, 인간에

---

1) 필자는 지금까지 성서라는 종교문헌에 문학 비평과 역사 비평 방법을 적용하여 해석해 내는 서구 성서신학의 한계를 본다. 그것은 성서라는 종교 문헌에 문학 비평, 사회학, 여러 철학의 사조들의 프리즘으로 비추어 보기 때문에, 종교적 해석이 되기보다는 문학 작품의 수준으로, 사회적 갈등구조 분석 그리고 철학사조의 분석틀의 제한에 갇혀 버리는 수준에 머무르고 있다고 본다.

2) 필자는 차일즈(B. S. Childs)의 '정경 비평'(canonical criticism)에 근거를 두고, 본문과 전혀 다른 사상과 철학 그리고 종교를 비교하고자 한다. 최근 20여 년간 성서해석의 흐름이 정경 비평의 등장을 계기로 한 낱말과 문단, 그리고 단어의 배경에 집중하던 전개 방식에서 문학의 큰 단위를 놓고 분석하는 방법으로 발전하여 나갔음을 근거로 해서, 필자는 본문과 상황이라는 시·공간을 벗어나 인간이 기본적으로 진리를 향하여 추구하는 '영성적 해석'을 토대로 하고자 한다.

대한 깊은 이해 등에 같은 맥을 보이고 있기 때문이다. 성서해석학은 종교들의 사상 안에서 의미를 찾을 때 경전에 대한 보다 폭 넓은 이해를 할 수 있을 것이다.

창세기 1장 1~2장 4a가 바빌론 포로기 시대(기원전 583-538)의 제사문서(Priestly writing, 이하 P)의 작품이라는 것은 학계의 오래된 정설이다. P는 유대의 멸망을 경험하던 시기에, 이제까지 내려오던 고대 근동 세계와 이스라엘의 사상들을 재조명하면서, 창세기 1장에서 그의 신학적인 꽃을 피우고 있다. 이 가운데 고대 근동의 창조신화의 특징이 우주적 혼돈과 신들 간의 투쟁이 주요 내용들이었지만,[3] P의 창조는 신들의 투쟁의 결과가 아니라 우주와 자연 그리고 인간에 대한 완벽한 질서와 조화를 묘사하고 있다. 이것이 바빌론 신화와 창세기 1장의 근본적인 차이이다. 베스터만이 P가 이스라엘의 전승보다도 더 넓고 더 오래된 전승들과 대화하고 토론하였지만, 에누마 엘리쉬Enuma Elish같은 묘사들을 거부했고, 신들의 연속되는 탄생들과 같은 창조의 묘사를 거부했다고 평가하는 것은 이 같은 이유에서이다.[4]

P는 메소포타미아의 창조신화에 영향을 받고는 있지만, 자신의 개념과 관점을 더 크게 세우고, 자신의 방법을 사용하여 전체를 완성하였음을 본다. 그래서 P의 창조신학은 단순히 객관적 순서에 의한 창조의 질서를

---

3) 조철수, 『메소포타미아와 히브리 신화』(강릉: 길, 2000), 116. 창세기 1장은 메소포타미아의 고대 앗시리아의 '에누마 엘리쉬'(Enuma Elish)의 창조 신화에 영향을 받고 있는데, 마르둑(Marduk)이 바다 괴물인 티아맛(Tiamat) 사이에 신들의 싸움을 그리고 있다. 마르둑은 티아맛과 싸움에서 승리를 한 후에 바다 괴물을 죽여 반을 갈라 그 윗부분으로 창공을 세워 별들과 태양과 달을 두고, 나머지 반으로 땅을 만들어 온갖 것들을 낳도록 하고, 사람들을 만들어 바빌론 신전을 짓게 하고 신들을 그곳에서 쉬게 했다는 내용이다.

4) C. Westermann, *Genesis 1-11* (Minneapolis: Augusburg Publishing House, 1984), 81.

시간적인 순서에 따라 문학적인 서술을 하고 있지만, 그보다는 광대한 우주 그리고 자연세계의 생명의 완벽한 조화와 존엄, 그리고 그 안에 존재하는 인간에 대한 존귀함, 마지막으로 인간과 하느님과의 연결을 통해서 모든 존재를 관계적으로 묶어냄(binding)을 보게 된다. 곧 각 개체 하나 하나가 우주와 하느님의 영원한 활동 '상常' 안에서 서로 연결되는 것뿐만 아니라, 서로 의존하고 있다는 것을 표현하고 있다.

필자는 이를 불교의 연기사상과 연결지어 보고자 한다. 즉 불교에서 우주 만유가 각각 서로 관계하고 의지하며 작용하여 생성 변화한다는 것으로, 이는 만물이 그 자체 안에서 행해지는 인과법칙因緣法則의 원리에 의거하여 이루어진다는 견해이다.[5] 연기는 모든 존재가 '서로 의지해 있는 것(相依性)'이며, 관련하여 존재하는 것으로 이해하는 이론이다.[6]

우주와 관련한 세계의 창조 그리고 그 큰 움직임에 대한 관찰이 고대 근동 세계와 구약의 전유물은 아니다. 고대 중국의 노자와 장자에 나오는 '도道' 사상도 우주에서 시작하여 한 사람이 진리를 향하여 살아가야 할

---

5) 수산, 『불교와의 만남』(수원: 마하야나, 2002), 218; 석지명은 우주 존재의 원칙을 '이것이 있으므로 저것이 있고, 이것이 일어나므로 저것이 일어난다. 이것이 없으면 저것도 없고, 이것이 없어지면 저것도 없어진다고 연기법을 해설한다. 『깨침의 말씀 깨침의 마음』(서울: 불교시대사, 1994. 2002), 42; 성철, 『백일법문』(합천: 장경각, 1992), 140. 성철은 연기란 갈대 묶음이 서로 의지해 있는 것과 같아 하나는 주체가 되고 다른 하나는 객체가 된다는 것보다는 평등한 입장을 말한다. 불교에서 연기는 모든 일체 만물이 존재하는 존재의 원리로 본다.

6) 성철, 위의 책, 141; 고영섭, 『연기와 자비의 생태학』(서울: 연기사, 2001), 21. 불교에서는 모든 것들이 시간적이고 공간적인 연기의 그물 속에서 서로 의지하고(相依) 서로 관계 맺으며(相關) 존재한다고 말한다. 우주와 은하계, 은하계와 지구, 자연과 인간, 인간과 인간, 국토와 신체, 자기와 타자 등은 모두 연기적으로 존재하는 것이다. 우주의 삶은 이처럼 서로 관계 맺어서 생겨나고(緣生) 서로 의지하다가 사라진다(緣滅). 우주의 모든 존재는 바로 이러한 연생과 연멸의 관계 속에서 끊임없이 순환하는 것이다. 자연과 인간의 관계 역시 마찬가지이다.

방향을 제시하고 있으며, 불교 역시 우주와 자연의 생명, 그리고 인간의 삶에 대하여 깊이 다루고 있다. 비록 시간과 지역적인 공간이 전혀 연결이 안 되는 영역들이지만, 인간이면 공통적으로 우주와 신 그리고 자연과 인간에 대한 기원과 그 관계들에 종교적인 심성을 갖고 있다는 사실에 근거하여, 본 연구는 창세기 1장의 생명과 생태사상을 광의의 개념인 우주로부터 시작하여 상호간의 관계를 파악하면서 좁혀 가고자 한다. 그리고 노장사상과 불교적 관점에서 해석을 시도함으로써 공통된 사고와 체계를 찾고자 한다. 이 연구의 목적은 단지 공통점을 찾아내는 것으로 끝나는 데에 있지 않으며, 종교 간 대화를 통해 영성적인 차원들을 나누는 데에 있다.

불교 연기사상을 구약에 접목

불교의 핵심사상 가운데 하나는 '연기사상'이다. 필자가 불교를 이해한 지 얼마 되지 않아 불교의 가장 핵심사상에 대하여 재해석을 시도한다는 것은 어불성설이 될 수 있으며, 선무당이 사람 잡는 꼴이 될 수도 있다.

하지만 이 연기사상은 우주 만물의 법칙을 말하는 근본이 됨을 모두 받아들이고 있으며, 불교의 전유물도 아니며, 구약성서 역시 이러한 관계들을 충분히 보여주고 있다. 비록 구약성서와 불교 사이에 시간과 공간의 역사적인 연결은 없었지만 인간이 우주와 자연, 사회 그리고 인간관계에서 생각하고 느끼는 바가 고등종교에서는 상통하는 것을 본다.

연기론에 대하여 여러 가지 견해들을 언급하고 있다. 일체 존재가 유위有爲로서 '연기된 것'을 뜻하는 것에서 출발하여 무위無爲를 지향하는 것이 근본교설이라고 할 수 있겠다.[7] 수산은 연기론에 대해서 다음과 같이 정의하고 있다: "모든 존재는 서로 의지하고 서로 관련하여 존재하는 인연 생기因緣生起이므로 무아無我이며, 우주 만법은 이와 같이 어떤 단독적인 힘만으로는 생기·발전할 수 없고, 반드시 인因과 연緣의 결합을 필요로 한다는 것이 연기설의 이론이다"[8]

이 연기론은 우주의 모든 현상, 일체 삼라만상의 실상, 인간의 정신과 물질, 업에 대한 인식, 본체와 현상 등이 서로 관계하고, 의지하며, 작용하여 생성변화한다는 것으로, 이는 만물이 그 자체 안에서 행해지는 인과법칙(因緣)의 원리에 의거하여 이루어진다는 것이 그 중심 내용이다.[9] 또한 현상과 본체는 같은 것으로 보는 시각이다. 연기론은 우주와 자연 그리고 인간으로부터 원리를 이끌어 냈으며, 또한 다양한 사례들을 언급하면서, 자연 현상, 인간의 본성 그리고 과학과 연결시켜 이 원리의 객관성과 정당성을 언급하는 것을 전적으로 수용한다. 또한 그 근본은 언제나 종교이기 때문에 더욱 심오한 진리들을 말하고 있다.

짧게 설명을 했지만 연기사상을 중요하게 보는 이유는 한 포기의 풀도 지구 전체에 영향을 미칠 수 있다고 보는 이 견해가 오늘날 서구문명의 물질주의에 반대하는 대안적인 사상이 될 수 있다고 보기 때문이다. 불교는 동물과 자연 그리고 인간의 '생명'을 존중하며, 인간의 이기심과 욕망을 억제하고 훈련하는 데 매우 체계적이며 오랜 역사적 전통을 갖고 있다.

실천 불교는 사회 참여에 대하여 언급하고 있다. 불교의 현실 참여와

---

7) 수산, 『불교와의 만남』(수원: 도서출판 마하야나, 2002), 제2장에서 유위법과 무위법을 설명하고 있다.

8) 위의 책 제4장에서 연기론의 종류와 해설을 하고 있다. 연기론에 관하여 많은 논문과 책이 있음을 밝힌다.

9) 연기론은 그 내용에 따라 '십이연기설'(十二緣起說), '업감연기론'(業感緣起論), '알라야식연기론'(阿賴耶識緣起論), '진여연기론'(眞如緣起論), '법계연기론'(法界緣起論) 등으로 구분하고 있다.

사회적 실천은 "불교적 세계관을 대중에게 심어 주고 구현하는 행위로서의 실천이며, 사회 환경과 사회 구조까지도 변화되도록 하는 실천"[10)]을 제시한다. 석존의 의미가 모든 중생이 겪는 고苦를 구제하는 것이 그 중심이기 때문이다. 최초의 교화 활동에서 '전법傳法' 선언은 일체 존재를 모든 질곡으로부터 해방하는 구제정신이다.[11)] 그리고 '연민의식憐愍意識'인 자비심은 불교 실천의 핵심이 된다.[12)] 물론 이 사회적 관심은 불교의 목표인 열반 또는 깨달음(Bodhi)의 사회화가 되는 것이다.[13)]

고대의 경전과 그 시대의 상황이 상호 영향을 주듯이, 오늘에도 고대의 경전과 오늘의 상황이 있다. 결국 경전 해석학scriptual hermeneutics은 오늘의 상황에서 어떻게 재해석하느냐에 의해, 과거의 경전이 새롭게 인식될 것이며, 상황 속에서 그 설득력을 가진다고 본다. 구약의 예언자들이 그 이전 구약종교가 제도화되면서 경직되었던 사고의 틀을 깨었고, 예수 역시 유대교의 석화된 사고의 틀을 깨기 위해서 3년의 고행 길을 가면서 진리를 전했다. 석존도 당시 사회 질서에 안주하지 않고, 왕좌를 과감하게 벗어던지고, 고행 길을 가면서 진리를 발견하고 전한 것이다. 원효 역시 새로운 사회에 대한 이념을 지니고 있었기에 과거의 틀과 형식에 얽매이지 않은 것이다.[14)]

구약 자체도 인간과 인간의 관계, 자연과 인간, 하느님과 인간의 관계

---

10) 공동연구프로젝트, 『실천불교의 이념과 역사』(서울: 도서출판 행원, 2002), 35.

11) 위의 책, 39.

12) 위의 책. 40; 『자비경』 참조.

13) 위의 책, 77.

14) 고영섭, 『원효』(서울: 한길사, 1997, 2002), 236-40. 원효의 대승윤리는 일승(一乘)에 초점을 모은다. 곧 인간 욕망의 절제는 연기(緣起)에 대한 사무친 이해 위에서 나올 수 있다는 것이다. 곧 인간의 실천행에 가장 무게 중심을 두는 것이다.

들도 모두 연결되고 있음을 보면서, 불교의 연기적 틀을 창세기 1장에 적용해 보았다.

2. 연기적 우주관

태초太初 : 무無, 시원始原, 묘妙

1:1 태초에

'태초'(בראשת)는 '절대적인 시작'을 말하는 것이며, 하늘과 땅의 창조가 모든 역사의 처음이었다는 것이 일반적인 해석이다.[15] 이것은 인간의 이성으로 셈할 수 없는 최초의 무한의 시간대를 가리키는 것이다.

이와 동일한 개념이 노자에서도 등장한다. 그는 시원을 뜻하는 말로 '무無'와 '묘妙'를 사용하고 있는데, 무는 천지의 시원을 말하는 것이고, 유는 만물의 근본을 말하는 것이다[16] 이에 대한 왕필王弼의 주석을 참고해 보면 이렇다: '도'가 아직 이름도 붙여지지 않은 상태 즉 '무' 또는 '무명'의 상태는 시원始原의 뜻을 지닌다.[17] 김항배는 '시원'을 시간적으로 가장 앞선 것이라고 한다면, 앞선 시간에는 또 무엇이 있는가라는 질문이 무한히 계속될 수 있다고 보고, '시始'의 뜻을 발생·발동·창생의 뜻으로 해석하고 있다.[18] 그는 노자가 말하는 '무' 또는 '무명'은 존재의 적극적 부정이

---

15) Westermann, *Genesis 1-11*, 98.

16) 『도덕경』 1장. 無名天地之始, 有名萬物之母.

17) 김항배, 『불교와 도가사상』(서울: 동국대학교 출판부, 1999) 19.

아니라 오히려 존재 자체에 대한 역설적 표현이라고 보고, 무 또는 무명으로 표현되는 도는 무엇이라고도 규정할 수 없는 절대 무규정성이지만, 이미 그 안에 발생과 창생을 담고 있다고 하여 '무' 그리고 '도'의 개념이 시원의 뜻을 담고 있음을 말하고 있다.[19]

노자는 '시원'을 뜻하는 다른 단어로 천지가 구분되기 이전을 '묘'라고 부르는데, '묘妙'는 아직 '천지'가 구분되기 이전의 주관과 객관이 구별되기 이전의 순수 존재의 상태를 지칭한 것으로, 이것은 감각으로 지각될 수 있는 대상이 아니며 분별적 의식에 의해서 파악될 수 있는 것도 아니다.[20] 아베 마사오는 장자의 말을 인용하여 "태초의 시간에 대하여 만일 시초가 있었다면 그 시초 이전에 시간이 있었다. 그리고 그 시간 이전의 시간은 그 시초의 시간 이전에 있었다. 만일 실존이 있다면 비실존은 그 이전에 있어야 한다. 그리고 무가 존재했던 시간이 있었다면, 그 이전의 시간, 즉 무조차도 없었던 시간이 있어야 한다"[21]고 하여 태초의 근원을 말하고 있다. 태초는 무, 시원, 묘로 표현되고 있다.

하느님 : 도道

1:1 하느님이 천지를 창조하셨다.

구약의 하느님은 한마디로 말하면, 우주 만물을 창조하고 이에 끊임없

---

18) *Ibid*, 20.

19) *Ibid.*, 20.

20) *Ibid.*, 91.

21) 아베 마사오. 히사마쯔 신이찌, 『선과 현대철학』 6권, 변선환 역(서울: 대원정사, 1996) 190.

이 주관하며, 형체가 없으며, 인간의 마음과 영혼을 주관하시는 분이라고 말할 수 있겠다. 하느님에 대하여 국내외적으로 이미 많은 연구들이 나와 있으므로 여기서는 생략하기로 하겠다. 그러면 노자에서 '도' 개념은 무엇일까?

노자는 『도덕경』 제1장에서 '도는 말할 수도 이름할 수도 없는 것'[22] 이라고 한다. 그는 도란 그 어떤 것에도 제한된 것이 아니며, 어떤 제한성도 지닌 것이 아니라고 하여 도의 무한성을 말한다.[23]

노자는 도는 허허롭고 형체가 없으나 그 작용은 무궁무진하여, 얼마나 심원한지 마치 만물의 종주와 같다고 하여,[24] 도는 만물의 본체이자 본원으로 천지만물은 도에 의해 생성되는 것이라고 생각했다.[25] 장자에 오게 되면, 도의 개념은 더욱 발전하게 된다. 장자는 도가 천지만물을 생성하고, 아울러 천지만물 중에 존재하며, 만물의 운동변화를 체현하는 천지만물 운동변화의 법칙이 되며,[26] 도는 '만물이 비롯되는 바이다'(萬物之所由)[27]고 하여, 도는 천지만물을 생성하는 동시에 또 천지만물의 운동변화

22) 『도덕경』 제1장, 道可道 非常道, 名可名 非常名.

23) 김항배, 『불교와 도가사상』, 19.

24) 도덕경 4장. 道沖而用之或不盈, 淵兮似萬物之宗.

25) 장립문, 『道』(서울: 동문선, 1995), 61. 노자는 도가 '만물의 종주'(萬物之宗)라는 사상을 제기하고 아울러 이에 근거하여 그의 도론을 전개했다. 그는 도는 형태도 없고 모양도 없는 형체지어진 이상의 본체일 뿐만 아니라, 천지만물이 운동하는 자연법칙이라고 생각했다. 하늘과 땅과 사람은 모두 도로 말미암아 생겨나고, 도에 의하여 운동한다. 따라서 자연무위(自然無爲)는 근본이 되는 인도(人道)이며, 또한 나라를 다스리는 근본원칙이기도 하다. 장자는 노자의 도는 본체이자 운동법칙이라는 사상을 계승·발전시켜 인생의 도덕수양은 도를 체득하고 도에 통달하는 것이고, 천지와 더불어 정신이 합해져 하나가 되고, 아무것도 존재치 않는 곳에서 노니는 지극한 도의 경지를 실현시킬 것을 제기했다. 이것은 인간세상을 완전히 초월한, 정신이 절대 자유로운 경지이다.

26) *Ibid.*, 62. 强爲之名曰大, 大曰逝 逝曰遠 遠曰反.

27) *Ibid.*, 70.

를 지배하는, 천지 만물이 생장하고 발전하는 데에 반드시 지키고 따라야 하는 법칙으로 보았다.[28)]

장자는 "도가 우주만물의 본체로서 세계 만물은 모두 도에 의해 생성된다"[29)]고 생각했는데, 이에 대해 장립문은 "도가 예부터 지금까지 영원히 존재하고 있는 천지만물의 근본이고 존재 근거이다. 도는 무한히 광대하고 형체도 없고 상태도 없으며 영원히 존재하기 때문에 거기에 만물이 포용되는 것"[30)]이라고 해석한다. 여기서 도는 우주의 모든 것을 만드는 본체임을 보게 된다. 아베 마사오는 "장자는 궁극적인 실재에 도달하고 철저한 부정을 체득하기 위해서 궁극적인 실재, 곧 시초와 끝, 실존과 비실존, 있는 것과 없는 것을 완전히 넘어서는 그 무엇, 곧 도를 추구한다"[31)]고 말한다. 한스 큉과 줄리아 칭도 "도는 보편적이며 처음이며 끝이고, 정의하거나 표현하거나 묘사할 수 없고, 하늘과 땅 사이에 존재하는, 만상에 앞서 만상의 근원을 이루는 원리이다"[32)]라고 묘사한다. 불교의 성철 스님도 "도는 우주의 근본이며 만물의 자체이니 시공을 초월하고 시공을 포함한 절대체"[33)]라고 하여 도가 형체가 없는 영원한 존재로서 만물의 근원이

---

28) *Ibid.*, 70.

29) 장자,『대종사』. 도는 사실 작용도 있고 믿을 수 있는 증거가 있으나 작위도 없고 형체도 없으며, 마음으로 전할 수는 있으나 말로 전달받을 수는 없고 마음속으로 터득할 수는 있지만 눈으로 볼 수는 없으며, 스스로 근본이어서 천지가 있기 전 예부터 이미 존재했고, 귀신과 상제를 신비롭게 했고 천지를 생성했으며, 태극보다 위에 있으면서 높다고 하지 않고 육극의 아래에 있으면서도 깊다고 하지 않으며, 천지보다 먼저 생겼으면서도 오래되었다고 하지 않고, 먼 옛날보다 오래 되었으면서도 늙었다고 하지 않는다. 夫道, 有情有信, 無爲無形, 可傳而不可受, 可得而不可見, 自本自根, 未有天地, 自古以固存, 神鬼神帝, 生天生地, 在太極之先而不爲高, 在六極之下而不爲深, 先天地生而不爲久, 長於上古而不爲老.

30) *Ibid.*, 69.

31) 아베 마사오,『선과 현대철학』, 6권, 191.

32) 한스 큉·줄리아 칭,『중국 종교와 그리스도교』, 이낙선 역(왜관: 분도출판사, 1994) 195.

됨을 말하고 있다.

P가 1절에서 묘사한 하느님은 신들과의 갈등과 투쟁이 아니라, 우주와 자연의 질서를 세우고, 그 근원에 태초 이전의 궁극적인 실재이며, 시간 이전의 존재로서 형체가 없는, 곧 인간의 이성과 감각으로 인지할 수 없는 존재로 묘사하였다면, 노자의 '도' 개념 역시 우주만물의 시원이며, 천·지·인의 주체가 되며, 인간의 오감으로 통찰할 수 없으며 깨달아질 수 없는 것으로 표현하고 있다.[34)]

혼돈, 공허, 어둠 : 절대무絶對無와 공空

1:2 땅이 혼돈하고 공허하며, 어둠이 깊음 위에 있고

초기 단계에 하늘과 땅은 아직 '깊음' 속에 가라앉은 상태에 있다. '혼돈'(without form)과 '공허'(void)는 히브리어 tohu(תהו)와 bohu(בהו)이다. '혼돈'(תהום)[35)]은 구약에서 20회 나오며, '공허'(בהו)는 3회 나오는데, 이 두 단어가 연결되어 쓰인 것에 대해 올브라이트는 시적인 표현이라고 하여 두 단어를 결합시켜 사용하는 것에 주목하고 있다.[36)] 갤링도 "완벽

---

33) 성철, 『자기를 바로 봅시다』(합천: 장경각, 1987), 237.

34) 감산수삼랑, 『佛教와 老莊思想』 오진탁 역(서울: 경서원, 1992), 59.

35) 테홈(תהום)은 구약에서 35회 나오는데, 항상 물의 홍수나 깊음을 의미한다. 물은 축복과 다산을 가져다주기도 하지만, 파괴와 위협을 주기도 한다. 테홈을 바빌론의 티아맛의 기원과 관련지어 보기도 한다. 그래서 테홈은 마르둑이나 티아맛 사이의 투쟁과 일치시킬 수도 있다.

36) W. F. Albright, "Contributions to Biblical Archaeology and Philogy. 1. Chaos and the Origin of Light in Genesis I", *JBL* 43 (1924), 363-369. 베스터만, 앞의 책 103 재인용.

한 설명은 되지 못하지만 Tohuwaboh(ובהו תהו)와 함께 P는 절대적인 무absolute nothingness를 묘사하길 원했을 것"[37]이라고 말하여 두 단어 그리고 '어둠이 깊음'을 결합시켜 절대적인 무의 상태를 의도하지 않았는가 추측하게 한다. 즉 땅은 무존재non-existence의 상태에 있었다는 표현이다. 무nothingness와 무존재non-existence가 의미로는 더 가까울 것이라는 것이다.[38] 이 구절은 전통적으로 어둠과 창조를 대조의 개념으로 해석하여, 어둠은 빛과 태양의 반대되는 개념으로 보고 이를 어둠의 세력 혹은 악으로까지 해석해 왔다. 그러나 데리취F. Delitzsch는 "일련의 유사한 계속되는 단어인 혼돈, 공허와 어둠이라는 단어들에 주목해야 하는데, 이들이 우주의 발생과 관련이 있다"고 하여 연결된 단어의 의미를 강조하였다. 70인역은 ובהו תהו가 보이지 않고 아직 질서가 없는 것이라고 해석하지만, 불가타 번역은 "없음, 무와 빔, 공허"[39]로 번역하여 태초와 혼돈, 공허, 어둠을 각 개별적인 의미로 보기보다는, 연속되는 흐름 속에서 절대무의 상태를 보여주고 있다고 해석할 수 있겠다.

그러므로 이 두 단어가 각각의 사전적인 의미로는 혼돈이나 무질서, 그리고 선과 악의 이분법적 개념으로 보는 부정적인 견해에서 벗어나, 이들을 태초 상태의 모든 것이 열려있는 존재로서, 땅이 '혼돈'하다는 것은 만물이 고정된 것이 아닌 유동적이고 개방적인 것으로, '공허'하다는 것은 '절대 무'를 말하는 절대 긍정의 표현으로, '어둠이 깊음 위에 있다'는 것도 긍정적 실체로서 광대무변한 태초의 존재를 표현하는 것으로 해석할 수

37) K. Galling, "Der Charakter der Chaosschilderung in Gen 1,2", *ZThK* 47 (1950), 145-157. Westermann, 앞의 책, 103 재인용.

38) *Ibid.*, 103.

39) *Ibid.*, 104.

있겠다.

도덕경에서는 '하나'(一)의 개념이 천지 이전의 상태를 말하는데, 공허하면서도 형태가 없는 도는 만물이 의지하여 존재하는 근거이며, 또 만물을 파생시키는 본원으로 천지만물은 모두 도로 인하여 변화·발전하여 나오는데, 그 과정은 도는 하나를 낳고, 하나는 둘을 낳으며, 둘은 셋을 낳고, 셋은 만물을 낳는다는 것으로 표현하고 있다.[40] 이것이 도로부터 만물이 발생되는 순서라고 이해한다. 여기서 '하나'라는 것은 천지만물의 형성 전 일종의 혼돈하여 분화되지 않는 상태를 가리키며, 하나로부터 둘이 생겨난다는 것은, 곧 천지 혹은 음양을 생성하는 것이며, 이것은 창조의 진행 과정을 말하는 것이다. 이렇게 도는 곧 만물이 생성되는 본체 혹은 본원이며, 만물은 모두 도에서 통일된다.[41]

아베 마사오는 불교에서 '공'(Sunyata)은 '비어 있음'(Emptiness/ Voidness)이며, '절대무'(絶對無, Nothingness)를 함축한다고 말한다.[42] 이것은 '공'이 절대적 개념이며, 비대상적이고 비개념적이며, 이성이나 의지로 얻을 수 없는 것이기 때문이다. 그는 '공'의 긍정적 의미들에 대해서 "공은 어떤 특별하게 고정된 중심이 없는 '끝없는 개방성'을 가리키며, 자기중심주의는 물론 인간 중심주의, 우주 중심주의, 신 중심주의에서도 자유롭다. 그것은 어떤 중심주의로도 정향되어 있지 않다. 따라서 공에는 우주 내 사물들 사이에 고정된 지배적-종속적 관계가 없다"[43]고 말한다. P가 표현한 혼돈과 공허와 어둠이 깊음 역시 '절대적 무'를 의미하고, 이는 천지

---

40) 『도덕경』, 42장, 道生一, 一生二, 二生三, 三生萬物, 萬物負陰而抱陽, 沖氣以爲和.

41) 장립문, 『道』, 62; 김항배, 『불교와 도가사상』, 23 참조.

42) 아베 마사오, 『선과 현대철학』, 120.

43) *Ibid.*, 126.

가 분화되기 이전의 '하나'의 상태 그리고 '공'이라는 사상과 관련이 같은 맥을 이루고 있다고 볼 수 있다. 결국 태초의, 혼돈과 공허 그리고 어둠이라는 절대 부정은 절대 긍정을 표현하는 것이 된다고 할 수 있겠다. 이것은 제한과 속박을 받는 모든 것으로부터 벗어나는 완전한 해방과 자유인 것으로 전적으로 자유롭고 끝없이 개방되어 있는 것은 공의 장소에서 가능한 상태이다.

하느님의 영이 움직임 : 상常

1:2 하느님의 영은 물 위에 움직이고 계셨다.

P는 우주의 시작과 더불어 하느님의 영이 모든 만물 존재 속에 한 순간도 쉼 없이 영원히 활동하고 있다는 것을 이렇게 표현하고 있다. '영'(רוח, rûaḥ)은 구약에서 389회나 등장하는 개념으로 그 가운데 107회는 자연의 세상과 인간의 삶 속에서 하느님의 행동에 관해 말하고 있다.[44] 루아흐의 의미가 자연과 인간의 세상 속에 활동하는 의미로 보면, 신성하며 우주적인 힘을 말한다.[45] 델리취Delitzsch는 Tohuwabohu가 결합해서 두려움을 보여주는데, 하느님의 영이 질서를 위해서 준비하기 위해 원시의 물(物, matter)을 배회하는 것으로 나타내고 있다고 한다.[46]

---

44) W. R. Schoemaker, "The Use of rûaḥ in the Old Testament and of pneuma in the New Testament", *JBL* 23 (1904), 13f. 루아흐는 영(Spirit)이며 하느님의 영의 사역과 활동을 담고 있다. 또 다른 의미는 움직이는 공기라는 평면적인 의미로 바람 그리고 영을 말하고 있다.

45) W. Eichrodt, *Theology of the Old Testament* (trans. J. A. Baker; Philadelphia: Westminster, 1967), 2, 46.

'하느님의 영'은 태초에 창조의 작업부터 시작하여 끊임없이 계속되는 우주와 자연에 대한 섭리에 관여하는 것을 볼 때, 노자가 말하는 '상常'이라는 단어에서 동일한 뜻을 함축하고 있다. 그가 '도가도 비상도, 명가명 비상명'(道可道 非常道, 名可名 非常名)이라고 할 때, 도의 활동은 한 순간도 단절되는 것이 아니며, 영원한 활동성을 갖는 것을 '상常'이라고 말할 수 있다.[47] '상'은 자연의 생명력이고, 도적道的 활동의 자기 법칙 또는 자기 조절의 법칙을 말하는 개념이다. 곧 모든 현상은 도적 생명의 반복·순환 작용에 의한 것이요 이는 일시적인 활동을 하는 것이 아니다. 김항배는 노자가 본 도는 언어 개념에 의해서 한정할 수 있는 존재가 아니요 감각에 의해서 포착할 수 있는 존재도 아니지만, 아무 것에도 의지하지 않고 스스로 존재하며 모든 존재자를 포괄할 수 있는 큰 활동을 지니고 있으며, 또한 모든 것을 산출하는 힘을 지니고 있지만 제멋대로 활동하는 것이 아니라 거대한 순환의 활동을 한다는 것이라고 한다.[48] 도가 이처럼 자기 활동의 법칙을 지닌 영원한 존재라는 점에서 하느님 영의 영원한 활동과 '상'은 동일한 의미로 쓰이고 있다.

하느님의 영이 우주와 자연의 질서를 영원히 유지해 나가며 그리고 인간의 삶에도 계속 관여하는 것이라면, 노자의 상常 개념도 모든 존재가 자기 활동의 법칙을 지닌 영원한 존재라는 의미에서 공통된 개념이라고 볼 수 있다.

---

46) Westermann, *Genesis 1-11*, 109 재인용.

47) 김항배, 『불교와 도가사상』, 53.

48) *Ibid.*, 53.

3. 연기적 자연관 : 생명과 생태

하늘과 땅과 바다 : 천지자연天地自然

1:8 하느님이 창공을 하늘이라고 하셨다.
1:10 하느님이 뭍을 땅이라고 하시고, 모인 물을 바다라고 하셨다.
1:16 하느님이 두 큰 빛을 만드시고, 둘 가운데서 큰 빛으로는 낮을
다스리게 하시고, 작은 빛으로는 밤을 다스리게 하셨다. 또 별들
도 만드셨다.

서론에서도 언급했듯이 고대 근동 신화에서 '하늘', '바다'는 신들이 거주하는 장소로 신들이 투쟁하는 곳이지만,[49] 창세기에서 자연의 분리는 아무런 갈등 없이 자연스럽게 이루어지는 것이 특징이다. 창세기 1장에 언급된 것들 가운데 해와 달은 이스라엘이 살았던 세계에서 매우 중요한 신성들(divinities)을 보이고 있지만, P는 이들을 아무 것도 아닌 피조물에 불과한 것으로 취급하였고, 낮과 밤을 가져다주는 질서의 한 기능으로 제한시켰다.[50] 하늘과 땅과 바다, 그리고 식물, 별과 해와 달이 생겨나는 것을 묘사하여 이들 하나하나의 생성을 의미 있게 다루고 있지만, 보다 근원적으로는 이러한 만물들이 서로 의지해 있다는 것을 표현하는 것이

49) Westermann, *Genesis 1-11*, 119, 127. P의 관심은 주변 근동 세계에서 신성한 것이었던 신들을 단지 피조물의 어떤 것으로 묘사하는 것이었으며, 그것은 창조주와 창조, 그리고 하느님과 피조물 사이에 어떻게 분명하게 구분을 짓고 이해하는 것이냐에 관심을 가졌다. 그래서 해와 달은 창조 안에서 제한된 기능을 가지게 하여 하느님과 다르다는 것을 보여주고 있다.

50) *Ibid.*, 127.

다. 하늘이 있고 땅이 있으므로 식물이 생존할 수 있으며, 해와 달이 있으므로 바다와 식물이 존재할 수 있는 것이다. 모든 것이 다른 것에 서로 의지하여 존재한다는 것을 말하고 있다. 이것은 우주와 연결된 개체들 간의 연기적 관계를 말하는 것으로, 거꾸로 하늘이 없으면 땅도 없고, 해와 달이 없으면 동·식물도 없다는 것이다.

그래서 연기는 이것이 있음으로써 저것이 있고, 이것이 일어남으로써 저것이 일어난다. 이것이 없으면 저것도 없고, 이것이 없어지면 저것도 없어지는 것으로 곧 우주 만물들 그리고 식물에 이르기까지 상호 의존관계를 말하고 있다.[51] 곧 해와 달이 전혀 별개가 아니라 상호 관계적이며, 이에 따라 '낮과 밤'이라는 것도 두 개의 전혀 다른 실체가 아니라 하나의 동일한 존재로 보는 것이다.

식물과 동물 : 차이와 생명

1:12 땅은 푸른 움을 돋아나게 하고, 씨를 맺는 식물을 그 종류대로 나게 하고, 씨 있는 열매를 맺는 나무를 그 종류대로 돋아나게 하였다.

1:20 하느님이 말씀하시기를 물은 생물을 번성하게 하고, 새들은 땅 위 하늘 창공으로 날아다녀라 하셨다.

1:21 하느님이 커다란 바다짐승들과 물에서 번성하는 움직이는 모든 생물을 그 종류대로 창조하시고, 날개 달린 모든 새를 그 종류대로 창조하셨다. 하느님 보시기에 좋았다.

---

51) 석지명, 『깨침의 말씀 깨침의 마음』, 98.

1:22 하느님이 이것들에게 복을 베푸시면서 말씀하시기를 생육하고
번성하여 여러 바닷물에 충만하여라. 새들도 땅 위에서 번성하
여라 하셨다.

우주와 하늘, 땅, 물, 바다가 식물과 짐승들이 살 수 있는 터전이 되어 주었고, 자연의 살아 있는 생명 그대로의 아름다움을 묘사하고 있다. 땅으로부터 식물은 움이 돋아나고, 씨 있는 열매를 맺고, 나무는 종류대로 있다. 이것은 자연의 끊임없는 항상성을 말하고 있다. 즉 하느님은 한순간도 놓치지 않고, 끊임없이 새로운 창조를 만들어 간다.

하느님의 계속되는 창조가 분리의 작업이다.[52] 지구가 생기고, 하늘과 땅과 바다로 나뉘고, 식물들도 종류대로 나뉘고, 이들이 지구를 덮는다. 그래서 지구가 존재하는 한 수많은 식물들 가운데 단 하나의 식물도 전체의 한 부분으로서 자기의 종species에 속한다. 이런 점에서 식물이나 동물을 비롯한 모든 생물이 인간에게 종속된 존재가 아니라 하느님 창조의 한 부분으로 독립적이며, 하느님 아래 서로 수평한 지위를 갖는다.

물고기들과 새들도 모든 종류대로 창조하시고, 새들은 땅 위 하늘을 날아다닌다는 표현에서 각 존재의 차별성과 자기 존재의 유일함을 지니고 있다. 또한 '하느님 보시기에 좋았다'는 표현에서 식물과 동물 존재의 존엄성을 볼 수 있다. 인간을 위한 피동적인 객체가 아니라 모든 자연과 더불어 살아 있는 모든 생명이 하느님의 항상성 안에서 독립적인 주체이며 존중해야 될 존재이다.

'하느님 보시기에 좋았다'는 '진여眞如'의 표현은 식물에게서도 동물에

52) *Ibid.*, 125.

게서도 계속되고 있다. 그 '좋음'은 모든 생물을 그 종류대로 창조하시고 (1:21)라는 표현에서 볼 수 있듯이, '차이들differences'을 말한다. 동물과 식물의 다름, 식물도 수십만 가지의 종으로, 동물과 곤충도 수십만 종으로, 더욱이 미생물과 플랑크톤과 같은 눈에 보이지 않는 것들까지 구분한다면, 이 지구상에는 엄청나게 '서로 다른' 종들이 조화를 이루며 사는 것이다. 이 모든 생물이 살아 생존하면서, 비록 서로 잡아먹고 먹히는 관계가 될지언정, 궁극적으로는 자연이라는 거대한 범주 안에서 서로에게 유익을 주며 서로 다른 독립된 개체로서 살아가는 것이다. 그러므로 종류대로는 많은 종류라는 양적인 차이뿐만 아니라, 각 차이들의 고귀함을 알려주는 질적인 차원으로 이해해야 할 것이다.

22절에 살아 있는 것들에 대해서는 생육하고 번성하라는 복을 내린다. 그래서 살아 있는 생명의 존재에 대한 창조는 앞에서 언급된 모든 창조물과는 크게 다르다. 그래서 문학구조도 단순하게 '만드셨다'에서 '복을 베푸신다'는 형식이 추가되고 있다.[53] 이것은 P가 의도하여 추가한 것이겠지만 창조와 축복받은 존재로서 생명의 고귀함을 알리고 있다.[54]

베스터만은 많은 해석자가 생각하듯이 온갖 종류의 식물이 인간과 관련지어 만들어진 것이 아니라고 말하며, P에는 인간에게 줄 음식을 위해서 이 식물들을 창조한 것이 아니라고 나온다.[55] 식물은 온갖 종류의 식물 자체로 존재하는 것이며, 그 가운데 일부가 열매도 맺고, 곡식이 되어 인간이 먹는 것이다. 새들과 물고기 등 모든 종류의 생물이 그 각각의 존재의 근거를 갖는 것이지 인간에게 종속된 존재가 아닌 것이다.

---

53) Westermann, *Genesis 1-11*, 134.

54) *Ibid.*, 135.

55) *Ibid.*, 125.

채식 : 생명과 생태

1:29 하느님이 말씀하시기를 내가 온 땅 위에 있는 씨 맺는 모든 채소
와 씨 있는 열매를 맺는 모든 나무를 너희에게 준다. 이것들이
너희의 먹을거리가 될 것이다.
1:30 또 땅의 모든 짐승과 공중의 모든 새와 땅 위에 사는 모든 것,
곧 생명을 지닌 모든 것에게도 모든 푸른 풀을 먹을거리로 준다
하시니, 그대로 되었다.

29절과 30절에는 사람과 동물들에게 먹을 것에 대한 지침이 언급된다. '하느님이 말씀하시기를'이라는 문학 표현은 창조주가 그의 피조물에게 직접 말하는 것으로 강조의 의미를 담고 있다. 11절에서 씨를 맺는 식물을 그 종류대로 나게 하고, 씨 있는 열매를 맺는 나무를 그 종류를 언급한 것은 사람에게는 곡식과 열매를, 그리고 동물에게는 풀과 초목을 주는 것을 반영시키면서 인간과 동물에게 공급해야 할 온갖 종류의 식물을 '너희에게 준다'(behold I have given you)는 공식으로 말한다. 바빌론의 창조신화에는 인간을 위해 주어지는 음식의 창조를 말하고 있다.

아누, 엔릴, 엔키, 닌후삭이
검은 머리를 가진(사람)을 만든 후에
채소가 땅으로부터 번성했고,
동물들과 땅의 네발 달린(창조물들) 것들이
인위적으로 존재를 가져왔다.
(*ANET*, p. 43)

신이 인간을 창조한 후에 인간이 채소를 먹는 묘사를 볼 수 있다. 메소포타미아 전승에 따르면 인간이 동물을 죽이는 것은 불법이며,[56] 고대 근동 지방의 신화들에서도 인간은 단지 과일과 야채만 먹어야 하며 고기는 허락되지 않았다고 나온다.[57]

창세기 1장 29~30절은 바로 앞에서 인간이 창조되고, 이어서 인간이 생명을 영위해 가는 방향을 말하고 있는 것이다. 온 땅 위에 있는 모든 채소와 열매가 너희(인간)의 먹을거리가 되며(29절), 땅의 모든 짐승과 공중의 새와 땅 위에 사는 모든 것, 곧 생명을 지닌 모든 것(인간을 포함)에게도 모든 풀을 먹을거리로 준다고 말하고 있지, '인간에게 짐승과 새들을 먹을거리로 준다'고 언급되어 있지 않다.

이것은 P가 바빌론 포로기를 전후해서 이미 이스라엘 사회에서 전통적으로 내려오는 레위기의 정한 동물과 부정한 동물에 대한 금기 규정들(11장)에 대해서 익히 알고 있었던 시기였음에도 불구하고, 창조와 관련하여 인간이 동물을 잡아먹는 것에 대한 언급이 없고, 창조 이야기를 통해서 인간과 동물에게는 식물이 제공된다는 하는 의도가 있음을 본다. P의 창조 이야기가 우주의 근본적인 것부터 시작하여 모든 만물 그리고 인간의 근원적인 것을 다루는 것이라면, 인간은 동물을 먹는 것이 아니라, 채소를 먹어야 한다는 의도를 전하고 있다고 볼 수 있다.

이러한 암시는 이어지는 창세기 2장의 낙원 주제에도 해당된다. 인간은 다른 살아 있는 것을 죽이는 것은 옳지 않으며, 그것이 비록 현재 세계에서는 필요함에도 불구하고, 태초에 창조주의 의지와 일치하지 않는다는 것을 깨닫게 하는 것이다. P는 현재의 역사적·사회적·문화적 그리고 종교

---

56) *Ibid.*, 162.

57) *Ibid.*, 163.

적 경험 조건들에 매이지 않는 태고시대를 통해 언급하고 있다.[58] 이러한 모티브는 후에 동물들 사이에 평화를 언급하는 본문들에서 볼 수 있다.[59]

창세기 1장을 모든 것의 근원이 되고, 근본적인 하느님의 뜻을 나타내고 있는 원형으로 볼 때, P의 의도는 기본적으로는 채식을 해야 한다는 것이다. 이것은 P의 자연에 대한 생명과 생태관을 정확하게 보여주는 것이다. P는 고대 근동의 창조신화가 신들 간의 대립과 투쟁이라는 도식, 그리고 동물에 대한 살생이라는 정복적 자연관이 아니라, 더불어 사는 생명과 생태적 자연관을 지향하고 있음을 본다. 창세기 1장은 근본적으로 모든 생물/무생물은 우주와 연결되어 있으며, 정복적인 자연관이 아니라 생명을 존중하는 그래서 자연과 더불어 사는 생태적 자연관이다.

불교의 생명 존중 사상을 보면, 『사분율四分律』(전 60권)은 비구가 지켜야 할 계율로서 교단으로부터 추방되는 살인, 도적, 음란, 망의 4조 등 총 348조(또는 500계)나 된다 :

> 생물이 있는 물임을 알면서도 진흙에 붓거나, 풀에 붓거나, 남에게 붓게 하면 계를 범하게 된다.[60] 수행자가 고의적으로 생물이 있는 물을 물이 없는 곳에 붓게 되면 살생을 하게 된다. 또 남으로 하여금 그렇게 하게 하는 것도 '의도적으로 벌레를 죽이는 죄'가 된다. '벌레가 섞여 있는 물을 마시거나',[61] '고의로 생물의 목숨을 취하거나',[62] '뜨거운 물을

58) *Ibid.*, 164.

59) 이사. 11:2-9; 65:25; 호세. 2:10; 에제. 34:25.

60) 고형섭,『연기와 자비의 생태학』, 72쪽, 각주 80 재인용. 四分律 20권 若比丘知水育虫, 若(自)瀨泥, 若草, 若教人瀨 者波逸提.

61) 四分律 17권 飮用雜虫水者波逸提.

62) 四分律 16권 故殺畜生命者波逸提.

땅에 함부로 버리거나', '발우를 씻은 물을 집안에 함부로 버려서는' 아니된다.[63] 풀이나 나물 위에 침을 뱉거나 대소변을 보아서는 아니된다.[64] 물속에 대소변을 보거나 침을 뱉어서는 아니된다.[65] 뼈, 상아, 소뿔 같은 것으로 바늘통을 만들게 하지 말라.[66]

이러한 금지 조목들은 생명과 자연의 고귀함을 일깨워 주는 내용이다.

이렇게 불교의 생태관은 '밥알이 붙은 발우를 씻은 물을 집안에 버리지 말라'는 것에서부터 풀이나 나물 위에 침을 뱉거나 대소변을 보지 말라는 것으로 이어진다. 성철은 "불교는 모든 생명을 부처님과 같이 존경한다. 추하다 천하다 함은 겉보기뿐, 그 참모습은 거룩한 부처님과 추호도 다름이 없어서, 일체가 장엄하며 일체가 숭고하다. 그러므로 천하게 보이는 파리, 개미나 악하게 날뛰는 이리, 호랑이를 부처님과 같이 존경하여야 하거늘, 하물며 같은 무리인 사람들끼리는 더 말할 것도 없다. 그래서 모든 불행은 자취도 찾아 볼 수 없고 오직 영원한 행복이 있을 뿐이다"[67]라고 하여 불교의 생명과 자연 생태의 존중 사상을 전하고 있다.

불교의 화엄사상은 깊은 통찰의 메시지를 보여준다. 화엄사상에는 연기緣起의 그물 속에 존재하는 사물 개체 하나하나에 대한 생명 존중 사상이 불성佛性으로 담겨 있다. 『자비경』은 불교의 생명과 생태에 대한 근본적인 것을 언급한다 :

63) 四分律 21권 不得洗缽 水 白衣舍內.
64) 四分律 21권 不得生草菜上大小便 睡.
65) 四分律 21권 不得水中大小便 睡.
66) 四分律 19권 使彼工師作骨牙角針筒, 廢家事業, 財物竭盡.
67) 성철, 『자기를 바로 봅시다』, 18.

살아 있는 모든 존재는 어떤 것이든 공포에 질린 것이거나, 튼튼한 것이거나, 혹은 그 밖의 긴 것이거나, 짧은 것이거나, 작은 것이거나, 보이는 것이거나 혹은 보이지 않는 것이거나, 방금 태어난 것이거나, 이제 태어나려는 것이거나, 모든 중생 일체의 생물은 안락하라. 어머니가 하나뿐인 외아들을 생명을 걸고 보호하듯 일체의 생물에 대해서도 한량없는 자비의 마음을 일으키라.[68)]

이렇게 불교의 생명과 생태사상은 우주의 전 존재와 관련하여 한 개체의 존재를 연기적으로 규정하고 있다. 자연의 생명을 인정하지 않거나 지배하고, 고유한 실체로 존중하지 않는다면, 거꾸로 인간의 이기심과 욕망은 확대되어 자연과 타인에 피해를 줄 수 있는 것이기 때문에 연기론은 생명과 자연 환경에 바로 나쁜 영향과 폐해를 입히게 된다.

우주, 세계는 물론 모든 종류의 식물과 동물에 대해서 '하느님 보시기에 좋았다'는 표현 하나하나에 등장하는 것은 이들 모두에 대한 존엄성을 보여주는 것이다. 곧 모든 일체가 장엄하고 숭고한 것이다. 여기서 자연의 생명과 생태에 대한 창세기와 불교의 정신이 일맥상통함을 본다.

4. 연기적 인간관

1:26 하느님이 말씀하시기를 우리가 우리의 형상을 따라서, 우리의 모양대로 그 사람을 만들자. 그리고 그가, 바다의 고기와 공중의

68) 고형섭, 『연기와 자비의 생태학』, 39.

새와 땅 위에 사는 온갖 들짐승과 땅 위를 기어 다니는 모든 길짐
승을 다스리게 하자 하시고,
1:27 하느님이 당신의 형상대로 사람을 창조하셨으니, 곧 하느님의
형상대로 사람을 창조하셨다.
2:7 주 하느님이 땅의 흙으로 사람을 지으시고, 그의 코에 생명의
기운을 불어넣으시니, 사람이 생명체가 되었다.

하느님 형상의 인간 : 중생衆生, 보살菩薩, 여래성품如來性品, 법성法性

고대 근동 세계가 신적인 권위를 갖고 있는 절대 권력의 왕에 의한 국가노예제 사회라는 현실 속에서, P는 이를 완전히 뒤집어서 왕이 '신'이 아니라, 모든 인간이 하느님의 형상을 갖고 있다고 함으로써, 인간의 인권과 존엄성을 최대한 높인 최고의 창조적인 표현이라고 할 수 있겠다. 동시에 이 표현은 인간 안에 하느님의 본성이 갖추어져 있다는 개념으로 인격적인 관계를 가질 수 있게 하는 근거를 제공하고 있다. P는 우주 창조로부터 자연과 인간에 이르는 일련의 창조 작품을 만들면서, 인간도 우주의 한 개체이며, 자연과 환경 생태계라는 그물처럼 연결된 생명구조 안에 살아가는 존재라는 점을 '첫째 날, … 여섯째 날'이라는 문학 형식 안에서 강조하고 있다. 여기서 살아 움직이는 존재들인 인간과 동물은 축복을 받고 생육의 능력을 부여받아 자기들의 종을 계속 퍼뜨릴 권한을 부여받았다.

그러면 모든 짐승을 '다스리게'(רדה)하자는 의미는 어떻게 해석해야 할까? 동사 '라다'(רדה)는 '포도주를 밟는다'[69], '정복, 복종시킨다'[70], 그리고 '왕의 지배'[71]를 의미한다. 따라서 이 같은 단어적인 의미로는 분

명히 지배하고, 정복하며 밟는다는 의미이며, 인간이 동물 세계를 지배하는 것도 이와 유사한 뜻이라고 본다.

그런데 개념적으로는 분명히 이집트 대제국의 법정으로부터 나온 지배적인 용어이지만, 수메르와 바빌론의 창조 신화에서 인간이 창조되는 것은 신들을 섬기고, 신들이 하는 많은 일을 위해 일하기 위해서 태어난다는 표현에 의존한다면, 인간은 계속적으로 신을 섬기며, 더불어 함께 일하는 것이 된다.[72] 그렇다면 26절에서 인간의 목적이 자연 안에 있는 동물 세계에 대해서도 더불어 함께 산다는 의미를 가질 수 있을 것이다. 베스터만은 이것을 진정한 위계질서라고 말한다.[73] 즉 지배관계가 아니라 협력과 동반의 관계로서의 질서를 말하는 것이다.

그렇다면 여기서 P의 의도는 16절과 29절을 연결시켜 읽을 때 분명한 해석을 할 수 있을 것이다. 동물을 지배하는 것이 음식을 위해서 그들을 죽이라는 의미일 수는 없다. 16절에서 지배한다는 해가 낮을 지배하고, 달이 밤을 지배하는 것이 통제와 압력이 아니듯이, 26b에서 지배한다는 것도 인간이 동물을 아무 조건 없이 지배하는 것이다. 인간이 동물에 대하여 지배하는 것은 착취의 의미가 분명히 아니다.[74] 인간과 동물 사이에 수직적인 질서를 세운다는 의미는 곧 긍정적인 의미에서 이들 사이의 동반 관계를 세우는 것이다.

결국 26절은 살아 있는 생명에 대한 P에 의한 인간의 긍정적인 태도를

---

69) 요엘 4:13.

70) 민수기 24:19; 레위기 26:17.

71) 열왕기상 5:4; 시편 110:2; 72:8; 이사야 14:6; 에제 34:4.

72) S. G. F. Brandon, *Creation Legends*, 115; Westermann, 159에서 재인용.

73) *Ibid.*, 159.

74) *Ibid.*, 159.

말하는 것이다. 이 의미는 살아 있는 것들에 대한 관계를 말하는 것이다.[75] 이는 '지배한다'는 단어가 문자적 해석으로 왕의 지배와 같은 지배-종속 개념(여기에는 살생을 인정)으로 해석하는 경향에서 탈피하여, 동물의 생명을 존중해 주고, 자연의 생태 질서 안에서 인간이 더불어 살아가는 관계의 개념으로 해석해야 할 것이다.

하느님은 인간을 자신의 형상으로 만들고, 자신의 생명의 기운을 인간에게 불어넣음으로, 다시 하느님-우주-자연-인간-하느님, 이 모든 연결고리를 잇고 있다. 곧 인간의 마음과 몸이 제한된 자연 안에서만 살아가는 것이 아니라, 영적으로는 하느님과 연결되어 존재하는 것을 암시하는 것이다. 따라서 인간은 하느님과 우주, 자연이라는 타자 안에서 존재가 가능한 존재이며, 인간에게는 영성이 있기에 '하느님의 형상'인 인간은 스스로 능력을 발휘하면(自省) 무한하고 절대적인 능력이 있는 하느님과 만날 수 있는 것이다.

하느님도 결국 인간을 통해서 드러나는 존재이다. 모든 창조된 만물이 '하느님 보시기에 좋았더라'는 표현에서 각 개체 하나 하나에 대한 존엄성을 보이고, 하느님이 인간을 자신의 형상으로 만들고 '생명의 숨'을 불어넣음으로써 하느님과 인간의 관계를 만들어 놓은 것이다(창세기 2:7). 동시에 인간에게는 하느님의 속성이 들어 있기 때문에 하느님과 같은 '도'의 마음과 진리를 향하여 정진할 수 있는 것이다.

불교에서 '중생衆生'이라는 말은 '목숨 가진 것들'을 말하며, '부처가 될 바탕', 즉 불성을 지닌 존재를 뜻하는데, 여기서 불성은 '여래의 성품으로', 『대반열반경』의 여래성품如來性品은 '살아 있는 것들은 모두 다 부처가

75) 위의 책, 160.

될 가능성이 있다'는 뜻이다.[76] 그리고 '일체 중생의 불성은 꼭 같다'(一切衆生 有佛性)고 주장한다. 부처나, 죄를 많이 지어 지옥에 있는 중생이나 실상實相은 똑같다는 것이다. 그래서 아무리 죄를 많이 짓고, 아무리 나쁜 사람이라도 겉을 보고 미워하거나 비방하지 말고 용서하라는 의미이다. 불교에서 인간에게 '중생' 안에 있는 '여래의 성품'은 창세기 1장의 '하느님 형상'과 같은 의미를 갖고 있다.

불교에서 이와 유사한 또 다른 개념으로는 '법계法界' 또는 '법성法性'(dharma)이 있다. 법계라는 것은 다름 아닌 일체 중생의 몸과 마음의 본체이다. 본래부터 신령스럽게 밝아 막힌 데가 없으며 광대하여 텅 비고 고요한 것, 이것이 유일한 참다운 경계이다. 진리를 꿰뚫는 지혜의 눈과 망념을 여읜 밝은 지혜가 아니고서는 능히 자기 마음의 이와 같은 신령스러운 자재(靈通)를 보지 못한다고 하여 인간 안의 깊은 내면의 영적인 세계를 말하고 있다.[77] 이렇게 법성은 '법의 고유한 본성', 즉 '연기한 모든 것'(諸法)을 그렇게 존재하게 하는 원리 내지 성품을 말한다.[78] 곧 법성(법계)은 나의 의식으로부터 독립된 객관적 실재로서의 무엇이 아니라 우리의 '몸과 마음의 본체'를 말한다.[79]

그리고 불교에서 모든 중생은 '보살'이라고 말하는데, 길희성은 "보살은 높은 경지의 깨달음을 말하는데, 깨달음을 구하는 강한 구도심, 지혜로

76) 고영섭, 『연기와 자비의 생태학』, 17.

77) *Ibid.*, 37. '다르마(dharma)' 개념은 여러 가지로 사용되고 있는데, 존재(현상), 진리, 법칙, 본성, 권리, 관행, 법령, 소상, 정의, 사물, 교리, 규범, 의무, 종교적 미덕, 선한 행위, 관습적인 준수 등이다. 이러한 다르마의 개념은 '진리' 또는 '존재'의 뜻으로 주로 쓰였으며, 자연스럽게 '법성' 또는 '법계'의 의미로 옮겨가게 되었다. 24.

78) *Ibid.*, 23.

79) *Ibid.*, 24.

써 진과 속, 생사와 열반, 초월과 역사, 자유와 헌신, 초탈과 참여의 두 세계를 자유로이 드나드는 것"[80]으로 말하고 있다. 그리고 아직도 번뇌의 사슬에서 벗어나지 못했지만 생사의 고해를 벗어나고자 하는 염원에 이르기까지 인간의 영성을 광대하게 보고 있다. 즉 불교에서 모든 인간은 중생이요, 보살이지만, 이를 깨우쳐야 그 경지에 이를 수 있는 것이다. 그래서 '모든 것이 마음이다'(一切有心)라고 하여, 인간의 마음, 곧 영성을 가장 중심에 놓고 있다. 인간에게 가장 중심은 종교적인 마음으로, 우리 안에 있는 '하느님 형상'과 진리를 향한 '법성', '보살'의 의미는 인간이 본래의 모습으로 회복해야 할 과제를 말하는 것이다.

5. 연기적 시간과 공간

> 1:5 빛을 낮이라고 하시고, 어둠을 밤이라고 하셨다. 저녁이 되고 아침이 되니, 하루가 지났다.

창세기 1장을 읽을 때 특별히 시간에 관심이 많다. 그것은 창조의 시기를 알고자 하는 궁금함이 있기 때문이다. 그래서 '저녁이 되고 아침이 되어 하루가 지났다'는 시간적 표현이 창조의 실제 역사에서 '하루'가 정말 하루인가 아니면 몇 억 년인가 혹은 몇 십억 년을 말하는 것인가라는 상상력을 불러일으키기에 충분하기 때문이다.

그러나 하루, 이틀, 사흘이라는 날수의 개념을 과학적으로 입증할 필

80) 길희성, "예수, 보살, 자비의 하느님", 토착화연구자료집, 『신관의 토착화』(서울: 한국천주교중앙협의회, 1995), 296-374.

요는 없으며, 단지 P가 바빌론 포로기에 안식일을 강조하기 위한 문학적인 표현으로 보면 될 것이다. 베스터만은 "P가 '이름을 붙이고 하루가 지났다'는 표현을 반복한 것은 창세기 5장의 족보에서 '누가 몇 년을 살았다'라는 연속되는 문학적 표현과 같은 맥락으로 보는데, 이것은 창조 작업들의 연대기적인 배열에 불과하다"[81]라고 말한다.

비록 P의 반복되는 문체로써, 창조의 과정을 하루씩 지나가는 시간적인 흐름으로 문학적인 표현을 하고 있지만, 이것은 우주라는 공간적인 창조 그리고 자연세계 안에서 공간과 개체들의 창조를 이루어 내는 과정에서 시간적 표현이 하늘과 땅, 자연의 공간 안에 있는 이들을 묶어주는 (binding) 역할과 기능을 한다고 볼 수 있겠다. 곧 창조된 모든 개체가 저마다 흩어진 공간에 분리된 상태로 있는 것이 아니라, 모든 만물이 함께 공유하는 공간(하늘, 땅, 바다)이 시간과 연결되고, 이것은 풀뿌리 하나도, 미세한 플랑크톤 하나도 우주 공간 안에 연결되어 있으며 같은 시간 속에 의지해서 존재하고 있다는 것이다. 빛과 어둠, 하늘과 땅이 열거되는 것은 만물이 서로 의지해서 존재하는 것으로 '하늘과 땅'은 물론 '빛과 어둠'도 서로 의지해 있는 것이다. 빛이 있음으로 해서 어둠이 있는 것이며, 어둠이 있음으로 해서 빛이 있다는 것이 동양적인 사고이며, 불교의 연기적 사고이다.

땅이 혼돈과 공허 그리고 어둠의 상태에 있을 때, 하느님의 영이 서로 불연속적이었던 관계가 빛이 생기면서 연결이 되기 시작한다. '땅이 혼돈하고 공허'한 상태는 비의존적이었던 관계가 빛으로 인해 공간적인 관계를 갖게 되며, 밤과 아침은 시간적인 관계를 맺어주고 있다.

---

81) Westermann, 115. 베스터만은 하루는 아라비아 숫자 1을 위한 정상적인 질서의 표현이라고 말한다.

창세기 1장에 나타난 우주 창조 과정이 고대 근동의 메소포타미아나 이집트의 영향을 받았고, P의 독창적이며 문학적인 서술을 보여주고 있다고 하더라도, 그 근본적인 우주와 만물을 바라보는 시야는 동양과 서양, 그리고 구약과 불교 사이에 차이가 없음을 보게 된다. 즉 '존재들 간의 관계'를 보여주는 연기인 것이다. 곧, 모든 것이 다른 것에 의존한다는 것이고 독립적이고 자존적인 것은 없다는 연기를 말한다.[82]

김항배는 낮과 밤이 하나의 사태가 다른 사태로 전환되지만, 이들 사이에 절대적 차이를 인정하지 않는데, 곧 낮은 밤을 향해서 지속적인 활동을 하며 반대로 밤은 낮을 향해서 지속적으로 활동하므로, 밤과 낮이란 단지 언어 개념의 차이일 뿐 낮과 밤이라는 사태 사이의 절대적 차이는 인정할 수 없다는 것이다.[83] 한마디로 낮은 곧 밤이요, 밤은 곧 낮[84]이라는 말로 역설 같지만, 실은 이것이 오히려 실상을 잘 표현한 말이라고 표현한다.

이러한 시간적인 개념은 "모든 것은 변화한다"(諸行無常)는 명제로 불교 세계관의 기초가 된다. 영원히 변하지 않는 실체는 없다는 이 말은 모든 현상(존재)은 변화 속에서만 존재한다는 것이다. 변화 속에서의 존재는 곧 시간 내에서의 존재를 의미하는데, 어떠한 고정된 현상이나 존재는 없다는 것이며 동시에 모든 존재는 시간적 존재라는 것이다.[85]

창세기 1장에 등장하는 '밤과 낮, 하루가 지났다'는 표현은 창조된 공간을 시간적으로 묶어 주며, 그것은 곧 모든 천지만물의 독립적인 존재들

---

82) 필자는 '연기'사상이 불교 용어라고 하더라도 거부감을 가질 필요는 없다고 본다. 그것은 우주와 자연 질서에 대한 동서양을 떠나 공통적으로 인지하는 것이기 때문이다.

83) 김항배, 『불교와 도가사상』, 50.

84) *Ibid.*, 50.

85) 고형섭, 『불교의 시간관』, 134.

이 서로 의존하지 않고는 존재할 수 없으며, 그것은 시간과 공간 안에서 더불어 존재하는 것이다. 결국 창조된 삼라만상은 연기적인 관계로 존재하고 있음을 보게 된다.

6. 무위자연(無爲自然)과 대도(大道)

"하느님 보시기에 좋았다" : 무위자연無爲自然

1:4, 10, 25 하느님 보시기에 좋았다.

인간은 모든 일에 대하여 인정을 받거나 보상받기를 원하는데, 하느님 자신도 자기의 작품에 대해서 평가를 '하느님 보시기에 좋았더라'[86]라고 표현하고 있다. 에누마 엘리쉬에서도 세상의 창조는 마르둑에 대한 찬양의 상황에 있다.

'좋다'는 '토브'(טוב, being good for)는 부사로 사용되면 더 넓은 의미를 갖는다: 기쁨, 실제, 적절, 좋음, 인근, 옳음, 일반적으로 좋음을 뜻한다.[87] 어쨌든 좋다는 단어는 고착된 질quality로 이해해서는 안 된다. 그것은 하느님이 좋다고 창조하고 고안해 낸 세상은 창조의 목적을 가득하게 채울 수 있는 세상인 것이다. 창세기 1장 31절에서 그가 만든 모든 것에 대한 묘사는 인위적인 어떤 것이 아니라, '토브'(טוב)는 창조의 상태에 속하며, 인간 존재의 창조 상황에서 그것은 절정을 이룬다.[88] 하느님의

86) "And God saw, how good it was"(창세기 1:4, 10, 12, 18, 21, 25).
87) Westermann, 166.

이 같은 표현은 자연에 대한 완전한 아름다움이며, 지금까지 대상화되지 않고 경험되지 않은 그 안에 생물은 생물 간에 그리고 무생물이라는 만물의 존재에까지 더불어 존재하는 것을 의도하는 것이다.

곧 '하느님이 보시기에 좋았다'는 표현은 세상이 질서 있게 창조되고, 그리고 이름이 붙고 하느님의 판단이 있게 된다. 이러한 판단에 대하여 베스터만은 이것은 인간적 판단이 아니라,[89] 하느님 차원에서 완벽한 창조 질서의 아름다움과 조화를 표현한 것이라 하겠다. 이것은 창조에 대한 감성적인 표현의 뜻만을 담고 있는 것이 아니라, 창조 안에 내재해 있는 우주, 해, 달, 별, 지구, 식물에 이르기까지 유기적인 연결을 갖고 있는 각 존재에 대한 존엄성을 말하는 것이다. 그래서 '하느님이 보시기에 좋았다'는 표현은 하느님만이 사용할 수 있는 절대 개념이지 인간이 상대적인 비교를 하는 상대 개념이 아닌 것이다. 식물, 하찮은 풀 한 포기에 이르기까지 존중해야 하는 근거가 여기에 있는 것이다. 인간의 모습에 대한 '하느님 형상'(1:26-27)이 비록 인간에게 국한되었지만, 이미 그 앞에서 우주와 자연 창조에서 하느님 보시기에 좋았더라는 표현으로 우주와 자연 그리고 살아 있는 식물과 동물에 대한 절대적 존중을 하고 있기 때문에, 필자는 이 두 개념이 서로 다른 단어이지만, 그 본질은 동등한 의미를 지니고 있다고 본다.

하느님의 이러한 표현은 도덕경에서도 나타난다. 노자는 자연의 아무런 조작을 하지 않고 본성이 작위적인 것이 없는 것을 '무위자연無爲自然'이라고 불렀다.[90] '무위'는 단지 유위有爲와 상대적인 무위無爲가 아니라 모

---

88) *Ibid.*, 166.

89) *Ibid.*, 123.

90) 김항배, 『불교와 도가사상』, 13; 장립문, 『도』, 72.

든 존재를 포괄하면서도 동시에 이를 초월한 것이다.[91] '무위자연'은 마음이 청정한 점(心淸淨), 진공眞空, 심광명心光明, 묘유妙有로 묘사되고 있는데, '무위자연'은 모든 '인위人爲'의 한정성·국한성·상대성을 넘어선 순수 존재의 무한 활동을 역설적으로 표현한 말로서, 더 이상 다른 아무 것도 전할 필요 없이 자기 존재의 필연적 리법대로 활동하는 것을 의미한다.[92] 이것이 '무위자연'이며, 이를 '도道'라고 부르기도 한다.

그러면 노자는 이러한 '자연'을 어떤 뜻으로 보고 있는가? 김항배는 "자연은 인위적으로 조작된 것이 아니라 본래부터 저 그대로 존재하는 자이며, 한순간도 쉬지 않고 순수 활동을 하며, 자기 활동의 리법을 지니고 있고, 모든 대립을 초월해 있고, 모든 사물을 초월해 있으나 동시에 모든 것 속에 내재하여 모든 것으로 하여금 각각의 특성대로 존재하고 활동할 수 있게 한다. 모든 것은 자연에서 나와서 자연으로 돌아가며 모든 것의 근원적 본성은 도즉자연道卽自然에 통해 있다"[93]고 하여, 도와 자연을 같은 위상으로 놓고 있다. 장자도 '천지는 형체 중 가장 크며'[94] '천지는 만물의 부모이다'[95]라고 하여 하늘은 땅과 마찬가지로 모든 형체 중에서 가장 크며, 하늘은 도에 의해 생성되고, 기로 구성되었다고 한다. 도는 하늘에 합치되고, 하늘에 통달한 것으로 도의 본성은 작위적인 것이 없으며, 천도 또한 자연스럽고 작위가 없는 자연무위이다.[96] '하느님 보시기에 좋았더라'는 도와 만물의 관계를 원융圓融하게 설명하는 것으로 해석할 수 있다.

---

91) 無爲而無不爲

92) 김항배, *Ibid.*, 90.

93) *Ibid.*, 78.

94) 天地者, 形之大者也

95) 天地者, 萬物之父母也

96) 장립문, 『도』, 72.

이것은 하느님의 '공空'의 표현이라고도 해석할 수 있다. 즉 공에서는 자기와 타자, 인간과 자연, 인간과 신 사이의 구별과 관계없이 모든 것은 예외없이 진여眞如 안에서 그 자체로 동등하게 실현되는 것을 말한다.[97] 진여의 견지에서의 공의 실현 안에는 차별과 동등, 차별성과 동일성 모두가 완전하게 실현되는 것이다. 이것은 너와 나뿐 아니라 자기와 타자, 자기와 자연에도 적용된다. 자기는 자기이고, 자연은 자연으로서 모두가 저마다의 차별성을 갖고 있으면서도, '각각 그 자체로' 혹은 '있는 그대로' 동일하게 있는, 진여의 실현 속에서 인간과 비인간(자연과 초자연적 실재들) 사이에 차이가 없는 것이다.[98]

'하느님 보시기에 좋았다'라는 자연의 순수한 상태로서 모든 생물이 자기의 종류대로 개체의 차별성을 인정받으며, 서로 간에 크고 작음, 길고 짧음에도 완전한 평등한 관계를 말하는 것이다. 이 상태가 곧 '무위자연'이다.

"모든 것을 다 이루고 쉬셨다" : 대도大道

2:1 하느님은 하늘과 땅과 그 가운데 있는 모든 것을 다 이루셨다.
2:2 하느님은 하시던 일을 엿샛날까지 다 마치시고, 이렛날에는 하시던 모든 일에서 손을 떼고 쉬셨다.
2:3 이렛날에 하느님이 창조하시던 모든 일에서 손을 떼고 쉬셨으

97) 아베 마사오, 『선과 현대철학』, 124. 가령 공의 장소에서 너는 철저하게 있는 그대로의 너이고, 나는 철저하게 있는 그대로의 나이며, 또한 너와 나는 너와 내가 있는 그대로(being-as we-are)의 차원에서 동등하게 실현되는 가운데 동일성을 동등하게 공유한다.

98) *Ibid.*, 124.

므로, 하느님은 그 날을 복되게 하시고 거룩하게 하셨다.

P는 육 일간의 창조 활동과 칠 일째 창조주의 휴식을 보여주고 있다. 이 마지막 장면은 장엄하다. 하느님은 하늘과 땅과 그 가운데 있는 모든 것을 다 이루셨고(2:1), 이렛날에는 하시던 모든 일에서 손을 떼고 쉬셨다(2:2), 하느님은 그 날을 복되게 하시고 거룩하게 하셨다(2:3). 이 구절들에 대해서 P가 단순하게 포로기에 안식일을 강조하기 위해 마지막 날을 절정으로 올려놓는 문학적 패턴으로 보아도 무방하다. 하지만 모든 것을 다 이루고 쉬며, 그 날을 복되게 하였다는 의미는 '태초'라는 아무 것도 없는 상태에서 우주만물의 삼라만상을 이루었고, 더욱이 식물과 동물 그리고 인간이라는 생물체를 만들어 그 공간과 시간 안에서 살도록 하고, 모든 것이 유기적인 관계를 갖도록 완벽한 자연의 모습을 이루었다는 의미이다. 여기에 한 가지 인간에게는 하느님의 형상과 코에 숨을 넣음으로써(창세기 2:7), 하느님과의 교류 그리고 진리를 향한 구도의 마음을 갖도록 하였다는 것은 창조의 백미가 아닐 수 없다.

만약에 인간 창조의 표현에 이 구절들이 없었다면, 인간 역시 단순한 자연의 세계에 한 부분에 불과한 위치로 규정되었을 것이다. 그러나 이 표현들을 통해서 인간은 신과의 영적인 교류, 곧 진리(도)를 체득하고, 마음을 다스려 완전한 덕의 경지를 추구하며, 영혼의 깊은 세계를 나누며 합일하고 정신의 절대적 자유를 실현하는 존재로 승화시킬 수 있는 것이다.

이 마지막의 '다 이룬 후 휴식과 그날을 거룩하게 하심'은 앞에서 육 일간 이루어 낸 창조의 업적보다도 더 위대한 표현으로 '대도[大道]'를 이루었다고 표현할 수 있겠다. 곧 천지의 모든 만물은 각자 자기의 정해진 공간과 시간 안에 있고, 생물은 그 안에서 유기적인 변화를 만들면서 스스로 생존하며, 인간 역시 이 연기적 그물구조 안에서 생명과 생태의 질서에 순응하며 보존하면서 진리를 향한 삶이 휴식을 통해 거룩하게 승화되는 것이다.

7. 결론

창세기 1장은 바빌론 포로기 시대에 P가 고대 근동 세계의 창조신화들에 영향을 받았지만, 자신의 독창적인 광대한 우주관과 자연 질서의 생명과 생태적인 평화사상 그리고 인간에 대한 인권 존중 사상을 특유의 문학적인 틀 안에 넣어 표현하고 있다. 이에 대한 전통적인 서구 중심의 성서해석의 틀에서 벗어나, 비록 역사적으로나 지리적으로 사상이나 종교적으로 연결이 없는 상태이지만, 이미 중국에서 노자와 장자의 시대에도 신의 개념이며, 창조의 성격과 자연을 주관하고, 인격적인 의미를 지닌 '道'와, 불교 역시 우주의 기원 그리고 그 최초의 상태를 無, 無爲自然, 始原, 妙, 空, 眞如 등을 관계적인, 곧 연기 개념으로 설명하고 있음을 보면서 이 영역들 간의 공통된 주제와 사상들을 찾아보았다.

'생명과 생태'라는 문제는 단지 자연이라는 환경 안에서 따로 떼어 바라보는 시각이 아니라, 신의 섭리가 풀 한 포기, 눈에 보이지 않는 미생물 하나도 우주와 자연의 질서 그리고 인간에 연결되어, 상호 공존한다는 틀에서 바라볼 때, 창조의 거대한 의미를 인간의 제한된 이성으로나마 일부 이해할 수 있을 것이다. 전체와 부분이 따로 떼어질 수 없는 관계이며, 나라는 존재는 타자를 통해서, 곧 '서로 의지해'(相依性) 존재하는 것이다.

P가 바라본 하느님, 측량할 수 없는 우주, 자연의 생명과 생태 그리고 인간 존중의 사상은 "하느님이 이 세상을 만들었다"는 독창적인 문학적 형식 안에 그 의미와 관계들을 함축하여 표현하고 있다. 이와 같은 사상은 고대 중국에서도, 그리고 불교에서도 공통적으로 생각하고 느끼는 주제이다.

우주와 자연 그리고 인간의 관계는 절대 부정이자 동시에 절대 긍정이 된다. 자연은 인간이 지배와 종속의 관계를 맺으며 착취를 하고 생명을 죽여도 되는 대상이 결코 아니다. 자연 안에 생명과 생태의 평화, 그리고 식물과 동물이 누려야 할 생명의 권리를 완전한 해방과 자유 그리고 평등 사상을 표현하는 것이다. '동물과 식물의 생명 존중'을 말할 수 있는 근거가 여기에 있다. 연기사상은 우주와 자연의 생태의 주제만이 아니라, 사회와 역사 속에서 개인의 책임과 사회의 책임에 대하여 종교적인 해석이 필요한 때라고 본다. 즉 한 인간이 겪는 실존적인 고통은 생노병사와 온갖 집착과 이기심에서 나오는 것이지만, 이러한 거대한 자본주의의 흐름 속에 연결되어 있는 한 개인이 겪는 고통 역시 중대한 관심을 갖지 않을 수 없다. 한 포기의 풀이 공해로 말라 죽는 것과 같다. 이렇게 불교와 그리스도교는 반생명적인 구조에 대해서 과감하게 태클해 들어가지 않으면 종교의 사회적 책임을 다하지 못한다는 평가를 받을 것이다.

그리스도교는 불교를 비롯한 토착 민족 사상들에 대해서도 개방적인 대화를 나눌 수 있어야 하며, 불교로부터 수행, 생명 존중, 고통 이해, 그리고 깨달음을 통해 얻은 많은 사상들을 배우고 받아들이고 대화를 나눌 열린 자세를 가져야 할 것이다. 그래서 서구의 이원론적 사상으로 해결할 수 없는 많은 것을 불교와 동양사상에서 그 대안을 모색해야 할 것이다.

또한 불교는 그리스도교로부터 사회와 역사의식, 정의와 인권 등 사회사상을 서로 나눌 수 있을 것이다. 그리스도교와 불교가 상생해야 하는 이유도, 교리의 차이와 공통점을 나눔으로써 대화를 시작하는 것도 중요하지만, 사회와 역사에 대한 올바른 상황 인식을 공유하며, 함께 상생해 나갈 길들을 모색해야 할 것이다. 현대사회에도 계속되는 운명론, 기복주의, 물질주의와 지구화, 제국이라는 우상숭배를 배격하는 일에 힘을 합쳐야 할 것이다.

그래서 정의, 인권, 자비, 평화, 포용과 관용으로 열린사회를 만들어 나가야 할 것이며, 온갖 종류의 차별들을 없애는 데 동체자비同體慈悲와 그리스도의 이웃 사랑의 정신으로 사회적 실천을 이루어 나가야 할 것이다. 그래서 그리스도교와 불교는 실천적 상생구조를 만들며, 생태적 관심으로 자연을 회복하며, 동물과 온갖 살아 있는 것들에 대한 생명 존중, 비폭력, 전쟁반대, 군비축소, 지구화와 제국주의의 지배로 경제적 수탈과 국가적 지배 반대에 대한 세계 NGO들과의 연대를 만들어 나가야 할 것이다.

자본주의가 인간의 이기적인 욕망을 끊임없이 창출해 내고 그에 따른 생태계의 모든 생명의 가치는 끝없이 추락하고 파괴되는 시점이다. 그리스도교 역시 자본주의 논리에 편승하여 '지구화'라는 현실에 무감각하며, 다른 종교들에 대한 편견과 고압적인 자세에서 벗어나, 창조의 목적이 '차이들'을 인정하고 더불어 살아가는 진리를 배우는 것이라는 점에 다시 한번 주목할 필요가 있다.

* 이 글은 《한국기독교신학논총》 제30호(2003년 10월호)에 게재되었다.

3장 구약의 고통에 대한 불교적 해석

1. 서론

불교의 근본 교리가 되는 '일체유심조一切唯心造'라는 말이 있다. 이는 '모든 것이 마음에 달려 있다'는 말이다. 성철 스님은 "팔만대장경이 그토록 많은 내용이지만 전체를 똘똘 뭉치면 '심心' 자 한 자 위에 서 있어서 이 한 자의 문제만 옳게 해결하면 일체의 불교 문제를 해결하는 동시에 일체 만법을 다 통찰할 수 있다고 하며, 항상 마음의 눈을 떠 자기의 본성(自性)을 보라"[1]고 한다. 그런데 이 마음(心)의 한 가운데에 '고통'(duhkha)이 자리 잡고 있다. 붓다는 인생을 고장 난 수레바퀴로 비유하고, 계속해서 비틀거리며 타고 가는 인간의 마음을 말하고 있다.[2] 인간 마음의

---

1) 성철, 『자기를 바로 봅시다』(합천: 장경각, 1987), 65.

2) 스티브 헤이근, 송현주 역, 『그대 원하는 것 모두 그대 안에 있다』(서울: 이론과 실천, 2001), 49.

근본적인 것이 비틀거리기 때문에 쉴 새 없이 괴롭히고 불행하게 만드는 '고통'을 경험하며 살아가는 것이다. 붓다가 일생을 이 인생의 고통 문제와 씨름하면서 수행한 것도 마음의 고통을 해결하기 위한 것이었다. 그래서 불교는 다른 경전들에 비해서 '고통'의 주제에 대해서 체계적으로 잘 분류하고 분석해서, 극복하는 단계들을 잘 설명하고 있다.

이를 깊게 음미하면서 그리스도교의 성서를 바라보면, 역시 이 주제에 매우 가까이 있음을 본다. 구약 성서(이하 구약)에 나오는 대부분의 이야기들과 사상들의 공통분모를 찾고 또 찾아보면 역시 인간의 '마음'이며, 신약성서 역시 그리스도가 이 땅에서 한 일도 인간의 '고통'의 문제를 해결하고자 했던 것을 볼 수 있다. 구약은 화려하고 우아한 개인의 삶과 역사, 우수한 이스라엘 민족의 역사를 보여주는 것이 아니라, 인간이면 누구나 저지를 수 있는 모든 죄의 가능성과 이로 인한 '고통'의 현실들이 신화, 산문, 전설, 영웅들의 이야기, 왕조 역사, 서사시, 속담, 격언, 시, 지혜, 예언, 기도문 등 다양한 문학 장르로 구약 전체에 녹아 있다. 이렇게 '고통'은 구약의 핵심적인 주제들 가운데 하나가 되고 있다.

구약에서 '고통'은 עצב('etsev)라는 단어를 사용하는데, 전쟁으로 인한 고난, 민족의 멸망, 질병, 일찍 죽음, 육체적 고통, 거절, 외로움, 영적인 고통, 슬픔, 억압, 괴롭힘, 고뇌 등 광범위한 뜻으로 사용되고 있다.[3] 그러면서 "무엇이 잘못된 길로 가게 했는가?" "고통은 어디에서 왔는가?" "누가 고통을 가져왔는가?" 하는 질문들을 던지고, 그 근본 원인은 인간이 욕심과 본능적인 욕망으로 하느님의 선한 의지(진리)를 따르지 않았기 때

---

3) Daniel J. Simundson, "Suffering", *The Anchor Bible Dictionary*, vol. 6 (New York: Doubleday, 1992), 219-225, 219; 김이곤, 『구약성서의 고난신학』(서울: 한국신학연구소, 1989).

문이라는 것이다. 그리고 고통을 주는 주체는 하느님이고 심판의 결과로서 고통을 겪는 인간은 객체가 되는 것이 그 핵심이다.

불교의 '번뇌'는 고통의 중심 가운데 있는 핵심 용어로 '번요뇌란煩擾惱亂'의 준말이다. 곧 중생의 심신을 뇌란(마음에 동요를 일으켜 몸과 마음이 고민하여 어지러움)시키고, 마음속에 있는 아집을 중심으로 하는 그릇된 생각이나 성격을 모두 번뇌로 본다.[4] 인간은 욕심과 본능적인 욕망 그리고 경쟁심이 인간의 마음 안에서 크고 작게 끊임없이 일어나면서 번뇌라는 거대한 구조 속에서 헤어 나오지 못하고 있다. '삶이 곧 번뇌요, 번뇌가 곧 삶'이라는 불교의 핵심에 대하여 수산은 "번뇌의 깊은 뿌리를 근원적으로 파악하여 해결한다는 것은 인생의 근본 문제를 해결하는 참다운 길이며, 그 첩경이 된다"[5]라고 말한다. 이렇게 동서고금, 종교를 막론하고 모든 인간이 실존적으로 겪는 '고통'의 주제는 인간의 욕심과 본능적인 욕망과 경쟁심에서 나온다는 데에 일치하고 있다.

이 글은 불교가 고통에 대한 구조와 체계적인 이해와 그 해결 방법을 잘 이해하고 있음에 근거하여, 그 준거틀을 구약에 투시하여 적용할 경우, 구약에서 분명한 고통의 본질과 근본 원인 그리고 그 해결을 위한 실천 등을 모색하는 것이다. 그래서 '인간'이라는 본질적인 바탕 위에 두 영역 간에 이해를 살피면서 대화를 이끌어 내는 것이 이 글의 목적이다. 이를 위해서 구약의 해석학적 연구 방법은 역사 비평적인 성서해석 방법에 근거를 두지만, 두 영역 간에 시간과 지리적인 공간에 묶이지 않으며, 교리에 갇히지 않은 종교 간 평등한 대화[6]의 전제를 위하여 '종교를 종교로 해석

4) 수산, 『불교와의 만남』(수원: 마하야나, 2002), 162.

5) 수산, 163.

6) Paul F. Knitter, *No Other Name? A Critical Survey of Christian Attitudes Toward*

하는 방법'[7]으로 전개할 것이다. 그리고 '종교 간 만남'(interfaith/intra-faith/intrareligious)[8]을 '종교 간 평화와 인권'[9]이라는 틀에서 '종교 간 영성적 만남'(interspirituality)[10]을 시도하는 것이다.[11]

---

the World Religions (Maryknoll: Orbis, 1985); *One Earth Many Religions: Multifaith Dialogue & Global Responsibility* (Maryknoll: Orbis, 1995); John Hick & Hasan Askari, *The Experience of Religious Diversity* (Aldershot: Gower Publishing Co., 1985); *An Interpretation of Religion: Human Responses to the Transcendent* (New Haven: Yale University Press, 1989). Gavin D'Costa, *The Meeting of Religions and the Trinity* (Edinburgh: T&T Clark, 2000); R. Panikkar, *The Intrareligious Dialogue* (New York: Paulist Press, 1978); Church Missionary Society, *Face to Face: Essays on Inter-Faith Dialogue* (London, The Highway Press, 1971).

7) 성서해석의 역사 비평 방법은 서구의 문학과 철학 방법론과 해석에 의존하여, 편집, 저자, 문체, 양식(장르), 연대, 역사적·사회적 배경을 이해하는 데 기여해 왔다. 하지만 성서를 서구 문학과 철학의 틀에 가두어 봄으로써 종교로서의 영성을 해석해 내는 데에는 한계를 가질 수밖에 없었으며, 더욱이 종교 간 대화라는 주제에 대해서는 오히려 배타적인 입장을 보이는 것이 주류이다.

8) M. Forward, *Inter-religious Dialogue* (Oxford: Oneworld, 2001); L. Swidler, John B. Cobb, P. F. Knitter, *Death or Dialogue? From the Age of Monologue to the Age of Dialogue* (London: SCM Press, 1990); Dam Cohn-Sherbok, *Interfaith Theology* (Oxford: Oneworld, 2001); E. Hillman, *Many Paths: A Catholic Approach to the Religious Pluralism* (New York: Orbis Books, 1989); A. Camps, *Partners in Dialogue: Christianity and Other World Religions* (New York: Orbis Books, 1983).

9) Francis I. Arinze, *Religions for Peace* (Darton: Todd Press, 1985); Carrie Gustafson & Peter Juviler, *Religion and Human Rights: Competing Claims?* (New York: M. E. Sharpe, 1999); John B. Taylor, *Religions for Human Dignity and World Peace* (Geneva: World Conference on Religion and Peace, 1986); Homer A. Jack, *World Religions and World Peace: The International Interreligious Symposium on Peace* (Boston: Beacon Press, 1977); Jacob K. Olupona, *Religion and Peace in Multi-Faith Nigeria* (Ile-Ife: Obafemi Awolowo University Press, 1992); John Ferguson, *War and Peace in the World's Religions* (London: Sheldon Press, 1972); Leonard Swidler, *Religious Liberty and Human Rights in Nations and in Religions* (New York: Hippocrene Books, 1986); Robert Traer, *Faith in Human Rights: Support in Religious Traditions for a Global Struggle* (Washington: Georgetown University Press, 1991); Arvind Sharma & Katherine K. Young, *Feminism and World Religions* (New York: State University of New York Press, 1999).

불교에서 보는 고통의 구조는 연기[12], 업[13], 사성제[14], 십이연기설,[15] 이를 해결하기 위한 실천의 수행과정으로 육바라밀[16], 팔정도[17]를 들 수 있다. 모든 원리를 연기법으로 보는 불교는 '고통'을 그 중심으로

---

10) 김은규, "성서 비평 방법의 새로운 시도: 영성적 해석", 정철범 주교 회갑기념논문집, 『전례와 사목』(서울: 대한성공회출판부, 2000), 335-358; "구약의 초기 인물들에 나타난 영성과 지도력의 유형 연구", 정양모 교수 은퇴기념논총, 『믿고 알고 알고 믿고』(왜관: 분도출판사, 2001), 322-48; "창세기 1장의 생명과 생태사상: 노장사상과 불교적 이해", 한국그리스도교학회, 『한국그리스도교 신학논총』 제30집(서울: 대한그리스도교서회, 2003), 51-80.

11) 필자는 '종교 간 대화/만남'이라는 용어를 쓰면서, '타(他)종교'라는 단어를 수식어로 쓰지 않는 것이 옳다고 본다. '타'(他)라는 말에 주체와 객체의 관계를 설정한 것이기 때문이다. 내가 속한 우월적인 주체로서 종교가 다른 종교를 종속적이거나 부차적인 객체로 볼 가능성이 있다고 본다. 그래서 언젠가는 선교나 포교의 대상으로 삼겠다는 잠재된 의식을 전제로 하기 때문에 진정한 만남과 대화를 갖는 것에는 한계를 가질 수밖에 없다고 본다.

12) 진리를 '법'(法, Dharma)이라고 할 때, 한마디로 요약하면, "모든 존재(諸法)는 여러 가지 원인에 의해서 생기게 되고, 그 원인들이 소멸되면 존재도 사라지게 된다"는 것이다.

13) 최봉수, 『불교란 무엇인가』(서울: 부디스트웹닷컴, 2000), 117-8. 불교에서 많은 실천적 교설 중 제일 처음 닦아야 할 교리는 업설(業設)이다. 업(karma)이란 명사는 의지적 '작용'에서 온 말이며, 업의 대응어인 보(報, vipāka)는 필연적 '반응'을 지칭한 말이다. 이 둘 사이에는 '업인과보'(業因果報)라는 기본적인 법칙이 도출되며 착한 업인에는 즐거운 과보가 따르고 나쁜 업인에는 괴로운 과보가 따른다.

14) '제'(諸, satya)는 '진리'를 의미하는 四聖諸 '苦, 集, 滅 道'를 가리킨다. 고통의 '현실'은 고(苦)로 생노병사(生老病死)라는 생명과 관련한 피할 수 없는 실존을 기본으로 한다. 고통의 '원인'은 집(集)으로, 고통의 원인인 미혹(迷惑)과 집착(執着)의 갈애(渴愛)가 집기(集起) 즉, 함께 모여서 일어나는 것을 말한다. 고통의 '회복'은 멸(滅)로 해탈을 말하고, 고통 '해결'의 길(道)로 팔정도(八正道)를 말한다. 이연숙은 "사성제란 괴로움의 범위에 대한 진리, 괴로움의 원인에 대한 진리, 괴로움의 소멸에 대한 진리, 괴로움의 소멸을 위해 실천해야 할 방법에 대한 진리"라고 말한다. 『정선 아함경』(서울: 시공사, 1999), 368쪽.

15) 12연기는 無明, 行, 識, 名色, 六入, 觸, 受, 愛, 取, 有, 生, 老死이다. 본질적인 문제인 '고통'이 어떻게 생겨나고, 어떻게 해서 사라지는가를 밝히고 있다.

16) 육바라밀은 布施, 持戒, 忍辱, 精進, 禪定, 智慧를 말하며, 方便, 願, 力, 智를 더해 십바라밀을 말하기도 한다.

17) 팔정도는 正見, 正思, 正語, 正業, 正命, 正精進, 正念, 正定으로 순서대로의 실천을 통해 마지막 정정을 닦아 지혜를 얻는 것을 목표로 한다.

놓고, 고苦의 소멸을 그 목표로 하고 있다. 이 글은 고통 구조, 특히 사성제의 준거틀을 기본으로 구약에 조명해 보는 시도이다.

2. 고통의 현실(苦)

생노병사의 고통

'생명'과 '삶의 실존' 문제는 불교의 경전뿐만 아니라, 구약에서도 가장 우선순위로 다루어지고 있다. 그것은 한 사람이 태어나서 인생을 살다가 죽기까지 수많은 상황과 변화들을 겪기 때문이다. 사회 환경, 자연과 지리적 환경에 노출되어 있을 뿐만 아니라, 살아가면서 겪는 정신적·육체적 고통이 인간을 감싸고 있기 때문이다.

구약에서 생명의 기원은 "땅의 흙(먼지)으로 지은 사람의 코에 생명의 기운이 들어왔다"(창세기 2:7)라는 표현에서 그 출발점을 삼을 수 있겠다. 사람이 죽으면 땅(אדמה, 'adāmā)의 먼지(עפר, 'āpār)로 돌아간다는 것을 전제로 한 것이기 때문에 흙으로 빚어진 사람이라는 표현에 이미 생명과 죽음이 같은 수레바퀴로 맞물려 있는 실존을 느끼게 한다.[18] 베스터만은 "이 글의 저자, J(Yawehist)가 인간 실존에 관해 자연의 어떤 것(물질)으로 말하려는 의도를 가졌다. 인간성과 전체 상황 속에서 인간의 상태에 관해 말하고 싶은 그 무엇이 이 단어들에 담겨 있다"[19]고 하면서, "모든 자연의 살아 있는 것들의 한계를 암시하고 있다"[20]고 해석한다.

---

18) "너는 흙에서 나왔으니, 흙으로 돌아갈 것이다"(창세기3:19a).

19) C. Westermann, *Genesis 1-11* (Minneapolis: Augusburg Publishing House, 1984), 206.

'출생'(生)과 관련한 대표적인 예는 이삭과 리브가 사이에 쌍둥이를 가졌는데, 두 형제가 자궁 안에서 싸웠고, 리브가는 "내가 어떻게 해야 하는가?"(25:22)라는 고통의 탄식을 한다. 이에 대해 베스터만은 "죽음 그리고 유산 또는 아직 태어나지 않은 아이들의 운명에 대한 두려움이 탄식으로 표현된 것"[21]이라고 한다. 이 이야기는 앞으로 전개될 쌍둥이 형제간의 갈등 이야기를 극적으로 전개하기 위해 뱃속에 있을 때부터 싸움이 시작되었음을 보여주는 것이다. 이는 쌍둥이든, 터울 있는 형제나 남매, 자매로 태어나든, 인간이면 태어나면서부터 갈등과 시기와 경쟁을 통해 겪어야 할 고난들을 예고하고 있다.

또한 생生과 관련하여 아기를 낳고 못 낳고에 따라 여자가 겪는 고통을 볼 수 있다. 이것은 전통적인 가부장 문화에서 남자를 대로 삼기 때문에 일어나는 일로, 중동지역 만이 아니라 아시아와 유럽 전역에 나타나는 현상이다. 팔레스타인 지역 역시 유목사회의 가부장 문화에 영향을 받고 있다. 본부인이 아기를 갖지 못할 때 몸종(첩) 사이의 갈등과 고통이 발생한다. 아브라함의 아내 사래가 아기를 못 낳자, 자신의 괴로움을 남편에게 말한다: "내가 받는 이 고통(חמס, māṣăm)은 당신이 책임져야 합니다. 그 종이 자기가 임신한 것을 알고서 나를 멸시(אקל, 'ēqăl)합니다"(창세기 16:5). '마삼'은 "흘러내리다, 실신할 것 같은, (억압으로) 숨이 막히는, 두려움, 비탄, 슬픔"[22]을 의미하는 것으로 그의 고통을 이해할 수 있다. 생명이 태어나는 것 자체도 중요하지만, 본처의 자식이냐, 서자의 자식이냐,

---

20) *Ibid.*

21) C. Westermann, *Genesis 12-36*, 413.

22) B. Davidson, *The Analytical Hebrew and Chaldee Lexicon* (London: S. Bagster and Sons Limited), 500.

남자나 여자로 태어나는가에 따라 그의 운명이 결정되는 것 역시 차별로 인한 고통이 기다리고 있다. '태어남'(生)은 이미 인간 그 자체로서 고苦의 삶을 살아가야 하는 것인데, 여기에 그 시대의 지역, 사회, 문화, 전통, 관습, 계급, 성별, 성문화, 인종 등에 의한 차별로 고통은 배가된다.

죽음(死)에 대하여 살인, 전쟁, 자연 재해, 복수 등 여러 형태의 죽음이 나오지만, 여기서는 인간이 늙음(老)에 따라 죽을 수밖에 없는 실존을 '유언'을 통해서 볼 수 있다. 늙음과 죽음에 대해서 "아브라함(이삭)은 자기가 받은 목숨대로 다 살고, 아주 늙은 나이에 기운이 다하여서, 숨을 거두고 세상을 떠나 조상들이 간 길로 갔다"(창세기 25:8; 35:29)고 표현한다. 볼프 H. W. Wolff는 "구약의 저자들이 모두 예외 없이 죽음의 사건보다도 고별사를 더 현저하게 보고하고 있다"[23]고 말한다. 야곱은 죽을 날을 앞두고(창세기 47:29), 기력을 다하여 침상에 앉아(48:2), 아들 요셉을 불러 "내가 태어난 날로부터 오늘까지 … 온갖 어려움(רַע, rā')을 겪었지만…"(48:15-16)이라고 회상한다. '라아'는 "깨짐, 상처, 슬픔, 죄악, 사악함"의 의미를 갖는 단어이다. 사실 야곱은 형의 장자권과 축복권을 교묘하게 가로챈 악한 행실로부터 시작하여 험한 인생의 고초를 겪어 왔다는 것을 함축하고 있다.

모세가 이집트에서 노예로 있던 백성들을 이끌고 광야에서 40년 동안 가나안 땅에 들어가기 위해 산전수전 고통의 시간을 다 보내고도 들어가지 못하는 마음의 아픔을 가진 채 말하는 마지막 유언의 요지는 "율법은 빈 말이 아니라, 너희의 생명이며, 이 말씀을 순종해야 … 땅에서 오래오래 살 것이다"(신명기 32:46-47)고 하여 소유 가운데서 가장 으뜸가는 보물로

---

23) H. W. Wolff, *Anthropologie des Alten Testaments* (München: Chr. Kaiser Verlag, 1973), 문희석 역, 『구약성서의 인간학』(왜관: 분도출판사, 1976), 179.

여기는 것이다(33:4). 즉 삶에서 겪는 고통은 율법(십계명)을 지킴으로써 예방할 수 있고, 또한 이겨 낼 수 있다는 신념으로 정신적인 유산을 남기고 있는 것이다. 모세의 후계자로 전쟁 지도자였던 여호수아도 나이가 많이 들고 늙어(여호수아 23:2), 율법책의 기록을 담대하게 지키고 행하며, 그것을 벗어나 좌로 우로 치우치지 말라고 당부한다(23:6). 제사장 사무엘도 늙어 머리가 희게 세었고(사무엘상 12:2), 죽음을 앞에 두고 다음과 같이 말한다: "나를 고발할 일이 있으면 하여라. 내가 누구의 소나 나귀를 빼앗은 일이 있느냐? 내가 누구를 속이고, 억압하고, 뇌물을 받고 눈감아 준 일이 있느냐? 그런 일이 있다면 나를 고발하여라"(사무엘상 12:3)고 하여 올바른 삶을 살아왔음을 말하고 있다. 왕의 권력을 누렸던 다윗도 세상을 떠날 날이 가까워서 유언을 한다: "나는 이제 세상 모든 사람이 가는 길로 간다… 너는 하느님의 명령을 지키고, 법률과 계명, 주의 증거 말씀을 지켜라. 그리하면 네가 무엇을 하든지, 어디를 가든지, 모든 일이 형통할 것이다… 마음과 정성을 다 기울여서, 제 길을 성실하게 걸으라"(열왕기상 2:1-4). 유언들의 내용을 보면, 죽음을 앞둔 인간은 자신의 고통스러웠던 삶을 돌이켜보면서 실존의 한계를 깨닫는다. 그리고 자손들이 다시 시행착오를 겪으면서 고통당하지 않도록 반드시 지켜야 할 핵심 내용을 전하고, 그들의 미래를 축복하며 생을 마감하는 것을 본다.

원증회고怨憎會苦 : 싫어하거나 미운 사람과 만나고 같이 살아야 하는 고통

'생노병사'에서 오는 한계는 어쩔 수 없는 생존과 관계된 고통이지만, 그 나머지는 인간관계에서 오는 고통이 가장 힘들다. 그것도 먼 관계는 별로 상관이 없지만, 같이 살고 있는 사람, 매일 만나야 하는 사람, 그리고

그 인간관계 구조에서 벗어나고 싶어도 벗어날 수 없는 상황에서 싫어하거나 미운 사람이 억누르고 있을 때, 그것은 매우 힘든 고통이다.

아브라함의 아내 사래와 몸종 하갈이 집안의 대를 잇는 것 때문에 함께 사는 것(창세기 16장), 야곱이 외삼촌의 작은 딸 라헬과 결혼하기 위하여 칠 년을 일했지만 속아서 큰딸 레아와 결혼하게 되었고, 다시 칠 년을 일했다. 이때 "레아가 남편의 사랑을 받지 못했다"(창세기 29:31)며 '고통'(ענה, 'ānāh)의 표현이 나온다(29:32). '아나'는 "고통, 억압, 복종, 강탈, 강간"의 의미를 갖고 있는 단어이다. 남편으로부터 사랑을 받지 못한 레아는 동생에게 남편을 강탈당한 고통을 안고 살아야만 했다. 비록 기원전 1,500년경의 유목사회의 남자 중심의 가부장 문화라고 하지만, 그와 똑같은 경험들은 고대 아시아나 현재에도 재현되고 있다. 사랑하지 않는 사람과의 결혼, 혹은 사랑해서 결혼했지만 외도 등 왜곡된 부부로 살아가는 인간의 삶이 시대와 장소를 초월해 수없이 많고 반복해 일어나고 있다.

야곱이 스무 해를 장인을 위해 고생하며 일을 했지만 장인은 품삯을 열 번이나 바꿔치기 했다: "낮에는 더위에 시달리고, 밤에는 추위에 떨면서, 눈 붙일 겨를도 없이 지낸 것, 이것이 바로 저의 형편이었고, 스무 해를 한결같이 이렇게 살았다"(창세기 31:40-41). 야곱의 어쩔 수 없는 처지를 반영하고 있다. 야곱이 형 에서를 속이고 축복을 가로챈 후 원수지간으로 피해 다니다가 이십 년 만에 해후를 하기 전까지 마음에 가졌던 형제간의 분노와 증오, 그리고 불안감을 볼 수 있다(창세기 33장). 하지만 같은 피요, 더욱이 쌍둥이였기 때문에 완전히 떠날 수 없는 삶을 본다.

그리고 요셉과 형제들 사이의 질투심, 그로 인한 죽임의 위협, 그리고 후에 이집트의 재상이 된 요셉이 자기 형제들을 보고도 선뜻 자기의 신분을 밝히지 않은 것도 마음 속 깊은 곳에 자리 잡은 싫어함과 미움이 자리 잡고 있다가 마침내 털어놓을 때의 감동을 볼 수 있다(창세기 45:1-2).

애별리고愛別離苦 : 사랑하는 사람과 생이별, 또는 사별하는 고통

원증회고의 고통과 달리, 사랑하는 사람과 생이별을 해야 하고, 사별하는 것도 역시 크나큰 고통이 아닐 수 없다.

아내 나오미는 남편과 사별하였고, 두 아들은 결혼을 하여 십 년쯤 살다가, 그들마저 잃고 홀로 남는 고통을 겪는다(룻기 1:3-5). 이 문학 작품은 시어머니와 며느리가 의좋게 함께 살아가는 모습에 초점을 맞춘다. 그래서 주석서들이나 신학적인 해석들도 후자에 관심을 더 기울인다.[24] 가족 모두를 잃은 나오미의 고통에 대해서는 욥기에서 만큼 비중 있게 다루지 않는다. 욥은 흠이 없고 정직하며 신실하고 악을 멀리하는 사람이 갑자기 많은 재산과 자녀를 잃고 슬퍼하고 고통스러워하는 모습을 보인 작품이다. 물론 욥기가 42장에 이르는 방대한 분량이 고통의 주제와 씨름을 하고 있기 때문에 강조되는 것은 당연하다.[25] 이에 반해 룻기는 단 세 절로 사별의 고통이 담겨 있다. 나오미의 탄식은 "전능한 분이 나를 괴롭게(ענה, 'ānāh)해서 불행(רע, rā')하게 되었다"(룻기 1:21)고 표현하고 있다. 기근과 흉년으로 다른 나라에 가서 이방인과 나그네로 살아야만 하는 가난한 현실과 원인 모르는 죽음으로 세 과부가 된 현실은 어쩌면 더한 비극을 보여주는 작품이라고 말할 수 있겠다. 하지만 이 역경을 지혜롭게 극복해 나가기 때문에 비극적인 고통은 매우 가볍게 처리되고, 후에 더 많은 복을 받는 내용으로 끝난다. 고통을 이겨나가는 긍정적인 가치관

---

24) E. F. Campbell, *Ruth*, The Anchor Bible (New York: Doubleday & Company, Inc., 1975).

25) 박영식, 『고통은 왜: 욥기 해설』(서울: 성바오로출판사, 2002).

을 보여주는 작품이다.

구부득고求不得苦 : 마음먹은 대로 안 됨으로 인해 발생하는 괴로움, 지나치게 자기중심적인 욕망을 가졌다면, 그것이 충족되지 않을 때 따르는 고뇌

사울 왕은 다윗이 자신의 왕권을 차지하게 될까 염려하면서, 시기와 질투를 느끼고 그를 죽이기 위해 쫓고(사무엘상 19장), 다윗은 계속 피해 다닐 수밖에 없는 처지가 된다(사무엘상 21장). 하지만 다윗이 사울을 죽일 수 있는 기회가 생겼지만 살려준다. 이때 사울은 다윗에게 "나는 너를 괴롭혔는데(רע, rāʿ), 너는 내게 이렇게 잘 해주었으니, 네가 나보다 의로운 사람이다"(사무엘상 24:17)라고 말한다. 하지만 사울은 다윗을 잡으려고 또다시 추격을 벌렸고, 다윗은 다시 손쉽게 죽일 수 있었지만 살려준다(사무엘상 26장). 마침내 사울은 적들과 전투에서 전세가 불리해졌고, 화살을 맞고 자결한다(사무엘상 31:4). 사울 이야기(사무엘상 9-31장)는 사울이 "약탈하는 데만 마음을 쏟고… 악한 일을 행했다"(사무엘상 15:19)는 평가와 함께 영적으로 피폐하게 되면서(16:14), 왕 권력에 대한 강한 집착과 경쟁자인 다윗에 대한 질투와 시기심으로 자신의 중심을 잃고 죽이려는 데만 골몰하고, 결국 비극적인 결말을 보는 내용이다. 사울은 명예가 떨어질까 두려워서 자기가 지은 죄를 덮어 숨기는 정신작용(覆)와, 다른 사람이 잘되는 것을 좋아하지 않는 심리작용(嫉), 그리고 인색한 마음(慳)으로 그 자신이 스스로 고통을 겪는 모습을 본다.

사회적 고통의 현실

구약은 이스라엘이 왕정체제를 유지하면서 기득권층이 권력을 남용

하고 부패하고, 사회적 약자들을 억압하고 착취하는 사회적 고통의 현실을 잘 전하고 있다(주로 기원전 8세기에서 6세기의 시기). 구약 전체의 약 4분의 1 분량(예언서)이 사회적인 비판을 하면서 약자들의 고통 현실을 그리고 있는 것도 사회 구조적인 억압 지배에 대한 대응의 목소리인 것이다.

> "불의한 법을 공포하고, 양민을 괴롭히는 법령을 제정하는 자들아, … 가난한 자들의 소송을 외면하고, 불쌍한 나의 백성에게서 권리를 박탈하며, 과부들을 노략하고, 고아들을 약탈하였다"(이사야 10:1-2). "악한 궁리나 하는 자들, 잠자리에 누워서도 음모를 꾸미는 자들은 망한다! 그들은 권력을 쥐었다고 해서, 날이 새자마자 음모대로 해치우고 마는 자들이다. 탐나는 밭을 빼앗고, 탐나는 집을 제 것으로 만든다. 집임자를 속여서 집을 빼앗고, 주인에게 딸린 사람들과 유산으로 받은 밭을 제 것으로 만든다"(미가 2:1-2). "… 모두가 탐욕스러운 관리, 돈에 매수된 재판관, 사리사욕을 채우는 권력자뿐이다. 모두들 서로 공모한다"(미가 7:3).

이러한 사회적 고통의 현실은 권력에 대한 욕심, 기득권에 대한 욕심, 부에 대한 욕심이 사회구조적으로 이루어지는 현상을 보이는 것이다. 예언자들은 사회적 약자들이 직접 겪는 고통의 현실을 권력화되고 구조화된 불의와 싸우며 사회정의로 극복하려는 목소리를 내고 있다.

전쟁 고통의 현실

이스라엘은 지리적으로 이집트 제국과 바빌론 제국 그 틈바구니에 위치해 있었던 관계로 양쪽으로부터 전쟁의 위협이 항상 있어 왔으며,

전쟁의 침략이 있을 때마다 겪는 백성들의 고통을 절감할 수 있다. 바빌론 제국의 공격으로 예루살렘 도성이 함락되면서, 방화, 살인, 약탈, 학살, 착취, 포로, 굶주림, 재산 몰수, 질병, 차별 등 반인륜적 행위가 자행되며, 인권은 땅에 짓밟히고, 국민적 권리와 종교까지도 빼앗기고 있다. 이때 겪는 고통은 평상시 겪는 일들보다 훨씬 그 강도가 세며 깊다.

이러한 전쟁의 참혹한 고통을 애가서는,

"내 백성의 도성이 망하였다. 아이들과 젖먹이들이 성안 길거리에서 기절하니, 나의 눈이 눈물로 상하고, 창자가 들끓으며, 간이 땅에 쏟아진다. 아이들이 어머니의 품에서 숨져 가면서, 먹을 것 마실 것을 찾으며 달라고 조르다가, 성안 길거리에서 부상당한 사람처럼 쓰러진다"(애가 2:11-12)고 표현한다. "내가 겪은 그 고통, 쓴 쑥과 쓸개즙 같은 그 고난을 잊지 못한다"(애가 3:19-20). "어떤 여자가 사랑스럽게 기른 자식을 잡아먹는단 말입니까? … 젊은이와 늙은이가 길바닥에 쓰러지고, 처녀와 총각이 칼에 맞아 넘어진다"(애가 2:20-21). "거리에는 전쟁이 있고, 집 안에는 전염병과 기근이 있다. 들녘에 있는 사람은 칼에 찔려 죽고, 성읍 안에 있는 사람은 기근과 전염병으로 죽는다"(에스겔 7:15-16). "무너진 성읍은 황폐한 그대로 있고, 집들은 모두 닫혀 있으며, … 모든 기쁨은 슬픔으로 바뀌고 땅에서 즐거움이 사라진다"(이사야 24:10-11).

특히 애가서는 바빌론에 의해 점령을 당한 직후 "우리를 괴롭히거나 근심하게 하는 것은 … 세상에서 옥에 갇힌 모든 사람이 발아래 짓밟히는 일, … 인권이 유린되는 일, 재판에서 사람이 억울한 판결을 받는 일"(애가 3:33-36)이라고 고통스러운 탄원을 한다.

3. 고통의 원인(集) / 번뇌(煩惱)

구약의 내용들을 전체적으로 보면, 인과응보因果應報의 개념에 따라 서술되고 있음을 본다. 인간이 선한 일을 하면 선한 결과를 얻고, 잘못을 저지르면 징벌을 받는다는 권선징악勸善懲惡의 개념이다. 물론 예외적으로 신실한 믿음과 선한 일을 했음에도 고통을 겪을 수 있다는 것을 욥기에서 볼 수 있다. 그러나 대부분은 선행과 악행으로 구분되며, 이 악행이 고통의 원인이 되고 있다. 신명기 역사서는 신명기의 '하느님을 배반하지 말라'는 계명과 인과응보의 구도에 기초하여 왕조 역사를 서술하고 있다. 구약에서 말하는 악행은 우선 하느님을 배반하고 다른 신을 섬기는 것을 최우선으로 삼고 있다. 그 당시의 다른 신이란 인간의 본능적인 욕망을 충족시키는 기복적인 신이며 대중들이 쉽게 빠져들기 쉬운 종교를 말한다. 따라서 도덕적·윤리적·가치 지향적인 구약의 하느님은 이를 허용할 수 없는 것이다. 이것이 율법에 반영되어 신앙의 순수성을 지키면 축복을, 이를 어기면 징벌을 받고 고통을 겪는데, 잘못을 깨닫고 회개를 하면 구원을 얻는 것이 구약의 핵심 틀이다.

구약에는 거대한 두 개의 흐름이 있다. 하나의 물줄기는 계속해서 하느님을 배반하고, 인간의 이기적인 욕심과 자기 통제나 절제를 하지 못하는 본능적인 욕구 충족대로 살아가는 흐름이 있는데, 이러한 경향이 고통의 원인으로 다룬다. 다른 하나의 물줄기는 사회의 평화와 정의, 인권에 목적을 두는 가치 지향적이고, 도덕적·윤리적인 흐름이 있다. 전자가 대중의 욕구에 편승하고 있고, 일부 제사장 그룹도 권력에 안주하면서 부패하고 있다면, 후자는 소수(저자, 편집자, 예언자, 현인 등)가 신앙과 가치를 외롭게 지켜내면서 일반 대중들을 이끌려고 고군분투하는 모습을 볼 수 있다.

구약의 처음을 장식하는 창조신화(창세기 2-11장)도 아담과 하와 사이에 소외가 자식에게 이어지고, 형제 살인을 부르고, 이후 백성들이 타락에 빠져 있음을 보여줌으로써 인간이 저지를 수 있는 악행의 모든 가능성을 시사하고 있다.

신명기의 정신과 잠언의 정신은 이러한 두 흐름에서 사람이 어떻게 살아야 하는지를 잘 보여주는 책이다. 즉 악업으로부터 구하고, 선업을 행하도록 이끄는 정신이 담겨 있다:

> "악한 사람은 땅에서 끊어지고, 진실하지 못한 사람은 땅에서 뿌리가 뽑힐 것"(잠언 2:22)이며, "흠 없는 사람은 그의 옳은 행실로 그가 사는 길을 곧게 하지만, 악한 사람은 자신의 악 때문에 쓰러진다"(잠언 11:5). "의인은 재난에 빠져도 구원을 받지만, 악인은 오히려 재난 속으로 빠져 들어 간다"(잠언 11:8), "정직한 사람이 축복하면 마을이 흥하고, 악한 사람이 입을 열면 마을이 망한다"(잠언 11:11). "좋은 일을 애써 찾으면 은총을 받지만, 나쁜 일을 애써 추구하면 나쁜 것을 되받는다"(잠언 11:27). "선한 사람은 열매 맺는 말을 하여 좋은 것을 넉넉하게 얻지만, 반역자는 폭행을 당한다"(잠언 13:2), "죄인에게는 재앙이 따르지만, 의인에게는 좋은 보상이 따른다"(잠언 13:21). "사람이 마음이 오만하면 멸망이 뒤따르지만, 겸손하면 영광이 뒤따른다"(잠언 18:12).

불교에서는 고통의 원인 내지 출발을 여러 각도에서 바라보고 있다. 사성제의 집集은 고통의 가장 근본 원인을 욕망으로 말하는데, 모든 괴로움과 불행은 욕망으로부터 출발한다고 본다. 집集은 모일 집 자이다. 고통의 원인인 미혹迷惑과 집착執着의 갈애渴愛26)가 집기集起 즉, 함께 모여서 일어나는 것이다. 십이연기론은 혹惑, 업業, 고苦 세 부분으로 구분하는데, 혹을 번뇌라고 하고, 무명, 애, 취를 번뇌라고 말한다. 마음속에 있는 아집을 중심으로 일어나는 잘못된 생각이나 사악한 성격을 모두 번뇌라고 말한다.[27] 유식론唯識論도 미혹의 마음이 벌어지는 이유와 과정을 설명하면서 삼성三性을 말하는데, 변계소집성偏計所執性은 인간이 개념과 언어를 만들어 분별심을 일으키고, 사물에 실체가 있는 것으로 잘못 집착하는 상태를 뜻한다. "나, 내 것, 내 애인, 내 자식, 내 재산, 내 명예, 내 권력 등의 이름을 붙이고 보면 반드시 괴로움이 생긴다"[28]는 것이다. 업감연기론業感緣起論은 혹업고惑業苦 삼도가 보여주듯이 미혹이 있음으로써 업을 짓고 업을 지음으로써 고통의 과보를 받는다.[29] 대승기신론은 욕심을 내고 심술과 변덕을 부리는 마음이 바로 대승이며, 기신론은 마음(一心)을 둘(二門)로 나누어 깨달음의 이상세계인 진여문眞如門과 타락의 세계로 갈 가능성이 있는 고통의 생멸문生滅門으로 나눈다.[30]

위의 '고苦'의 원인이 되는 여러 이론들과 개념들을 공통으로 모으면, 미혹이 우리 인간의 심신을 어지럽히고 괴롭히는 것이며, 이를 '번뇌'라고

---

26) 渴愛 - 갈증을 나타내는 갈(渴)자와 이기적인 애착을 나타내는 애(愛)자가 합해진 것으로, 갈애에는 욕애(欲愛) - 육체적인 다섯 가지 감각기관(눈, 귀, 코, 혀, 몸)의 욕망을 만족시키려는 애착이 더한다. 석지명, 『깨침의 말씀』(서울: 불교시대사, 2002), 84.

27) 水野弘元, 석원연 역, 『불교용어 기초지식』(서울: 들꽃누리, 2002), 280.

28) 유식불교의 대표적인 문헌은 〈화엄경〉 〈해심밀경〉 〈능가경〉을 들 수 있으며, 〈해심밀경〉은 유식사상을 다루기 시작한 최초의 불경으로 알려져 있다. 삼성(三性)은 변계소집성(偏計所執性), 의타기성(依他起性), 원성실성(圓成實性)이다. 석지명, 『허공의 몸을 찾아서』(서울: 불교시대사, 2002), 414.

29) 석지명, 『허공의 몸을 찾아서』, 429; 수산, 불교와의 만남, 232-36. '업감연기론'은 악업을 크게 세 가지, 몸으로 짓는 身業(살생, 투도, 사음), 입으로 짓는 口業(망어, 기어, 양설, 악구), 마음(의지)로 짓는 意業(탐, 진, 치)으로 분류한다.

30) 석지명, 『허공의 몸』, 455.

한다. 번뇌를 크게 근본번뇌(貪瞋痴)와 소수번뇌(忿, 恨, 惱, 嫉, 慳, 誑, 諂, 憍, 害)로 구분하는데, 이러한 번뇌가 쌓이면서 '업業'(Karma)을 만들고, 그 원인을 형성하게 된 관계들이 인과응보因果應報의 결과들을 가져온다.[31] 구약에서 고통의 원인을 보고자 한다.

근본번뇌

1) **탐貪** : 탐욕으로 애愛와 동의어인데, 곧 바람직스러운 대상에 대한 애착

구약에서도 모든 죄의 시작은 탐심에서 시작된다. 아담과 하와가 '하느님처럼 되고자 하는'(becoming like God) 마음이 탐심의 시작이다(창세기 3:5). 그것은 인간이 전지전능한 능력을 갖는다는 것을 의미한다.[32] 가인은 나의 제사를 반기지 않았다는 이유로 화가 나서 동생을 죽이며(창세기 4:5), 야곱은 장자에게 내리는 축복권과 장자권을 가로챈 것도 역시 탐심에서 나온다.

전도서에는 세상의 부귀영화를 다 누려본 자의 인생철학이 나온다.

> "나는 궁전도 지어 보고, 여러 곳에 포도원도 만들어 보았고, … 저수지도 만들어 보았고, 남녀 종들을 사기도 하였고, 지금까지 예루살렘에

---

31) 번뇌는 선천적인 것(俱生惑)으로 미사혹(迷事惑: 사물에 어두워서 일어나는 번뇌)과 둔사혹(鈍使惑: 오랫동안 몸에 배어 끊기 어려운 번뇌), 그리고 후천적인 것(分別惑)으로 미리혹(迷理惑: 진리에 미혹해서 일어나는 번뇌)과 이사혹(利使惑: 후천적으로 불충분한 지식으로 생긴 번뇌)으로 구분한다. 수산, 『불교와의 만남』, 236.

32) C. Westermann, *Genesis 1-11*. 240-48. '하느님처럼 된다'와 '선과 악을 알게 한다'는 표현은 신적인 특권(A. Dillman), 더 높은 존재, 절대 지식과 나누는 것(Th. C. Vriezen), 인간 존재 너머에 있는 무엇인가를 얻으려는 표현(W. G. Lambert), 생명과 죽음까지도 알고 통제하려는 고삐를 매지 않은 능력(Westermann)을 의미한다.

살던 어느 누구도 일찍이 그렇게 가져 본 적이 없을 만큼 많은 소와 양 같은 가축 떼를 가져 보았다. 은과 금, 처첩도 많이 거느려 보았다"(전도서 2:4-8). "돈 좋아하는 사람은, 돈이 아무리 많아도 만족하지 못하고, 부를 좋아하는 사람은, 아무리 많이 벌어도 만족하지 못하니, 돈을 많이 버는 것도 헛되다"(5:10). "탐욕은 지혜로운 사람을 어리석게 만들고, 뇌물은 지혜로운 사람의 마음을 병들게 한다"(7:7). "욕심이 많은 사람은 다툼을 일으킨다"(잠언 28:25).

한편, 예언자들은 제도화된 권력과 부패에 대하여 상류층, 권력자들, 종교 지도자들이 기득권을 유지하기 위해 단단하게 얽혀 있는 구조화된 탐심을 강력하게 비판하고 있다. 예언자 예레미야는 1~25장에서 사회의 심각한 도덕적 · 영적 부패를 집중적으로 다루고 있다:

"힘 있는 자든 힘없는 자든, 모두가 자기 잇속(בוץ, buts)[33]만을 채우며, 사기를 쳐서 재산을 모았다. 예언자와 제사장까지도 모두 한결같이 백성을 속였다. 백성이 상처를 입어 앓고 있을 때에, 그들은 '괜찮다! 괜찮다!' 하고 말하지만 괜찮기는 어디가 괜찮으냐?"(예레미야 6:13-14). "불의로 재산을 모은 사람은 자기가 낳지 않은 알을 품는 자고새와 같아서, 인생의 한창때에 그 재산을 잃을 것이며, 말년에는 어리석은 사람의 신세가 될 것이다"(예레미야 17:11). "너희는 망한다! 상아 침상에 누우며 … 양 떼에서 골라잡은 어린 양 요리를 먹고, 우리에서 송아지를 골라잡아먹는 자들, … 가장 좋은 향유를 몸에 바르면서도 … 마음껏 흥청대

33) בוץ - '하얗고, 빛나는'이라는 표현으로 금, 은, 보석을 암시한다.

던 잔치는 끝장나고 말 것이다"(암 6:4-7). "부유한 재산은 사람을 속일 뿐이다. 탐욕스러운 사람은 거만(יהיר, yĕhēr)하고, 탐욕(נפש, năphōsh)을 채우느라고 쉴 날이 없다. 그러나 탐욕은 무덤과도 같아서, 그들이 스올(지옥)처럼 목구멍을 넓게 벌려도, 죽음처럼 성이 차지 않을 것이다"(하박국 2:5). "네 집을 부유하게 하려고 부당한 이득을 탐내는 자야, 높은 곳에 둥지를 틀고 재앙에서 벗어나려 하지만 너는 망한다!"(하박국 2:9).

예언자들은 개인의 탐심이 개인에 국한되지 않고, 사회구조적으로 권력화되고, 부패화되는 현상에 대해서 날카롭게 비판하고 있다. 탐심이 교만을 가져오고, 남을 속여야 하고, 빼앗아야 하는 현상을 지적하고 있다.

2) 진瞋 : 성냄으로서, 곧 바람직하지 않은 대사에 대한 반발, 거부, 배척을 의미

요셉 이야기를 보면 요셉이 이집트 왕의 경호대장 집에 있으면서 집안일과 재산을 관리하는 용모가 준수하고 잘생긴 미남이었다(창세기 39:6). 주인의 아내가 요셉을 여러 차례 침실로 가자고 꾀었으나, 이를 거절하자, 주인의 아내는 거꾸로 "요셉이 나를 욕보이려고 달려들어 내가 고함을 질렀다"(39:14)고 모함을 하여 결국 감옥에 보낸다. 경호대장의 아내라는 권력을 이용하여 성적인 요구를 하다가 거절당하자 화를 내고 고함을 지르는 상황이다. 다윗의 아들 압살롬에게 결혼하지 않은 누이 다말이 있었는데, 다른 이복 아들 암논이 그녀를 욕보인 후, 소리를 버럭 지르며 하인을 불러 내쫓는다(사무엘하 13장). 그 후 압살롬은 암논을 복수하여 죽인다. 본능적인 욕망이 좌절되었거나, 채운 후 절제하지 못하는 다혈질적인 성

격이 드러나는 예들이다. 가해자나 피해자나 현실적인 고통으로 괴로워하는 모습을 본다.

3) 만慢[34] : 스스로를 높이고 타인을 멸시하는 자기중심적인 심정

이스라엘의 아합 왕이 궁 근처에 있는 나봇의 포도원 밭을 차지하려고 하였으나, 조상의 유산이라는 이유로 양도하기를 거절하자, 화를 내며(열왕기상 21:4), 아내 이세벨은 권력으로 음모를 꾸며 포도밭 주인을 죽이고 차지하려는 사건이 있었다(열왕기상 21장). 왕은 자기의 욕심을 채우려 하였고, 왕비는 권력을 이용하여 한 개인의 삶을 죽이면서까지 빼앗는 시도를 한다. 권력의 교만이 사회의 약자를 희생시키며 자기중심적으로 해결하려고 했던 것이다.

> "교만(זדון, zādôn)[35]에서는 다툼만 일어난다"(잠언 13:10), "교만에는 멸망이 따르고, 거만에는 파멸이 따른다"(잠언 16:18). "불의로 궁전을 짓고, 불법으로 누각을 쌓으며, 동족을 고용하고도, 품삯을 주지 않는 너에게 화가 미칠 것이다"(예레미야 22:13).

권력에 있는 사람의 탐심과 교만은 약자에 대하여 큰 해를 입힐 수 있다.

---

34) 七慢 - ① 慢 : 자기보다 못한 이에 대한 우월감 ② 過慢 : 자격이 같은 이에 대한 우월감 ③ 慢過慢 : 자기보다 나은 이에 대한 우월감 ④ 我慢 : 자기의 능한 것을 믿고 다른 이를 업신여김 ⑤ 增上慢 : 자기를 가치 이상으로 봄 ⑥ 卑劣慢 : 겸손하면서도 자만심을 가지는 것 ⑦ 邪慢 : 덕 없는 이가 덕 있는 줄로 자기를 잘못 알고, 높은 체 하는 것. 수산, 『불교와의 만남』, 165 참고.

35) זדון - 기본형 זיד(쥬드)는 끓다, 끓어오르다, 거만하다, 무례하다, 반항적으로 행동하다는 뜻을 갖고 있다(출애굽기 18:11; 신명기 17:13; 사무엘상 11:2; 잠언 13:10).

4) **무명**無明 : '우치愚痴'이며 가장 근본이 되는 번뇌로서, 자기중심으로 인해 공평. 정확한 진실된 지견이 없는 것을 말한다. 아집에 의한 사邪된 분별성이 '무명無明'이며, 일체의 사악과 번뇌의 근원은 '무명'에 있다.

구약사상도 인간이 어리석음(愚痴) 때문에 고통을 당하지 않도록 창세기 처음부터 시종일관 주장하고 있다. 지혜를 갖지 못한 사람은 삶의 중심을 갖지 못하며, 이기심과 탐과 욕망이 판단력을 흐리게 하여, 그릇된 길로 가기 쉬우며, 이로 인해 고통을 받는다.

"책망을 자주 받으면서도 고집만 부리는 사람은, 갑자기 무너져서 회복하지 못한다"(잠언 29:1), "어리석은 사람은 악한 일을 하면서도 깨닫지 못한다"(잠언 5:1). "어리석은 사람은 어리석은 말을 하며, 그 마음으로 악을 좋아하여 불경건한 일을 하며, 주께 함부로 말을 하고, 굶주린 사람에게 먹을거리를 주지 않고, 목마른 사람에게 마실 물을 주지 않습니다. 우둔한 사람은 악해서, 간계나 꾸미며, 힘없는 사람들이 정당한 권리를 주장해도, 거짓말로 그 가난한 사람들을 파멸시킵니다"(이사야 32:6-7). "사람들은 마음에 사악(רע, rā')과 광증(הוללוה, holēlāh)[36]을 품고 살다가 결국에는 죽고 만다"(전 9:3-4).

지식이나 권력을 가졌어도 삶의 지혜를 갖고 있지 않기 때문에 스스로 고통을 당하며, 결국 사회적인 해악을 끼친다는 비판의 소리이다.

---

36) הוללוה - 기본형 ללוה(하랄)은 자랑하다(시편 75:4), 어리석게 되다(잠언 28:4), 미치다(전도서 7:7) 등으로 쓰이는데, 급하게 행동하는 등 생각과 지혜롭지 못한 처사나 행동을 말할 때 쓰인다.

소수번뇌

1) 분忿 : 심한 분노 / 한恨 : 진에가 마음속에 생겨 계속되는 원한으로, 곧 원수를 맺고 분노한 일을 언제까지나 마음에 두고 원한을 잊지 못하는 정신작용 / 뇌惱 : 과거에 분하게 여기던 것을 돌이켜 생각하거나, 현재의 사물이 자기 마음에 맞지 않아 괴로워하는 정신작용

구약에서 처음 성내는 장면은 "가인이 바친 제물은 반기지 않자 몹시 화(חרה, chārāh)[37]가 나서 안색이 변했고"(창세기 4:5)라는 대목이다. 분노는 격한 감정을 삭이지 못하고 곧 살인으로 이어졌다. 형제간 질투와 경쟁심이 분노를 일으킨 것이다. 형 에서가 동생 야곱에게 장자권과 축복권을 가로 채인 후 아버지로부터 축복을 받지 못하자, 에서의 분노는 큰 소리로 울며 억울해 하였고(창세기 27:38), 야곱을 죽일 마음의 원한이 깊어갔다(27:41). 어머니 리브가는 야곱에게 "너의 형 에서가 너를 죽여서, 한을 풀려고 한다"(27:43)고 전하고 피신시킨다. 에서의 분노(אף, 'ăph)[38]는 쉽게 사그라지지 않고(27:45), 이십 년이 지난 후에 만날 때에도 부하 사백명을 거느리고 치려한다(창세기 32:6). 세월이 지났어도 분忿이 가라앉지 않은 것이다.

"분노는 잔인하고, 진노는 범람하는 물과 같다고 하지만, 사람의 질투를 누가 당하여 낼 수 있으랴?"(잠언 27:4). "악한 자와 속이는 자가 일제히 나를 보고 입을 열고, 혀를 놀려서 거짓말로 나를 비난한다.

---

37) חרה - '카라'는 분격하다, (분노로 얼굴 따위가) 후끈 달아오르다(창세기 4:6), 진노하다(하박국 3:8; 사무엘하 3:8), 노하다(시편 124:3), 경쟁하다(시편 37:1, 7, 8), 한탄하다(욥기 42:7; 창세기18:30).

38) אף - '아프'는 숨, 코, 얼굴에 분노, 화, 진노를 보이는 단어이다.

미움으로 가득 찬 말을 나에게 퍼붓고, 이유도 없이 나에게 싸움을 걸어 온다…. 그들은 선을 오히려 악으로 갚고 사랑을 미움으로 갚는다"(시편 109:2-5). "성을 잘 내는 사람은 어리석은 일을 하고, 음모를 꾸미는 사람은 미움을 받는다"(잠언 14:17). "화를 쉽게 내는 사람은 다툼을 일으킨다"(잠언 15:18). "급하게 화내지 말아라. 분노는 어리석은 사람의 품에 머무는 것이다"(전도서 7:9). "화를 잘 내는 사람은 다툼을 일으키고, 성내기를 잘하는 사람은 죄를 많이 짓는다"(잠언 29:22).

분노와 화는 현재의 마음을 다스리지 못하여 거칠게 표현되어 상대를 해할 수 있으며, 세월이 흘러도 머릿속에 계속 남아 쉽게 풀지 못하고, 다툼과 비난, 잔인함, 나아가 살인으로 이어질 수 있다는 것을 보여준다. 오랜 동안 고통에서 벗어나지를 못하는 경우가 대부분이다.

2) 광誑 : 남을 의혹하게 하는 거짓마음으로, 명리를 얻으려는 생각에서 덕 없는 사람이 덕 있는 체하며, 나쁜 사람이 착한 것처럼 보이려는 마음작용 / 첨諂 : 다른 사람에게 대하여 속마음을 숨기고 겉으로 친애하는 듯이 구는 거짓된 정신작용
속의 마음과 겉의 모습과 행동이 다르게 보이는 거짓된 마음이다.

"많은 사람이 통치자의 환심을 사려고 한다"(잠언 29:26). "아첨하는 사람보다는 바르게 꾸짖는 사람이, 나중에 고맙다는 말을 듣는다"(잠언 28:23). "이웃에게 아첨하는 사람은 그의 발 앞에 그물을 치는 사람이다"(잠언 29:5-6).

3) 해害 : 진에가 행동화되어 타인을 가해하려고 하는 마음으로, 남을 해치며 꾸짖는 정신작용

마음에 분노가 쌓이고, 조절하지 못하면 반드시 해로운 행동으로 표출된다. 그 완악한 마음은 놋쇠나 무쇠와 같다고 표현한다. 그만큼 단단하게 뭉쳐있고 풀어내기가 쉽지 않다는 것을 말하는 것이다.

"다툼을 멀리하는 것이 자랑스러운 일인데도, 어리석은 사람은 누구나 쉽게 다툰다"(잠언 20:3). "공의로써 소송을 제기하는 사람이 아무도 없고, 진실되게 재판하는 사람이 하나도 없다. 헛된 것을 믿고 거짓을 말하며, 해로운 생각을 품고서, 죄를 짓는다"(이사야 59:4). "그들은 모두 반항하는 자들이다. 모함이나 하고 돌아다니며 마음이 완악하기가 놋쇠나 무쇠와 같다. 모두 속속들이 썩은 자들이다"(예레미야 6:28). "내 백성의 혀는 독이 묻은 화살이다. 입에서 나오는 말은 거짓말뿐이다. 입으로는 서로 평화를 이야기하지만, 마음속에서는 서로 해칠 생각을 품고 있다"(예레미야 9:8). "나를 치려는 그들의 적개심과 음모 … 내 원수들이 온종일 나를 헐뜯고 모함하며 그들은 앉으나 서나, 늘 나를 비난한다"(애가 3:60-63). "… 너희는 의로운 사람을 학대하며, 뇌물을 받고 법정에서 가난한 사람들을 억울하게 하였다. 그러므로 신중한 사람들이 이런 때에 입을 다문다"(아모스 5:12).

이러한 완고한 마음을 가진 권력자는 백성을 억압하고, 착취할 수 있으며, 거짓과 계교와 음모를 통해 무고한 사람을 올가미에 넣을 수 있다.

악업

1) 신업身業 : 몸으로 짓는 업

사악한 마음과 의지를 가졌을 때 그것이 실제 몸(행동)으로 이어지는 것을 구약에서도 경계하고 동시에 비판하고 있다. 대표적인 한 구절을 본다면, "너희는 지금 전혀 무익한 거짓말을 의지하고 있다. 너희는 모두 도둑질을 하고, 사람을 죽이고, 음행을 하고, 거짓으로 맹세를 한다"(예레미야 7:8-9)라는 예레미야의 직언을 들을 수 있다. 살생과 훔치는 것 그리고 올바르지 않은 이성관계의 내용을 중심으로 보고자 한다.

구약에는 죽음(死)에 대해서 살인(창세기 4:8; 37:20; 출애굽기 2:12), 권력 다툼으로 인한 죽음(사무엘하 18:14; 20:10; 열왕기하 9:33; 10:11), 자연재해, 전쟁 등 많은 죽음을 여과 없이 보여주고 있다. 그 근본 동기는 욕심, 경쟁, 질투, 권력, 복수, 배신, 종교 등의 원인들을 갖고 있다.

남의 물건을 훔치는 투도偸盜에 대해서도 엄하게 금하고 있다:

> "훔치지 못한다. 사기하지 못한다. 서로 이웃을 속이지 못한다"(레위기 19:11). "너는 이웃을 억누르거나 이웃의 것을 빼앗아서는 안 된다"(레위기 19:13). "네가 만든 은은 불순물의 찌꺼기뿐이고, 네가 만든 가장 좋은 포도주에는 물이 섞여 있구나 … 모두들 뇌물이나 좋아하고…"(이사야 1:22-23). "악한 자의 집에는 속여서 모은 보물이 있다. 가짜 되를 쓴 그들을, 틀리는 저울과 추로 속인 사람들"(미가 6:10-11; 참고. 잠언 11:1).

사음邪淫에 대하여, 구약은 윤리와 도덕성 그리고 일부일처제가 형성되는 과정에서 엄격하게 표현되고 있다. 가나안 종교가 성적인 매음을 조장하고 있고 대중들이 여기에 동조하기 때문에 엄격하게 우상숭배 금지를 통해 차단하고 있다.

올바르지 않은 이성관계를 보여주는 사건은, 세겜이 지역의 통치자였는데, 레아와 야곱 사이에 태어난 딸 디나를 보자, 데리고 가서 욕을 보인 사건(창세기 34:1-2)과 다윗이 우리아 장군의 부인 밧세바와 정을 통하고, 장군을 최전방에 내보내어 죽게 하여 예언자 나단으로부터 책망을 받는 사건(사무엘하 11; 12:1-15)을 대표적으로 들 수 있다. 솔로몬 왕은 외국 여자들을 좋아하여 칠백 명의 후궁과 삼백 명의 첩을 두었다는 기록을 본다(열왕기상 11:3).

> "그들은 신 한 켤레 값에 빈민을 팔고, 힘없는 사람들의 머리를 흙먼지 속에 처넣어서 짓밟고, 힘 약한 사람들의 길을 굽게 하였다. 아버지와 아들이 같은 여자에게 드나들며, 나의 거룩한 이름을 더럽혔다"(아모스 2:6-7). "높은 언덕마다 찾아다니며 음행을 하고, 또 푸른 나무 밑에서마다 너의 몸을 눕히고, 음행을 하면서 신들을 섬겼다"(예레미야 2:20).

특별히 레위기 17~26장은 기원전 7~6세기경에 작성된 것으로 보는데, 거룩한 삶을 살도록 하는 세부적인 사항들로 제시되어 있다. 그 가운데 18장은 성관계에 대한 규례를 말하고 있다. 주로 근친 사이에서 행해지는 성관계를 금하고 있는데, "어머니의 몸을 범하면 안 되며"(7), 누이, 딸, 고모, 이모, 숙모, 며느리, 형수, 제수, 친손녀, 외손녀, 이웃의 아내와 간통하는 것을 금지하며, 짐승과 교접하는 것도 금지하고 있다. 이 모든 근친 성관계에 대하여 "역겨운 모든 짓이며, 땅이 더럽히는 것"(창세기18:24-25, 27)이라고 말한다. 문란한 성관계, 성폭행, 간음으로 인한 고통을 없애는 것이 그 근본 목적이다. 여기에 등장하는 피해 대상은 여성으로, 당시에도 여성들이 성적인 피해에 노출되어 있음을 볼 수 있다. 율법을 통해 윤리와 도덕성을 갖게 함으로써 현실의 고통을 줄이고 거룩하고 순결한 백성으로 이끌어가는 것이 목적이다:

> "너는 네 딸을 창녀로 내놓아서, 그 몸을 더럽혀서는 안 된다. 딸을 창녀로 내놓으면, 이 땅은 온통 음란한 풍습에 젖고, 망측한 짓들이 온 땅에 가득하게 될 것이다"(레위기 19:29). "이스라엘의 딸은 창녀가 될 수 없다. 또 이스라엘의 아들들도 남창이 될 수 없다. 창녀가 번 돈이나 남창이 번 돈은, … 헌금으로 드릴 수 없다"(신명기 23:17). "진실로 이 땅에는 음행하는 자들이 가득 차 있다. 진실로 이런 자들 때문에 땅이 슬퍼하며, 광야의 초장들은 메마른다. … 예언자도 썩었고, 제사장도 썩었다. 심지어, 나는 그들이 나의 성전 안에서도, 악행을 저지르는 것을 보았다"(예레미야 23:10-11).

2) 구업口業 : 입으로 짓는 업

마음속에 담긴 느낌과 감정, 생각은 결국 입을 통해서 나오는데, 구약에서도 입에 대해 주의를 주고 있다.

> "교만한 눈, 거짓말하는 혀, … 악한 계교를 꾸미는 마음, … 거짓으로 증거하는 사람, 형제 사이를 이간하는 사람"(잠언 6:17-19). "악인은 입술을 잘못 놀려 덫에 걸린다"(잠언 12:13). "악을 꾀하는 사람의 마음에는 속임수가 들어 있다"(잠언 12:20). "미련한 사람의 말은 교만하여 매를 자청한다"(잠언 14:3). "미련한 사람의 입술은 다툼을 일으키고, 그

입은 매를 불러들인다"(잠언 18:6).

3) 망어妄語 : 거짓말 / 기어綺語 : 생색내는 말 / 양설兩舌 : 이간질 하는 말 / 악구惡口 : 나쁜 말이나 욕지거리

"악을 행하는 사람은 사악한 말에 솔깃하고, 거짓말을 하는 사람은 중상하는 말에 귀를 기울인다"(잠언 17:4). "거짓말만 하는 혀를 가진 사람은 재앙에 빠진다"(잠언 17:20). "거짓말로 이웃에게 불리한 증언을 하는 사람은, 방치요, 칼이요, 뾰족한 화살이다"(잠언 25:18). "악한 것을 선하다고 하고, 선한 것을 악하다고 하는 자들, … 쓴 것을 달다고 하고, 단 것을 쓰다고 하는 자들에게 재앙이 닥친다"(이사야 5:20). "겉과 속이 다르게 말하는 사람"(잠언 2:12). "너희의 손이 피로 더러워졌으며, 너희의 손가락이 죄악으로 더러워졌고, 너희의 입술이 거짓말을 하며, 너희의 혀가 악독한 말을 하기 때문이다"(이사야 59:3)

4. 고통의 소멸(滅)

불교의 목적은 '이고득락離苦得樂'으로 열반涅槃에 이르는 것이다. 곧 고통을 멀리하고 즐거움(해탈)을 얻는 것이다. 그것은 '고'가 소멸(滅)된 상태를 말한다. 즉 '고에서 완전한 해방'이다[涅槃第一樂]. 하지만 괴로움의 원인인 욕망을 다스릴 수 있기 때문에 정신적인 괴로움에서는 벗어나지만, 아직 육체가 남아 있기 때문에 육체적인 괴로움은 피할 수 없는 상태이다. 미혹무명으로부터 업이 있고, 분별심이 생기고 연이어 갖가지

문제가 일어나고, 업이 수행으로 변하고 분별심이 지혜로 변하는 해탈의 길이다.

구약도 수행을 통한 고통의 소멸 상태를 말한다. 다만 자기의 죄를 깨닫고, 회개하며, 율법(진리)을 지킬 때 받는 마음의 위로와 평화를 통해 고통으로부터 벗어남을 말한다: "복 있는 사람은 악인의 꾀를 따르지 아니하며, 죄인의 길에 들어서지 아니하며, 오만한 자들의 자리에 함께 앉지 아니하며, 오로지 주의 율법을 즐거워하며, 밤낮으로 율법을 묵상하는 사람이다. 그는 시냇가에 심은 나무가 철따라 열매 맺으며 그 잎이 시들지 아니함 같으니, 하는 일마다 잘 될 것이다"(시편 1:1-3). 이 시편은 언어와 내용상 "지혜 시편"으로 분류된다. 지혜의 가르침을 강조하는 내용으로 개인과 개인의 삶에 양극성(악행-선행)을 분명히 표현하여 명확한 길을 알려주는 의도를 갖고 있다.[39] 그래서 지혜의 관점에서 의로운 길이 '행복의 길'임을 전하고 있다.[40] 지혜로운 사람은 매일 삶에서 악을 피하며 지혜의 토라(율법)에 따라 사는 삶이다.[41] 행복은 의로움에 의지하며, 그 삶은 열매 맺는 삶으로 비유가 되고 있다. "의의 열매는 평화요, 의의 결실은 영원한 평안과 안전이다"(이사야 32:17).

또한 구약은 현실에서 공동체가 겪는 부패가 없고, 힘으로 누르는 권력의 남용이 없는 사회적 평화와 전쟁의 고통을 벗어난 평화와 해방의 상태에 대하여 많은 부분을 할애하고 있다.

"한 백성끼리 앙심을 품거나 원수 갚는 일이 없도록 하라. 다만 너는

---

39) Peter C. Craigie, *Psalms 1-50* (Waco: Word Books, Publisher, 1983), 58.
40) *Ibid.*, 60.
41) *Ibid.*, 61.

너의 이웃을 네 몸처럼 사랑하여라"(레위기 19:18). "평화가 강물처럼 넘치게 하며, 뭇 나라의 부귀영화가 시냇물처럼 넘쳐서 흘러오게 하겠다"(이사야 66:12). "너희는, 다만 공의가 물처럼 흐르게 하고, 정의가 마르지 않는 강처럼 흐르게 하여라"(아모스 5:24). "칼을 쳐서 보습을 만들고, 창을 쳐서 낫을 만들 것이며, 나라와 나라가 칼을 들고 서로를 치지 않을 것이며, 다시는 군사훈련도 하지 않을 것이다"(이사야 2:4). "이리가 어린 양과 함께 살며, 표범이 새끼 염소와 함께 누우며, 송아지와 새끼 사자와 살진 짐승이 함께 풀을 뜯고, 어린 아이가 그것들을 이끌고 다닌다. … 젖 먹는 아이가 독사의 구멍 곁에서 장난하고, 젖 뗀 아이가 살무사의 굴에 손을 넣는다"(이사야 11:6-8), "모든 곳에서 서로 해치거나 파괴하는 일이 없다…."(이사야 11:6-9). "주 하느님의 영이 나에게 임하셨다. … 가난한 사람들에게 기쁜 소식을 전하고, 상한 마음을 싸매어 주고, 포로에게 자유를 선포하고, 갇힌 사람에게 석방을 선언하고, … 모든 슬퍼하는 사람들을 위로하게 하셨다"(이사야 61:1-2).

5. 고통 해결의 길(道)

도道의 길은 열반을 말하는데, 쾌락의 생활도, 고행 생활도 아닌 몸과 마음의 조화를 유지할 수 있는 "적당한 상태의 길"을 말한다.[42] 이 길은 실천을 통해서 이를 수 있는 길이다. 그 실천의 길을 불교는 팔정도八正道를 말하고 있다. 그래서 원성실성圓成實性은 의타기성依他起性의 해탈적인 면

42) 불교교재편찬위원회, 『불교사상의 이해』(경주: 동국대학교 불교문화대학, 1997) 제3절 '사성제', 도성제.

이 발휘되어서 사물 존재의 실상이 공한 상태의 모습 그대로 드러나는 것을 뜻한다. "이것은 일체법의 평등한 진여이다. 진여는 진리와 일치하게 생각하며, 전도된 생각이 없이 사물을 보는 까닭에 지혜가 높아지고 마침내 최고의 깨달음으로 나아가게 된다"[43]

구약은 '십계명'이라는 큰 틀을 제시하며, 바른 지혜를 갖고 하느님과의 올바른 관계, 이웃 공동체와의 올바른 관계를 맺음으로써 삶이 중심을 잃지 않도록 하고 있다.

팔정도의 길과 구약의 지혜의 길을 보도록 한다.

① 정견正見 – 바르게 본다. 결국 바른 지혜

"정직한 사람에게는 분별하는 지혜"(잠언 2:7). "지혜가 네 마음속에 들어가고, 지식이 네 영혼을 즐겁게 할 것이다. 분별력, 명철이 너를 보살펴 준다"(잠언 2:10-11). "지혜를 찾는 사람은 복이 있고, 명철을 얻는 사람은 복이 있다"(잠언 3:13). "분별력을 가져라"(잠언 5:2). "공의로 다스리는 왕은 나라를 튼튼하게 하지만, 뇌물을 좋아하는 왕은 나라를 망하게 한다"(잠언 29:4).

개인은 바른 지혜를 지녀 분별력을 가지며, 통치자는 바른 지혜로 나라를 다스리라는 것이다.

② 정사유正思惟 – 청정한 마음으로 사유

"인자와 진리를 저버리지 말고, 목에 걸고 다니며, 너의 마음 속 깊이

43) 석지명, 『허공의 몸』, 415.

새기라"(잠언 3:3). "지혜가 으뜸이니 소중히 여기고 가슴에 품어라"(잠언 4:7-8). "의인의 생각은 곧지만, 악인의 궁리는 속임수뿐이다"(잠언 12:5). "마음이 평안하면 몸에 생기가 돈다"(잠언 14:30). "허위와 거짓말을 멀리하라"(30:8).

③ 정어正語 – 바른 언어적 행위

"왜곡된 말을 네 입에서 없애 버리고, 속이는 말을 네 입술에서 멀리 해라"(잠언 4:24). "내 입술로는 바른 말만 한다. 내 입은 진실을 말하며, 내 입술은 악을 싫어한다. 내가 하는 말은 모두 의로운 것뿐이다"(잠언 8:6-8). "의인의 입은 생명의 샘이지만, 악인의 입은 독을 머금는다"(잠언 10:11). "함부로 말하는 사람의 말은 비수 같아도, 지혜로운 사람의 말은 아픈 곳을 낫게 하는 약"(잠언 12:18). "부드러운 대답은 분노를 가라앉힌다"(잠언 15:1). "마음이 지혜로운 사람은 말을 신중하게 하고, 하는 말에 설득력이 있다"(잠언 16:23). "입과 혀를 지킬 수 있는 사람은, 역경 속에서도 자기의 목숨을 지킬 수 있다"(잠언 21:23).

④ 정업正業 – 바른 신체적 행위, 생명 애호, 선행, 윤리 도덕을 지킴

"흠 없이 사는 사람"(잠언 2:7). "공평하게 사는 사람"(잠언 2:8). "지혜가 너를 음란한 여자에게서 건져 준다"(잠언 2:16). "악을 미워하고, 교만과 오만, 악한 행실과 거짓된 입을 미워한다"(잠언 8:13). "흠 없이 살면 앞길이 평안하지만, 그릇되게 살면 마침내 드러나게 된다"(잠언 10:9). "이웃을 멸시하는 사람은 죄를 짓는 사람이지만, 가난한 사람에게 은혜를 베푸는 사람은 복이 있다"(잠언 14:21). "겸

손한 사람과 어울려 마음을 낮추는 것이, 거만한 사람과 어울려 전리품을 나누는 것보다 낫다"(잠언 16:19).

사회적 올바른 행동 - "악한 일을 그치고, 옳은 일을 하는 것을 배워라. 정의를 찾아라. 억압받는 사람을 도와주어라. 고아의 송사를 변호하여 주고 과부의 송사를 변론하여 주어라"(이사야 1:17). "의롭게 사는 사람, 정직하게 말하는 사람, 권세를 부려 가난한 사람의 재산을 착취하는 일은 아예 생각하지도 않는 사람, 뇌물을 거절하는 사람, 살인자의 음모에 귀를 막는 사람, 악을 꾀하는 것을 보지 않으려고 눈을 감는 사람, 바로 이런 사람들이 안전한 곳에 산다"(이사야 33:15). "이웃의 아내를 범하지 않으며, 사람을 학대하지 않으며, 빚진 사람의 저당물을 돌려주며, 아무것도 강제로 빼앗지 않으며, 굶주린 사람에게 먹을 것을 주며, 헐벗은 사람에게 옷을 입혀 주며, 돈놀이를 하지 않으며, 이자를 받지 않으며, 흉악한 일에서 손을 떼며, 사람과 사람 사이에서 공정한 판결을 내리며, 나의 모든 율례대로 살아가며, 나의 모든 규례를 지켜서 진실하게 행동하며, 그는 의로운 사람이니 반드시 살 것이다"(에스겔 18:6-9).

⑤ 정명正命 – 바른 생활, 규칙생활

"역겨운 사람은 미워하고, 바른 길을 걷는 사람과는 사귐을 갖는다"(잠언 3:32).

⑥ 정정진正精進 – 용기를 가지고 바르게 노력하는 것

"주님께 의지하는 사람들은 늘 한결같은 마음을 가진 사람들이니, 그들에게 완전한 평화를 주시기 바랍니다"(이사야 26:3).

⑦ **정념正念 – 바른 의식을 가지고 항상 이상과 목적을 잊지 않음**

"명철한 사람에게는 그 명철함이 생명의 샘이 된다"(잠언 16:22). "지혜가 있는 사람은 힘이 센 사람보다 더 강하다"(잠언 24:5). "지혜를 얻으면 너의 장래가 밝아지고, 너의 소망이 끊어지지 않는다"(잠언 24:14). "그는 주를 경외하는 것을 즐거움으로 삼는다. 그는 눈에 보이는 대로만 재판하지 않으며, 귀에 들리는 대로만 판결하지 않는다. 가난한 사람들을 공의로 재판하고, 세상에서 억눌린 사람들을 바르게 논죄한다…. 그는 정의로 허리를 동여매고 성실로 그의 몸의 띠를 삼는다"(이사야 11:4-5). "통치자들아, 이제는 그만하여라. 폭행과 탄압을 그치고, 공평과 공의를 실행하여라. 내 백성을 착취하는 일을 멈추어라… 너희는 정확한 저울을 써라"(에스겔 45:9-10).

⑧ **정정正定 – 정신 통일. 일상생활에서 마음을 깨끗이 하며, 정신 집중과 바른 지혜를 갖는 상태**

불교의 팔정도의 마지막 정정은 마음을 한 점에 집중하는 것을 말한다. 구약은 십계명(출애굽기 20:1-17; 신명기 5:6-21)을 최고의 정신 집중할 율법과 지혜가 되고 있다. 신명기는 "너희는 마음을 다하고 뜻을 다하고 힘을 다하여, 주 너희의 하느님을 사랑하여라. 이 말씀을 마음에 새기고, 자녀에게 부지런히 가르치며, 집에 있을 때나 길을 갈 때나, 누워 있을 때나 일어나 있을 때나, 언제든지 가르쳐라"(신명기 6:5-7)고 강조하고 있다.

"주께서는 율법과 교훈을 높이셨고, 백성이 율법과 교훈을 존중하기를 바라셨다"(이사야 42:21). "아침마다 나를 깨우쳐 주신다. 내 귀를 깨우치시어 학자처럼 알아듣게 하신다"(이사야 50:4). "겸손한 사람, 회개하는 사람, 나를 경외하고 복종하는 사람, 바로 이런 사람을 내가 좋아한다"(이사야 66:2).

6. 결론

인간이면 동서고금을 통해 모두가 겪어야 하는 '고통'의 주제에 대하여 구약의 내용을 불교의 틀에서 연결을 시도하였다. 종교와 시대, 지역이 다르기 때문에 인간이 해결하고 극복해야 할 내용도 다를 것으로 보지만, 사실은 '인간'이라는 실존 속에서 거대한 흐름의 공통분모가 있음을 보았다. 구약은 신, 곧 하느님에게 의지하여 그 해결을 찾고, 불교는 자성自省을 통해서 그 해결을 찾는다. 그래서 흔히 논쟁점으로 부각되는 것은 신을 믿는 종교다, 인간을 믿는 종교다라고 단순하게 분류해 버리는 경향이 있다. 그러나 구약에서 하느님이 전하는 내용 그 자체 곧 인간이 취해야 할 마음과 태도와, 불교에서 스스로 깨달아 갖는 마음과 태도는 동일한 내용이다. 이 큰 덩어리의 공통점을 잊은 채, 신론에만 머물러 있다면, 대화와 논의는 항상 맴돌고 만다. 그리스도교에서는 인간의 모습을 '하느님의 형상을 닮았다'고 하여 인간을 최고의 귀한 존재로 세웠다. 불교에서도 모든 인간은 명경明鏡의 상태인 '불성'을 지닌 '여래성품如來性品'으로 보고, 스스로 깨달을 때가 낀 먼지를 지울 수 있다고 하여 역시 인간을 최고의 귀한 존재로 보고 있다. 불교에서 '중생衆生' 안에 있는 '여래성품'은 '하느님 형상'과 같은 의미를 갖는다. 우리가 여기에 종교 간 대화의 공통분모를 맞춘다면 서로 간에 영적인 만남으로 더욱 존귀함과 풍요로움을 가질 수 있을 것이라고 확신한다.

현실에서 겪는 '고통'의 문제는 누구나가 해결해 가야할 파도이며 과제이다. 구약이나 불교가 '고통'을 제일의 과제로 보는 것도 인간이 겪는 가장 큰 현실적인 문제이기 때문이다. '생노병사'에 어느 누구도 자유로울 수 없으며, '번뇌'가 일어남으로 자신은 물론 다른 사람과의 관계에서 '해害'를 주는 것에 어느 누구도 자유로울 수 없는 것이다. '해'를 끼치는 사람도 외부적으로는 가해자이지만, 내면적으로는 스스로 피해자인 것이다. 즉 고통의 실체를 깨닫고 지혜를 갖지 못했기 때문이다.

불교의 가장 핵심인 '고통'을 이겨나가기 위한 연기사상이나 자비사상은 사회적 실천을 통해 역사화될 수 있다고 본다. 불교의 최대 장점인 개인 수행과 해탈은 이제 사회와 역사의 무대로 나와야 할 것이다. 그래서 인간의 이기심과 욕망이 구조화되고 국가권력화 되어가는 지구화와 제국의 세계구조에 대해서 올바른 정도正道를 제시해야 할 것이다. 황폐화되는 자연과 물질주의 우상에 노예가 되는 비인간화되는 세상에 대하여 불교[44]와 그리스도교는 공통의 이념을 찾고 상생相生의 길을 찾아야 할 것이다. 아시아, 아프리카의 민중이 겪는 사회·정치·경제적 고통, 그리고 사회적 약자들이 겪는 사회·경제적 고통은 현재 지구촌을 거대하게 움직여가고 있는 자본과 국가 권력의 흐름에 연결되어 있는 것이다. 물론 모든 인류가 생노병사의 고통을 겪기 때문에 그 대상이 될 것이다. 하지만 자연질서이고 개인적인 생노병사의 고통과 거대한 다른 구조에 의해 피해를

---

44) 김항배, 『불교와 도가사상』(서울: 동국대학교 출판부, 1999); 정병조, 『한국불교철학의 어제와 오늘』(서울: 대원정사, 1995). 이 책들에서 현대사회 속에서 불교가 가야 할 방향들을 제시하고 있다.

겪는 집단적인 생노병사의 고통은 분명히 다른 것이다.

이천오백 년 전의 붓다와 이천 년 전의 예수가 이 세상에 다시 오셔서, 후세 사람들이 여전히 자신들이 보여주었던 그 시대의 세계관에 갇혀 있는 것을 본다면 답답해하지 않을까? 그들은 당시의 시대적 사고를 뛰어넘는 사상과 진리를 보여주었기 때문일 것이다. 그렇다면 새 천년을 여는 시대에 그리스도교와 불교도 새로운 사회와 세계관에 대한 전망을 보여주어야 하지 않을까? 전환기에 그리스도교와 불교가 새로운 종교적 사고를 통해 상생相生과 배움의 자세를 가져야 하며, 그럴 때만 성숙한 종교인으로서 지구촌의 인권과 평화를 위한 삶을 만들어 갈 수 있는 것이다.

한국의 그리스도교는 '회개'에 약삭빠르다고 볼 수 있다. 쉽게 악업을 행하고, 쉽게 잘못했다고 말하고, 예수로부터 용서받았다고 스스로 자랑하는 경향이 일상적으로 반복된다. 그것은 고통을 해결하는 자세가 아니라 삶을 기만하는 것이 될 수 있다. 그리스도교는 '고통'을 깊게 성찰하며 지혜를 통해 정정진正精進하는 자세를 불교를 통해서 많이 배워야 할 것이다. 그리스도는 십자가의 고통을 통해서, 붓다 역시 자신이 짊어질 고통을 정면으로 받아들임으로써 고통을 극복한 경우라는 것을 새삼 보게 된다.

* 이 글은 2003년 12월 26일 한국기독자교수협의회 주최 "한국에서 종교 간 만남의 과제와 전망"이라는 주제에서 발표하고, 성공회대학교 신학연구소 편, 『대화를 넘어 서로 배움으로』(서울: 맑은울림출판사, 2004)로 출판되었다.

글을 맺으며

그동안 한국 기독교는 쉼 없이 달려왔다고 해도 지나치지 않다. 일제의 강점기, 한국전쟁, 4·19 혁명, 유신시대, 광주민주화운동, 오늘에 이르기까지 한국 현대사의 숱한 민족적 고난과 아픔을 겪으며 이겨내 왔다. 그렇게 오늘날 한국 기독교는 엄청난 성장을 하였지만, 거꾸로 사회적 지탄의 대상으로 바뀌었다. 교회가 사회와 등 돌려 외면하고 자기 확장에만 치우쳤기 때문이다. 진보신학자들과 일부 교회들이 사회적 약자들의 소리를 대변하고 사회정의를 외친 것 외에는, 대부분의 교회들이 사회에 대하여 귀와 입을 다문 채 듣지도 않았고, 말하려고 하지도 않는다. 오직 '성령 충만', '예수 믿으면 복 받고', '병고치고, 구원받고, 천당 가고…' 하는 개인의 이기심에 편승한 신앙에 충실(?)했다고 본다. 한국 종교사에서 불교도, 유교도 모두 과거에 호된 역사적 평가를 받았다는 것을 기억해야 할 것이다.

한국 교회가 이처럼 흘러가고 있는데도, 한국의 신학은 교회 성장을 위해 브레이크 없이 달리는 기차를 보면서도 애써 외면하고 있는 듯하다. 한국의 기독교학회와 각 분야의 학회들조차도 애써 외면하거나 호교론적인 주제들로 채우고 있다. 한국의 신학과 신학대학은 한국 교회들이 궤도를 이탈해가도록 장단을 맞추거나, 아니면 교단의 권력과 돈에 무기력하게 눌려 무관심으로 침묵하고 있는 것은 아닐까? 교회와 교단의 권력은 이미 중세 시대를 방불케 하고, 자기반성은 고작 수십 년간 '회개'라는 '립 서비스'로만 하는 데 익숙해져서 신뢰감을 상실한 지 오래다.

한 교단 안에도 수십 개의 파들이 서로가 남남으로 나뉘어 있고, 한 건물 안에 두세 개 교회가 있는 경우도 흔히 본다. 통제가 안 되는 상황이다. 많은 신학대학원들이 경영 유지를 넘어서 많은 이익을 남기려고 목회후보자 학생 수를 늘리는 데 급급하고, 대형 강의실에서 대량생산으로 찍어내는 붕어빵식 교육을 하는 현실이다. 이들에 대한 개별적인 인성교육이 가능할까 의문이 들 정도이다. 교회 수는 제한되어 있는데, 목회자가 과잉 배출되다 보니, 적자생존의 치열하고도 비굴한 경쟁이 된 지 오래이다. 한국의 신학교육도, 교회 현장도 보수화되면서 점차 사회로부터 격리되고, 오히려 사회로부터 손가락질 받는 지탄의 대상이 되고 있다. 기독교의 역사를 교리적으로만 보니까, 역사 속에서 어떤 문제들이 있었는지 알지 못하는 것 같다. 대형 교회의 목회자 세습이 사회의 눈총으로 주춤하는 사이에, 이런 일들이 중·소 교회에서는 흔한 사례가 되어 가고 있다. 교회를 개인 사유화하고 있기 때문이다. 교회(목회자)는 평신도들에게 다양한 사상과 비판적 사고를 차단한 채 교회에 우둔하게 복종하는 방향으로 내몰고 있다. 일부 교단은 권력 자리를 놓고 치열한 비방과 금품이 살포되고 비상식적인 선거들이 행해지고 있는 현실이다.

이러한 오늘의 비상식적이고 불합리한 일들이 한국 교회와 신학대학원에 전염병 돌듯이 퍼져나가고, 자정의 능력도 상실했다. 우선 한국의 신학교육부터 교리적인 교육에서 벗어나 개방적인 교육으로 나가지 않으면 안 된다고 본다. 한국 신학교육과 교회의 그 중심에 성서가 있고, 성서 본문에 대한 문자주의적이고 근본주의적 해석이 로마제국 시대부터 지금까지, 세속권력과 교회권력을 강화시키고 정당화시켰던 논리를 그대로 답습하고 있다. 하지만 신학대학 강단에서 문자주의 교육을 넘어섰다고 하더라도, 교리와 교단의 보수성 때문에 교수나 학생들(학생들은 졸업 후 교단 소속이 되기 때문에)도 새로운 지평으로 넘어가기가 결코 쉽지가 않은 분위기이다. 일부 신학학자들도 외국에서 공부할 때는 비평적이고 진보적인 학문을 배웠으면서도, 국내에 들어와서는 침묵하거나 소극적으로 대하는 경우를 보면 안타깝고 현실이 받아주지 않는 것에 참담한 마음을 갖게 한다.

필자는 이 책의 결론을 쓰는 시점에 이런 상상을 해본다. 하느님이 세상을 만드시고, 인류를 구원하시기 위하여 예수님을 세상에 보내셨건만, 교회권력은 신과 신의 아들 이름을 빌려서 얼마나 장난질하고, 명예를 더럽히고, 폭력과 전쟁을 저질러 왔는가? 일차적인 책임이 바로 교회권력에 있음은 너무도 자명하다. 그런데 여기서 한번쯤, 하느님과 예수님은 책임이 전혀 없으실까 생각하게 된다. 과거 로마제국 시대나, 유럽의 그리스도교 국가들이 아시아·중동·아프리카·남미 지역을 식민지로 만들던 시기에 수많은 희생자들을 냈던 것을 보면서, 여전히 예수님은 '내가 진리요!' '나로만 구원' '내 피로 죄의 용서'만을 주장하실 건가? 예수님이 "진리가 너희를 자유케 하리라" 선포하셨지만, 다른 진리에 대해서 인정하지 않고 배척하려고만 한다면, 그 진리는 지배를 위한 이데올로기가 아닌가? 하느님과 예수님은 인간들이 저지르는 파국의 역사들을 보면서도 방관자로 계셨던 것에 대한 책임은 과연 하나도 없으실까? 단순히 지상에서 예수 자신만 알았으면 구원시켜 주는 역할로 끝나는 것일까? 예수님을 잘 아는 자가 폭력과 전쟁을 일삼아도 구원의 대상일까? 역사 속에서 수많은 가해자들이 예수를 믿고 구원 받았다는 확신 때문에 마음 놓고 폭력과 전쟁을 더 저지른 것은 아니었을까? 하느님은 그리스도교·유대교·이슬람교가 자신의 뿌리에서 나왔고, 각각은 하느님 자신을 숭배하면서도, 서로들 만나기만 하면 으르렁거리고, 싸우고 죽이는 모습들에 전혀 책임은 없으실까? 물론 하느님과 예수님은 기나긴 시간이 흘러가면서 인간들이 스스로 해결하는 것을 원하실 것이라고 생각하실 것이다.

성서학의 근간을 이루는 역사 비평 방법이 문자주의와 근본주의를 극복하는 데 결정적인 기여를 했음은 두말할 나위가 없다. 또한 성서의 해석을 객관화시킴으로써 주관적으로 잘못 이끌어갈 요소들을 줄이는 데 공헌을 했다. 여기서 한 걸음 더 진전시켜 보면, 역사 비평 방법은 정경이라는 제한된 틀에서, 원문을 회복시키기 위한 관심으로 일관한다. 그래서 성서의 책들 안에서 유사한 구절들이 나와도 어느 것이 원문 자료에 가깝냐를 두고 가설들을 만들어 낸다. 설사 고고학의 결과 성서의 원문이 발견된다고 하더라도, 원문 자체도 주변세계로부터 영향을 받아 모방과 창조성이 결합한 것으로 보기 때문에 큰 의의를 갖기는 힘들다. 특히 구약의 역사 비평 방법은 오랜 세월 동안 발전했던 본문들을 역사적·사회적·정치적 상황들이 바뀜에 따라 공동체가 필요로 했던 맥락으로 연결시키지 못하는 한계를 보이고 있다. 역사 비평 방법은 성서의 정경에 갇히지 않고, 유대교·이슬람·불교 그리고 동학사상과도 교류를 할 수 있어야 한다. 가령, 이사야나 예언자들의 사상과 고려시대의 원효의 사상과도 비교할 수 있으며, 구약의 묵시 또는 메시아사상과 불교의 미륵사상과도 비교할 수 있을 만큼 넓은 시야를 열 수 있기를 기대한다. 인간의 종교적 깨달음이 모든 인류에게 공통적이기 때문이다. 이렇게 성서의 지평을 확대한다면, 무궁무진한 변수들과 만날 수 있으며, 그만큼 사상이 확장되고 증폭된다고 할 수 있겠다.

혹자는 종교혼합주의로 가는 것이 아니냐는 우려를 하거나 냉소적인 반응을 보일 것이다. 구약성서나 신약성서가 이웃 국가들과 이웃 종교들의 법, 문학, 신화, 사상, 철학, 지혜, 제사, 절기, 신들의 성격, 종교 건축 등에 대해서 처음부터 거부하였다면, 아마 성서는 매우 초라하고 빈약한 경전이 되었을 것이다. 사도 바울도 박식한 그의 희랍의 지성적인 감각과 헌신적인 신앙이 있었기에, 모두가 그를 연구하고 따르려고 하는 것이다. 유대교가 정경으로 못 박지 않고, 여러 지역에 흩어져 있는 디아스포라 유대인들이 자국의 실정에 맞도록 경전을 만들거나 해석의 여지를 넓혀 준 것이 초기부터 어려움을 버티게 한 근원적인 저력이 되었다.

반면 기독교는 정경(필자는 정경을 어원적으로 해석하는 '기준', '막대'라고 획일적으로 정의내리는 것에 못마땅하다. 정경 선언은 솔직하게 말하면, '종결' 내지는 '차단'인 것이다)이라는 교회 권위에 의존하여 모든 외부와 단절하였고, 교회권력과 세속권력에 의존하거나 누리면서 초기부터 버티어 왔다. 필자가 생각하기에 기독교는 정경을 선포한 때부터 사상적으로 성장이 멈추었기에 척박한 토양으로 바뀌었다고 본다. 새로운 사상들이 흘러들어 올 여지를 차단하였기에 사막화가 처음부터 일어났다고 본다. 그래서 믿을 것은 권력과 교리였다고 본다. 그것이 인류 역사에 얼마나 큰 재앙들을 가져왔는가? 이런 점에서 필자는 계속되는 정경화를 이루지 못하고, 정경으로 차단시킨 것은 독毒이 되었다고 주장하고 싶다.

기독교가 성서를 정경으로 선포한 이후에 결과적으로 종교 간 갈등,

폭력, 종교재판, 전쟁의 신앙적 이념 제공 등의 부정적인 역할을 하면서 인류사에 많은 흠집과 상처를 내었다. 곧 창의 종교가 되었던 것이다. 그 연장선상에 있는 오늘 한국의 보수적인 신학과 교회들에서 부정적인 현상들이 표출되고 있다. 여기서 독을 빼고, 해독解毒하는 길은 이웃 종교들, 전통 사상들과 마음껏 대화를 나누는 것이며, 이성을 존중하여 인문학, 과학 등과 활발한 교류를 만들어 내는 길이다. 또한 사회의 약자들을 위한 민중 선교를 통해 사회적인 신뢰를 회복하는 길이라고 본다. 사막화를 극복하는 것은 나무를 심는 일이며, 물과 양분을 제공받는 길이다. 물론 비가 자주 내리는 것이 근본 해결책이다. 기독교의 성서는 정경으로서 과거의 종결이 아닌, 오늘 현실에서 정경화 과정으로 새롭게 재구성해야 할 것이다. 곧 유대교 경전들의 형성과 해석의 방식에서 배울 점이 있다고 본다. 가령 신학교육 현장이나 교회 현장에서 신앙 훈련의 일환으로 성서를 그대로 옮겨 베끼는 방식이 아니라, 성서도 각색해 보고, 오늘의 상황과 맞지 않는 부분들은 각색도, 첨가도, 삭제도 해보고, 교리에 비추어도 맞지 않는 의견과 해석들이 나온다고 해도 존중해 줄 수 있는 분위기를 조성한다면 신앙을 성숙시키는 계기가 될 것이다.

기독교가 지금까지 줄곧 유지해 온 이분법적 사고를 폐하고, 유대인들이 다양한 의견들을 존중해 줌으로써 창조적인 활력을 보여준 것을 교훈으로 삼고, 원융적인 사고를 가짐으로써, 21세기와 새 천년을 여는 새로운 기독교를 기대해 볼 수 있겠다. 사상이나 철학, 종교는 끊임없이 변화하고 진화하고 발전하는 것이지, 멈추어서 교리로, 권력으로 통제하는 것이 결코 아니기 때문이다. 각 신앙공동체가 다양함과 지성적인 판단들을 인정해 주는 분위기를 만들어 나갈 때, 한국 성서학계와 신학교육, 교회는 새로운 탄력을 받을 것이다. 또한 이것은 단지 머리에서만 나오는 것이 아니라, '지구화', '지구적 제국'이라는 현실에서 일어날 수밖에 없는 현장들(피폐해지는 농촌, 도시 빈민의 증가, 외국인 노동자 인권 문제, 여성 차별, 비정규직 문제, 지구 온난화로 인한 생태계 파괴, 종교 분쟁, 자원 고갈, 한반도 통일 등의 많은 현장)과 관련이 되어야 한다. 즉 오늘의 사회적·역사적 상황 속에서 정경화와 새로운 해석들이 요구되는 것이다. 그렇지 않으면 비상식적이고 비합리적인 방향으로 나갈 수 있기 때문이다. 예수도 당시 사회의 화석처럼 굳어진 폐습들과 구약 본문들에 대해 새로운 해석을 시도하고, 구체적인 행동으로 옮겼다. 그리고 현실 종교권력들과 세속권력을 비판하고 십자가에 달리신 것이다. 곧 예수의 삶이 구약시대의 옛 문헌을 '종결'로 본 것이 아니라, 새로운 '정경화'를 이루었던 것이다. 이러한 상황들을 종합해 볼 때, 한국의 신학과 교회는 신명기적 사고의 배타성과 정경이 선언한 종결에 의존할 것이 아니라, 과감하게 털고, 개방을 통해 자유롭게 표현할 수 있는 새로운 토양으로 바꾸어 가야 할 것이다.

한국의 신학과 교회는 몸집이 세계를 향할 만큼 커졌으나, 여전히 구태의연한 경직되고 속 좁은 사상과 신앙에 안주하고 있다. 다양하고, 개방적인 논의를 펼치면서, 넓은 차원에서 신학과 교회의 새로운 틀과 정체성을 모색해야 할 것이다. 21세기와 2천년을 여는 때에 철학적·종교적·사상적·영적인 상호교류를 통해 근본적인 새 틀 짜기로 새로운 그리스도교 신학과 교회를 만들어 가야 할 것이다.

참고 문헌

국내 도서

가나오까 슈우,『대승불교 총설』, 서울: 불교시대사, 1992.

가마타 시게오,『대승기신론 이야기』, 장휘옥 역, 서울: 불교시대사, 1995.

강사문, "제1장 조상의 하느님과 모세의 하느님",『구약의 하느님』, 서울: 한국성서학연구소, 1999.

계환,『대승불교의 세계』, 서울: 운주사, 2005.

고려대학교 세계문화사연구실,『세계문화사 서설』, 서울: 고려대학교 출판부, 1995.

고영섭,『원효』, 서울: 한길사, 2002.

고지기,『세계사』, 서울: 청년정신, 2003.

구본술, "유식 윤회관에서 '전환'의 의미",《불교연구》제15집, 한국불교연구원.

권진관,『예수, 민중의 상징·민중, 예수의 상징』, 서울: 도서출판 동연, 2009.

길희성, "불교와 그리스도교 – 창조적 만남과 궁극적 일치를 향하여",《종교연구》제21집, 2000년 가을.

______,『마이스터 엑카르트』, 왜관: 분도출판사, 2003.

______,『보살예수』, 현암사, 2004.

김경재,『해석학과 종교신학』, 병천: 한국신학연구소, 1994.

김경재·변선환 외, "종교다원론, 무엇이 문제인가?",《신학사상》79집, 병천: 한국신학연구소, 1992. 887-918.

김경재·이찬수·최인석·정희수, "특집 : 종교다원주의 논쟁의 새로운 지평",《신학사상》93집, 1996.

김경재,『이름없는 하느님』, 서울: 삼인, 2002.

______, 『종교다원론과 한국 기독교의 혁신과제』, 서울: 대한기독교서회, 2005.
김광식, 『한국현대불교사 연구』, 서울: 불교시대사, 2006.
김성재 외, "종교다원주의의 진리성과 실천성", 《신학사상》 93집, 병천: 한국신학연구소, 1996, 7-42.
김영진, 『고대근동의 역사문헌』, 서울: 한들출판사, 2005.
______, 『이스라엘 역사』, 서울: 이레서원, 2006.
김용복 외, 『민중과 한국신학』, 병천: 한국신학연구소, 1982.
김용복, "종교 사회사상", 성공회대학교 신학연구소 엮음, 『대화를 넘어 서로 배움으로』, 서울: 맑은울림, 2004, 33-59.
김용표, 『불교와 종교철학』, 서울: 동국대학교출판부, 2002.
______, 『초월과 보편의 경계에서』, 서울: 동국대학교출판부, 2009.
김은규, "정경비평: 차일즈와 샌더스의 주장", 《성공회대학논총》 제8호, 서울:성공회대학교출판부, 1995,
______, "그리스도교와 불교, 그 상생의 길", 《신학사상》 127호, 2004년, 229-55.
______, 『구약 희년사상』, 서울: 대한성공회, 1994.
______, "제국의 상황에서 아시아적 성서해석 방법", 성공회대학교 신학연구원 편저, 『제국의 신』, 서울: 동연출판사, 2008, 276-308.
______, "기독교와 불교, 그 상생의 길", 《신학사상》 제127호, 2004.
______, "'야웨'와 '엘로힘'의 종교 간 대화: 구약의 오경과 예언서를 중심으로", 《신학사상》 제131호, 2005.
______, "구약 야훼의 배우자이자 민중종교로서 '아세라'(Asherah) 여신(女神)", 《종교연구》 제51집, 2008.
김이곤, 『구약성서의 고난신학』, 서울: 한국신학연구소, 1989.
김이곤, "토착화 신학의 성서적 전거", 『구약성서의 신앙과 신학』, 수원: 한신대학교출판부, 1990.
김이곤, "야훼와 엘", "토착화 신학의 성서적 전거: 조상의 하느님과 야훼의 만남", 『구약성서의 신앙과 신학』, 수원: 한신대학교출판부, 1998.
김진, "현심과 요청 - 종교다원사회에서 최고선", 《신학사상》 75집, 1991.
김찬국, "제3세계와 성서해석", 《한국기독교신학논총》 제1집, 1987.
김택현, 『세계사』, 서울: 중원문화, 1987.
김항배, 『불교와 도가사상』, 서울: 동국대학교출판부, 1999.
노세영·박종수, 『고대근동의 역사와 종교』, 서울: 대한그리스도교서회, 2000.
동국대학교 불교문화대학 불교교재 편찬위원회, 『불교 사상의 이해』, 서울: 불교시대사, 1999.
마명, 『대승기신론』, 이홍우 역, 서울: 경서원, 1991.

목정배, "한국불교학의 현대적 모색", 서울: 동국대학교출판부, 2000.
민경석, "종교다원주의의 역학과 해방의 실천", 《신학사상》 병천: 한국신학연구소, 1998, 207-35.
박혜령, 『최근의 고고학적 증거로 본 초기 이스라엘 공동체의 형성과 체제』, 서울: 연세대학교 대학원 박사학위논문, 2007.
변선환, 『종교 간의 대화와 아시아 신학』, 병천: 한국신학연구소, 1996.
______, 『불교와 기독교의 만남』, 한국신학연구소, 1997.
______, 『한국적 신학의 모색』, 병천: 한국신학연구소, 1997.
______, 『현대문명과 기독교 신앙』, 병천: 한국신학연구소, 1999.
불교교재편찬위원회, 『불교사상의 이해』, 경주: 동국대학교 불교문화대학, 1997.
불교신문사, 『불교경전의 이해』, 서울: 불교시대사, 1997.
석지명, 『허공의 몸을 찾아서』, 서울: 불교시대사, 1993.
성공회대학교신학연구원 편, 『제국의 신』, 서울: 동연출판사, 2008.
성철, 『자기를 바로 봅시다』, 합천: 장경각, 1987.
소련과학아카데미, 『세계의 역사: 서로마제국~30년 전쟁』, 서울: 형성사, 1986.
송천성, 『아시아인의 심성과 신학』 성염 역, 왜관: 분도출판사. 1982.
______, 『아시아의 고난과 신학』, 주재용 · 이정희 역, 서울: 대한그리스도교출판사, 1982.
______, 『대자대비하신 하느님』, 이덕주 역, 왜관: 분도출판사, 1985.
______, 『아시아 이야기 신학』, 이덕주 역, 왜관: 분도출판사, 1988.
______, 『아시아 모태신학』, 이덕주 역, 왜관: 분도출판사, 1990.
수산, 『불교와의 만남』, 수원: 마하야나, 2002.
水野弘元, 석원연 역, 『불교용어 기초지식』, 서울: 들꽃누리, 2002.
시즈타니 마사오 · 스구로 신죠, 『대승불교』, 서울: 도서출판 여래, 1995.
실천불교전국승가회, 『실천불교의 이념과 역사』, 서울: 도서출판 행원, 2002.
안옥선, 『불교윤리의 현대적 이해』, 서울: 불교시대사, 2002.
앙드레 뷔르기에르, 『가족의 기원』, 서울: 이학사, 2001.
양권석, "경전 간 해석학" 《호남신학대학교학술발표》 제6집, 155-191.
와타나베 쇼오고, 『불교사의 전개』, 서울: 불교시대사, 1992.
유윤종, "유대교의 성경 해석학과 공시적 방법론과의 관계", 《한국기독교신학논총》 제32호 (2004), 69-95.
______, "다종교문화의 도전에 대한 초기 유대교의 적응과정", 《종교연구》 36 (2004), 205-229.
윤영해, "한국 불교의 기독교 바라보기", 《불교평론》 제10호, 2002년 봄.
은정희, 『원효의 대승기신론 소 · 별기』, 서울: 일지사, 1991.

이경숙, "여신숭배론을 통해 본 이스라엘 왕국 시대의 종교적 갈등", 『구약성서의 하느님·역사·여성』, 서울: 대한그리스도교서회, 2000, 제4장.
이동익, "한스 큉의 세계윤리구상", 《가톨릭 신학과 사상》 15호, 1996, 봄.
이연숙 역, 『정선 아함경』, 서울: 시공사, 1999.
이상윤, "아시아 민중성서 읽기 - 종교다원주의, 해방영성, 민중권력", 《신학사상》 81집, 1992.
이정배, "'한국적 신학' 어떻게 할 것인가", 《신학사상》 82집, 병천: 한국신학연구소, 1993, 54-95.
______, 『종교와 과학의 대화에 근거한 기독교 자연신학』, 서울: 대한기독교서회, 2005.
______, 『켄 윌버와 신학: 홀 아키적 우주론과 기독교의 만남』, 서울: 시와 진실, 2008.
______, 『없이 계신 하느님 덜 없는 인간』, 서울: 모시는 사람들, 2009.
이찬수, "타종교의 신학", 《신학사상》 93집, 병천: 한국신학연구소, 1996, 64-88.
______, 『종교신학의 이해』, 왜관: 분도출판사, 1998.
______, 『불교와 그리스도교 깊이에서 만나다』, 서울: 다산글방, 2003.
______, 『종교로 세계읽기』, 서울: 이화여자대학교출판사, 2009.
이한오, 『평화를 위한 세계윤리: 한스 큉의 세계윤리구상을 중심으로』, 서울: 성공회대학교석사학위 논문, 2002.
이희수, "공존과 충돌의 역사를 통해 본 이슬람", 《신학사상》 제115호, 2001.
장일순·이현주, 『노자 이야기』, 서울: 다산글방, 2000.
정성본, 『선의 사상과 역사』, 서울: 불교시대사, 1999.
정지석, "한국그리스도교 평화윤리연구: 그리스도교 평화주의(Christian Pacifism)와 함석헌의 평화사상", 《그리스도교사회윤리》 11호, 2006년, 207-36.
조용길, "근본불교와 대승정신의 본질", 《한국불교학》 제31집, 한국불교학회.
조철수, 『메소포타미아와 히브리 신화』, 강릉: 길, 2000.
조철수, 『유대교와 예수』, 서울: 길, 2002.
지구화와 그리스도교연구팀, 『지구화와 신자유주의』, 서울: 성공회대학교출판부, 2000.
차옥숭, "종교 다원주의 사회에서의 종교간 대화와 협력에 관한 연구", 《신학사상》 제69호, 1990.
차하순, 『서양사 총론 1』, 서울: 탐구당, 2000.
최봉수, 『불교란 무엇인가』, 서울: 부디스트웹닷컴, 2008.
최유진, 『원효의 화쟁사상연구』, 서울대학교, 박사학위 논문, 1988.
최인식, 『유대교 산책』, 부천: 예루살렘 아카데미, 2008.
크리스찬 아카데미 편, 『열린종교와 대화공동체』, 서울: 대화출판사, 2000.
폴 윌리엄스, 『서양학자가 본 대승불교』, 조환기 역, 서울: 시공사, 2000.
하영선 편, 『21세기 평화학』, 서울: 풀빛, 2002.

한인철,『종교다원주의의 유형』, 서울: 한국그리스도교연구소, 2000.
한국기독자교수협의회, 한국교수불자연합회,『인류의 스승으로서 붓다와 예수』, 서울: 동연, 2006.
______,『오늘 우리에게 구원과 해탈은 무엇인가?』, 서울: 동연, 2007.
______,『현대사회에서 종교권력, 무엇이 문제인가』, 서울: 동연, 2008.
한국종교학회,『종교들의 대화』, 서울: 사상사, 1992.
후지 요시나리,『원효의 정토사상 연구』, 서울: 민족사, 2001.
앙드레 뷔르기에르,『가족의 기원 1』, 서울: 이학사, 2001.
Guenter Stemberger, *Vom Umgang der Rabbinen mit der Bibel* (Munchen: Verlag C. H. Beck oHG, 2002), 이수민 역,『미드라쉬 입문』, 서울: 바오로딸, 2008.
R. 드보,『구약시대의 생활풍속』, 이양구 역, 서울: 대한그리스도교출판사, 1983.
에릭 홉스봄, *The Age of Empire*, 1875-1914,『제국의 시대』, 김동택 역, 서울: 한길사, 1998.
한스 큉 · 줄리아 칭,『중국 종교와 그리스도교』, 이낙선 역, 왜관: 분도출판사, 1994.
H. G. 웰스, *A Short History of the World*,『세계문화사』, 서울: 가람기획, 2003.
윌리엄 맥닐,『세계의 역사 1』, 서울: 이산, 2007.
데이비드 데이,『정복의 법칙』, 서울: Human & Books, 2006.
안토니 파그덴, *Peoples and Empires*,『민족과 제국』, 서울: 을유문화사, 2003.
폴 존슨,『유대인의 역사 2』, 서울: 살림 2005.
Amin Maalouf,『아랍인의 눈으로 본 십자군 전쟁』, 서울: 아침이슬, 2002.

해외 도서

Abraham, K. C.(ed.), *Spirituality of the Third World*, Maryknoll: Orbis Books, 1994.
J. Ackerman, *Literary Interpretations of Biblical Narratives*, Abingdon, 1974.
Albertz, R. *Religionsgeschichte Israels in alttestarmentlicher Zeit*, 3 Bde., Götting-enVandenhoeck & Ruprecht, 1992,『이스라엘 종교사』, 강성열 옮김, 고양: 크리스챤다이제스트, 2004.
______, *Die Exilszeit* 6. Jahrhundert v. Chr. Stuttgart: Kohlhammer GmbH, 2001.『포로시대의 이스라엘』, 배희숙 옮김, 고양: 크리스챤다이제스트, 2006.
Albright,W. F., *Archaeology and the Religion of israel*, Baltimore: The Johns Hopkins University Press, 1946.
A. Alt, "The God of the Fathers", in *Essays on Old Testament History and Religion*, tran. By R. Q. Wilson (New York: Doubleday & Company, Inc, Garden City,

1969), 11, 75-86.

Beyerlin, Walter, *Near Eastern Religious Texts relating to the Old Testament*, London: SCM Press, 1978.

Binger, Tilde, *Asherah,* Sheffield: Sheffield Univ. Press, 1997.

Blenkinsopp, J., "Yahweh and Other Deities: Conflict and Accommodation in the Religion of Israel", *Int* 40, 1986.

______, *The Archaeology of Palestine*, London: harmondworth, 1949.

Blenkinsopp, J., *The Pentateuch.* New York: Doubleday, 1992.

Bob Becking, Meindert Kijkstra, Marjo C. A. Korpel & Karel J. H. Vriezen, *Only One God? : Monotheism in Ancient Israel and the Veneration of the Goddess Asherah,* London: Sheffield Academic Press, 2001.

Brett, Mark G., *Biblical Criticism in Crisis: The impact of the canonical approach on Old Testament Studies,* Cambridge: Cambridge Univ., Press, 1991.

Bright, J., *A History of Israel*, 3rd. ed., Philadelphia: The Westminster Press, 1981.

______, "The Religion of the Patriarchs", *IDB* Vol.2, 1962.

Brueggemann, W., "Trajectories in Old Testament literature and Sociology of Ancient Israel", *JBL* 98, 1978.

Brueggemann, W. & Wolff, H. W., *The Vitality of Old Testament Traditions.* Atlanta: John Knox Press, 1982.

Campbell, E. F., "Moses and the Foundation of israel", *Int* 29, 1975.

Campbell, A. F. & O' Bien M. A., *Sources of the Pentateuch*, Minneapolis: Fortress Press, 1992.

Ceresko, Anthony R., *Introduction to the Old Testament,* New York, Maryknoll: Orbis Books, 2001,

Childs, B. S., *Introduction to the Old Testament as Scripture,* Philadelphia: Fortress Press, 1979.

______, *Old Testament Theology in a Canonical Context,* Philadelphia: Fortress Press, 1985.

Clements, R. E., T*he World of Ancient Israel- Sociological, Anthropological and Political perspectives*, Cambridge: Cambridge Univ. Press, 1989.

Clements, R. E, *The World of Ancient Israel,* Cambridge: Cambridge University Press, 1989.

Clifford, R. J., "The tent of El and the Israelite Tent of Meeting", *CBQ* 33, 1971.

Clines, J. A., *The Theme of the Pentateuch*, Sheffield: The University of Sheffield Press,

1982.
Coote, Robert B., and Mary P. Coote. Power, *Politics, and the Making of the Bible, Minneapolis*, Minn.: Fortress Press, 1990.
Cross, F. M., *Canaanite Myth and Hebrew Epic*, Cambridge: Harvard Univ. Press, 1973.
Crüsemann, F., *The Torah: Theology and Social History of Old Testament Law*, trans. Mahnke, A. W., Philadelphia: Fortress Press, 1996.
Day, J., "Asherah in the Hebrew Bible and Northwest Semitic Literature", *Journal of Biblical Literature*, 105 (1986), 385-408,
De Vaux, R., *Ancient Israel*, London: Barton Longman & Todd, 1961.
Dever, William G., "Ceramics, Ethnicity, and the Question of Israel's Origins", *Biblical Archaeologist* 58 (1995), 200-213.
______, *Did God Have A Wife? Archaeology And Folk Religion In Ancient Israel*, Wm. B. Eerdmans Publishing Company 2005.
______, "Asherah, Consort of Yahweh? New Evidence from Kuntillet 'Ajrud'", *BASOR* 255 (1984), 21-37.
Driver, G. R., *Canaanite Myths and Legends*, Edinburgh: T & T Clark, 1956.
Eakin, F. E., *The Religion and Culture of Israel*, Boston: Allyn and Bacon, Inc., 1971.
______. "Yahwism and Baalism before the Exile", *JBL* 84, 1965.
Emerton, J. A., "The Priestly Writer in Genesis", *JTS* 39 (1988), 381-400.
Emerton, J. A., *Studies In the Pentateuch*, New York: E. J. Brill, 1990.
Engle, J., *Pillar Figurines of Iron Age Israel and Asherah/Asherim* (1979)
Eun-Kyu, Kim, "Life and Ecological Ideas in Genesis Chapter 1: A View from Taoism and Buddhism", *Madang Journal of Contextual Theology in East Asia*, 2004, Vol. 1, No. 1, 85-112.
______, "The Prohibition of Idolatry and the Rejection of Empire", *Interreligious Insight*, Vol 3, No. 3 (2005), 41-48.
______, "A New Approach to Biblical Criticism : Spiritual Interpretation", *Asia Journal of Theology*, Vol. 19, No. 2, Oct 2005, 241-255.
______, "Religious Dialogue and Co-operation in the Context of Globalization: Global Ethic, New Liberalism and Empire", *Madang* Vol. 5 (2006).
Eissfelt, O., "El and Yahweh", *JSS*, 1956, 25-37.
Fishbane, M., *Biblical Interpretation in Ancient Israel*, Oxford: Oxford University Press, 1985.
Fohrer, G., *History of Israelite Religion*, New York: Abingdon Press, 1972.

Fokkelman, Jan, *Narrative Art in Genesis,* Van Gorcum: 1975; reprinted in *JSOT,* 1992.

Fretheim, T. C., *The Pentateuch*, Nashville: Abingdon Press, 1996.

Friedman, R. E., *Who Wrote the Bible?*, New York: Harper & Row, Publishers, 1989.

Garbini, Giovanni, *History and Ideology in Ancient Israel*, New York: Crossroad, 1988.

Ginsberg,H.L., "Ugaritic Myths, Epics and Legen", *ANET,* 1965, 129-55.

Gnuse, Robert., "Israelite Settlement of Canaan: A Peaceful Internal Process", *Biblical Theology Bulletin* 21 (1991), 56-66, 109-17.

Goldingay, John, *Approaches to Old Testament Interpretation,* Downers Grove: Inter-Varsity Press, 1990.

Gottwald, N. K., *The Tribes of Yahweh*, New York: Mary Knoll Orbis Books, 1979.

______, *The Hebrew Bible: A Socio-Literary Introduction*, Philadelphia: Fortress Press, 1985.

Gray,J., "Baal", *IDB*, Vol. 1, 1962, 328-329.

Guen-Seok, Yang, "Globalization, Intercultural Hermeneutics and Mission", *Madang* Vol. 4 (2005).

Gustafson, C & Juviler, P., *Religion and Human Rights: Competing Claims?*, New York: M. E. Sharpe, Inc., 1999.

Gutierez, Gustavo. *A Theology of Liberation: History, Politics, and Salvation*, Maryknoll, N.Y.: Orbis Books, 1988.

Habel, N. C., *Yahweh Versus Baal: A Conflict of Religious Cultures*, New York: Bookman Associates, 1964.

Hadley, Judith M., *The Cult of Asherah in Ancient Israel and Judah*, Cambridge: Cambridge Univ. Press, 2000.

Hayes, John H. and Prussner, Frederick, *Old Testament Theology its history & development*, Atlanta: John Knox Press, 1985.

Herrman, S., *A History of Israel in Old Testament Time,* London: SCM Press Ltd., 1975.

Hildebrandt, Wilf, *An Old Testament Theology of the Spirit of God*, New York: Hendrickson, 1995.

Holladay, J. S., "Religion in Israel in Israel and Judah under the Monarchy: An Explicitly Archaeological Approach", in Miller, P. D. (eds.), *Ancient Israelite Religion*. Philadelphia: Fortress Press, 1987.

Hooke, S. H., *Myth, Ritual and Kingship*, Oxford Clarendon Press, 1958.

Jagersma, H., *A History of Israel in the Old Testament Period*, London: SCM Press Ltd., 1988.

Kaiser Otto, *Introduction to the Old Testament*, Minneapolis: Augusburg Publishing House, 1975.

Jirku, Anton, T*he World of the Bible*, London: Weidenfeld and Nicholson, 1957.

Jeffery, A., "Nomadism", *IDB* Vol. 3 (1962), 558.

Kaufmann,T., *The Religion of Israel*, Tr, by M. Greenberg, Chicago: Chicago Press, 1960.

Keel, Othmar, *Goddesses and Trees, New Moon and Yahweh*, Sheffield: Sheffield Univ. Press, 1997, JSOT Sup 261, Ch. 2.

Knight, D. A., "The Pentateuch", in D. A. Knight and Gene M. Tucker (ed), *The Hebrew Bible and Its Modern Interpreters*, Philadelphia: Fortress Press,1985, 263-296,

Leavis, F. R., *The Story of King David*, JSOT, 1978.

Lemche, L. P., *Ancient Israel*, Sheffield: JSOT Press, 1988.

______, *The Canaanites and Their Land*, Sheffield: JSOT Press, 1991.

Lohfink, N., T*he Theology of the Pentateuch*, Philadelphia: Fortress Press, 1994.

Long, B. O., "The Social World of Ancient Israel", *Int.* 36, 1982, 243-55.

Maier, Walter A., *'AŠERAH: Extrabiblical Evidence*, Atlanta: Scholars Press, 1986.

Massey, J., "Introduction to our Liberative Traditions and Their Contribution to our Doing Theologies", *Madang* Vol. 8 (2007).

Matthews, Victor H., and Don C. Benjamin. *Social World of Ancient Israel 1250-587 B.C.E.* Peabody, Mass.: Hendrickson, 1993.

Mayes, A. D. H., "Israel in the Pre-monarchy Period", *VT.* 23, 1973.

McCurley, F. R., *Proclamation Commentaries: Genesis, Exodus, Leviticus, Numbers*, Philadelphia: Fortress Press, 1979.

McEvenue, S., *Interpreting the Pentateuch*, Collegeville: The Liturgical Press, 1990.

McDermott, John J., *What Are They Saying about the Formation of Israel?*, New York: Paulist Press, 1998.

McKenzie, S. L. and Haynes, S. R., *An Introduction to each to Biblical Criticisms Its Own and Their Meaning Application*, Westminster: John Knox Press, 1993; 김은규·김수남 역, 『성서 비평 방법론과 그 적용』, 서울: 대한그리스도교서회, 1997년.

McNutt, Paula, *Reconstructing the Society of Ancient Israel,* Louisville, Ky.: Westminster John Knox Press; London: SPCK, 1999.

Meshel, Z., "Kutillet 'Ajrud: A Religious Centre from the Time of the Judean Monarchy on the Border of Sinai", Jerusalem: Israel Museum, (1978).

______, "Did Yahweh Have a Concert", *BAR* 5, 2:24-35.

Michael Jordan, "Astoreth", *Encyclopedia of Gods*, New York: Facts On File, Inc., 1993, 29-30.

______, "Anat", *Encyclopedia of Gods*, New York: Facts On File, Inc., 1993, 16-17.

Petty, R. J., *Asherah: Goddess of Israel?*, 1990.

Miller, P. D., "Israelite Religion", in D. A. Knight (ed)., *The Hebrew Bible & its Modern Interpreters*, Philadelphia: Fortress Press, 1985.

______(ed), *Ancient Israelite Religion*, Philadelphia: Fortress Press, 1987.

______, "Fire in the Mythology of Canaan and Israel", *CBQ* 27 1965.

Miller, Patrick D, ed., *Ancient Israelite Religion,* Philadelphia: Fortress Press, 1987.

Miller, J. Maxwell, and John H. Hayes, *A History of Ancient Israel and Judah*, Philadelphia: Westminster, 1986.

Morgan, R., and Barton, *Biblical Interpretation*, Oxford: Oxford University Press, 1988.

Muilenburg, J., "The History of the Religion of Israel", *IB* Vol. I , 1952.

Neve Lloyd, *The Spirit of God in the Old Testament*, Tokyo: Seibunsha, 1972.

Nicholson E., *The Pentateuch in the Twentieth Century*, Oxford: Clarendon Press, 1998.

Norman Habel, C., *Yahweh Versus Baal: A Conflict of Religious Cultures*, New York: Bookman, 1966.

Noth, M., *The History of Israel*, New York: Harper & Row, 1960.

______, *Überlieferungsgeschichte des Pentateuch*, 1948, trans, B. W. Anderson, *A History of Pentateuchal Traditions,* Chico, CA: Scholars Press, 1981.

Oesterley, W. O. E., *Hebrew Religion*, London: S.P.C.K., 1952.

Olyan, S. M., *Asherah and the Cult of Yahweh in Israel*, SBLMS, 34; Atlanta: Scholars Press, 1988,

Panikkar, R., "The Church and the World Religions", in *Religion and Society*, XIV, 1967.

______, *The Trinity and the Religious Experience of Man*, New York: Orbis Books, 1981.

Patai, Raphael, *The Hebrew Goddess,* Detroit: Wayne State University, 1990.

Pedersen, J., *Israel, Its life and Culture*, London: Oxford Univ. Press, 1960.

Peckham, B., *The Composition of The Deuternomistic History,* Atlanta: Scholars Press, 1985.

Pieris Aloysius S. J., *Irruption of the Third World: Challenge to Theology*, New York: Orbis Books, 1983.

Pritchard, J. B., *Archaeology and the Old Testament*, New Jersey: Princeton University Press, 1968.

______, T*he Ancient Near East in Pictures Relating to the Old Testament*, Princeton: Princeton Univ. Press, 1954.

______, *Ancient Near Eastern Texts Relating to the Old Testament*, Princeton, 1969.

Razu, J. M., "Combating the Global Empire: Exploring a Theology of Resistance and Subversion", *Madang* Vol. 8, (2007).

Reed, W. L., *The Asherah in the Old Testament,* Fort Worth, TA: Texas Christian University Press, 1949,

Rendtorff, R., *The Old Testament: An Introduction*, London: SCM Press, 1985.

______, *The Problem of the Process of Transmission in the Pentateuch*, JSOT Sup. 89, Sheffield: JSOT Press, 1990.

Richard Pettey, J., *Asherah: Goddess of Israel*, New York: Peter Lang, 1990.

Ringgren, H., *Israelite Religion*, Tr. by David E. Green, Philadelphia: Fortress Press, 1966.

Rose, A., *Deuteronomist und Jawist. Untersuchungen zur den Berührungspunkten beider Literaturwerke*, AThANT 67, Zürich, 1981.

Rogerson, J. W.(ed.), *The Pentateuch*, Sheffield: Sheffield Academic Press, 1996.

Rowley, H. H., *Worship in ancient Israel: Its Forms and Meaning*, London: S.P.C.K, 1967.

______, *From Moses to Qumran*, New York: Association Press, 1963.

Sandars, N. K., *The Epic of Gilgamesh*, Penguin, 1960.

Schmidt, H. H., *Der sogenate Jawisht: Beobachtungen und Fragen zur Pentateuchforschung,* Zürich, 1976.

______. "In Search of New Approaches in Pentateucahl Research", *JSOT* 3 (1977), 33-42.

Schmidt, W. H., *Old Testament Introduction*, London: SCM Press, 1984.

Soggin, J. A., *A History of Israel*, London: SCM Press, 1985.

Soggin, J. A., *Introduction to the Old Testament*, Philadelphia: Westminster and London: SCM Press, 1980.

Sugirtharaja, Rasiah S., *Voices from the Margin: Interpreting the Bible in the Third World*, New ed., Maryknoll, N.Y.: Orbis Books, 1995.

______, *Asian Biblical Hermeneutics and Postcolonialism*, New York: Orbis Books, 1998.

______, *Asian Biblical Hermeneutics and Postcolonialism: Contesting the Interpretations*, The Biblical Seminar 64, Sheffield: Sheffield Academic Press, 1999.

______, ed. *The Bible and the Third World*, Cambridge: Cambridge University Press, 2001.

______, *Postcolonial Criticism and Biblical Interpretation*, Oxford: Oxford University Press, 2002.

______, *Postcolonial Reconfigurations*, New York: Orbis Books, 2003.

______, *The Bible and Empire*, Cambridge: Cambridge University Press, 2005,

Taylor, J. B. (ed.), *Religions for Human Dignity and World Peace*, Geneva: World Conference on Religion and Peace, 1986.

Tucker, G. M., and Knight, D. A. eds T*he Hebrew Bible and Its Modern Interpreters*, Philadelphia: Fortress Press, 1985.

G. M. Tucker, D. L. Petersen and R. R. Wilson, *Canon, Theology, and Old Testament Interpretation*, Philadelphia: Fortress Press, 1988.

Van Seters, J., *Abraham in History and Tradition*, New Haven: Yale University Press, 1975.

______, "The Yahwist as Theologian? A Response", *JSOT* 3 (1977), 15-20.

______, "Recent Studies on the Pentateuch: A Crisis in Method", *JAOS* 99 (1979). 663-73;

______, *In Search of History: Historiography in the Ancient World and the Origins of Biblical History*, New Haven: Yale University Press, 1983.

______, *Prologue to History: The Yahwist as Historian in Genesis*, Louisville, KY: Westminster/John Knox Press, 1992.

______, *The Pentateuch: A Social-Science Commentary*, Sheffield: Sheffield Academic Press, 1995.

Vink, J. G., *The Date and Origin of the Priestly Code in the Old Testament*, Leiden: E. J. Brill, 1969.

von Rad, G, "The Form-critical Problem of the Hexateuch", 1-78, in *The Problem of the Hexateuch and Other Essays*, Edinburgh and London: Olver and Boyd, 1966.

Vriezen, Th. C., *The Religion of Ancient Israel*, Philadelphia: Westminster, 1967.

Waldow, H. E. von, "Social Responsibility and Social Structure in Early Israel", *CBQ* 32, 1970, 182-204.

Weinfeld, M. *Deuteronomy and the Deuteronomic School*, Oxford: Oxford University

Press, 1972.

Wellhausen, J., *Prolegomena to the History of Ancient Israel*, New York: The Meridian Library, 1957.

Westermann, C., *Genesis 1-11* (Minneapolis: Augusburg, 1984).

_____, *Genesis 12-36*. Minneapolis: Augusburg, 1985.

_____, *Genesis 37-50*. Minneapolis: Augusburg, 1985.

_____, *Roots of Wisdom: The Oldest Proverbs of Israel and Other Peoples,* Louisville: Westminster John Knox Press, 1990.

Whybray, R. N., T*he Making of the Pentateuch*, Sheffield: Sheffield University Press, 1987.

_____, *Introduction to the Pentateuch*, Grand Rapids: William B. Eerdmans Publishing Company, 1995.

Wiggins, S. A., *A Reassessment of 'Asherah': A Study According to the Textual Sources of the First Two Millennia BCE,* AOAT, 235; Kevelaer: Butzon & Bercker; Neukirchen-Vluyn: Neukirchener Verlag, 1993,

Wilkinson, Philip, "Ishtar", *Illustrated Dictionary of Mythology,* New York: DK, 1998,

Wolff, H. W., *An Introduction to the Old Testament Pentateuch*, Chicago: Moody Press, 1991.

Wright, G. Ernest, ed., *The Bible and the Ancient Near East,* New York: Doubleday & Company Inc., 1961.

Yong-Bok, Kim, "Social Thought of Religion", Sungkonghoe University Institute of Theological Studies (ed.), *Learning Together over Dialogue,* Seoul: Malgeun Ullim Press, 2004.

Yoon Jae, Chang, "Liberation, Women, and Nature: The Past, Present and Future of Liberation Theologies", *Madang* Vol. 8 (2007).

_____, "Convergence of Liberation Discourse for Conviviality of All Living Beings", *Madang* Vol. 8 (2007).

Zimmerli, W., "The History of Israelite Religion", in *Tradition & Interpretation*, ed.

_____, *I Am Yahweh*, Atlanta: John Knox Press, 1982.

유대교 관련 도서

Boccaccini, Gabbriele, *Roots of Rabbinic Judaism*, Grand Rapids, Michigan: William B. Eerdmans Publishing Co., 2002.

Brody Robert & Moshe D. Herr, *Collected Writings in Jewish Studies*, Jerusalem: The Hebrew University Magnes Press, 1999.

Cohen, Shaye J. D., *From the Maccabees to the Mishnah*, Philadelphia: The Westminster Press, 1989.

______, *The Beginnings of Jewishness*, Berkeley: University of California Press, 1999.

Collins, John J., *Jewish Cult and Hellenistic Culture*, Leiden: Brill, 2005.

Goodman, Martin, *Judaism in the Roman World*, Leiden: Brill, 2007.

Green, William Scott (ed.), *Approaches to Ancient Judaism: Theory and Practice*, Scholars Press, 1978.

Kalmin, Richard, *Jewish Babylonia between Persia and Roman Palestine*, Oxford: Oxford University Press, 2006.

Liew, Judith, John North and Tessa Rajak, *The Jews Among Pagans and Christians*, London: Routledge, 1992.

Maccby, Hyam, *Early Rabbinic Writings*, Cambridge: Cambridge University Press, 1988.

______, *Judaism in the First Century*, London: Sheldon Press, 1989.

R. C. Musaph-Andriesse, *From Torah to Kabbalah*, London: SCM Press LTD, 1981.

Neusner, Jacob, *Ancient Israel after Catastrophe*, Charlottesville: University Press of Virginia, 1983.

______, *Judaism in the Beginning of Christianity*, London: SPCK, 1984.

______, *The Emergence of Judaism*, Lousiville: Westminster John Knox Press, 2004.

______, *Questions and Answers : Intellectual Foundations of Judaism*, Hendricson Publishers, 2005.

______, *Rabbinic Literature*, Nashville: Abingdon Press, 2005

Nodet, Etienne, *A Search for the Origins of Judaism : From Joshua to the Mishnah*, Sheffield: JSOT Press, 1997.

Richardson, Peter & Westerholm, Stephen, *Law in Religious Communities in the Roman Period*, Wilfrid Laurier University Press, 1991.

Russell, D. S,, *From Early Judaism To Early Church*, London: SCM Press Ltd, 1986.

Sanders, James A., *Canon and Community*, Philadelphia: Fortress Press, 1984.

______, *Torah and Canon*, Philadelphia: Fortress Press, 1972.

Sigal, Phillip, *Judaism: The Evolution of a Faith*, Grand Rapids, Michigan: William B. Eerdmans Publishing Co. 1988.

Vanderkam, James C., *An Introduction to Early Judaism*, Michigan: William B. Eerdmans Publishing Co.

종교 간 대화 관련 도서

Arinze, Francis I., *Religions for peace*, Darton: Todd Press, 1985.

Camps, A., *Partners in dialogue: christianity and other world religions*, New York: Orbis Books, 1983.

Forward, M., *Inter-religious dialogue*, Oxford: Oneworld, 2001.

Ferguson, John, *War and peace in the world's religions*, London: Sheldon Press, 1972.

______, *War and Peace in the World's Religions*, London: Sheldon Press, 1982.

Gustafson Carrie & Juviler Peter. *Religion and human rights: competing claims?*, New York: M. E. Sharpe, 1999.

Hick John & Askari Hasan, *The experience of religious diversity*, Aldershot: Gower Publishing Co., 1985.

Hillman, E., *Many Paths: A Catholic approach to the religious pluralism*, New York: Orbis Books, 1989.

Huber, W. and Reuter, H. R., 『평화윤리』, 김윤옥·손규태 역, 서울: 대한그리스도교서회, 1997.

Huntington, Samuel, *The clash of civilization*, 『문명의 충돌』, 이희재 역, 서울: 김영사, 1997.

Jack Homer A., W*orld religions and world peace: the international interreligious symposium on peace*, Boston: Beacon Press, 1977.

Knitter, Paul F., *No other name?: a critical survey of christian attitudes toward the world religions*, Maryknoll, New York: Orbis Books, 1985.

______, *One earth many religions: multifaith dialogue & global responsibility*, Maryknoll: Orbis, 1995.

Küng, Hans. *Christianity and the world religions*, New York: Doubleday & Company, 1986.

______, *Projekt weltethos*, München, 1990. 안명옥 옮김, 『세계윤리구상』, 왜관: 분도출판

사, 1992.
______, *A global ethic, the declaration of parliament of the world's religions*, London: SCM Press, 1993.
______, *A global ethic and global responsibilities*, London: SCM Press, 1998.
______, *New paradigm of international relations*, 성공회대학교 강연, 2003.
Olupona Jacob K., *Religion and peace in multi-faith Nigeria*, Ile-Ife: Obafemi Awolowo University Press, 1992.
Panikkar, R., *The intrareligious dialogue*, New York: Paulist Press, 1978; 김승철 역, 『종교간의 대화』, 서울: 서광사, 1992.
Race, Alan, *Christians and religious pluralism: patterns in the Christian theology of religions*, Maryknoll, New York: Orbis Books, 1982.
Sharma Arvind & Young, Katherine K., F*eminism and world religions*, New York: State University of New York Press, 1999.
Swidler, L., Cobb, John B., Knitter, P. F., *Death or dialogue? from the age of mono-logue to the age of dialogue*, London: SCM Press, 1990.
Swidler, L., *Religious liberty and human rights in nations and in religions*, New York: Hippocrene Books, 1986.
Taylor, John B., *Religions for human dignity and world peace*, Geneva: World Conference on Religion and Peace, 1986.
Traer Robert, *Faith in human rights: support in religious traditions for a global strug-gle*, Washington: Georgetown University Press, 1991.